高职高专经济管理基础课系列教材

电子商务概论
(第2版)

陈 玲 主编

清华大学出版社
北京

内 容 简 介

本教材以教育部关于高职高专教育的定位和人才培养目标为依据,总结了本专业各院校多年来的教学实践经验,对电子商务基本理论知识和实际操作的相关内容做了系统的阐述,有利于高职高专学生综合素质和职业技能的培养和提高。

本教材介绍了电子商务概述、电子商务框架与商业模式、电子支付、网络营销、电子商务物流、电子商务相关技术、电子商务安全技术、客户服务管理相关内容,同时还结合每章内容,精心设计了扩展阅读、同步测试和项目训练等环节,使学习与实践紧密结合,知识与能力增长相得益彰,有利于学生综合素质的培养和职业技能的提高,也有利于满足学生就业和企业用人的实际要求。

本教材内容全面、结构严谨、资料翔实、形式新颖,可作为高职高专电子商务等相关专业的教学用书,也可供相关岗位的在职人员学习参考。

本书封面贴有清华大学出版社防伪标签,无标签者不得销售。
版权所有,侵权必究。举报: 010-62782989, beiqinquan@tup.tsinghua.edu.cn。

图书在版编目(CIP)数据

电子商务概论/陈玲主编. —2版. —北京:清华大学出版社,2022.7
高职高专经济管理基础课系列教材
ISBN 978-7-302-59980-7

Ⅰ. ①电… Ⅱ. ①陈… Ⅲ. ①电子商务—高等职业教育—教材 Ⅳ. ①F713.36

中国版本图书馆CIP数据核字(2022)第016030号

责任编辑: 石 伟
封面设计: 杨玉兰
责任校对: 周剑云
责任印制: 丛怀宇

出版发行: 清华大学出版社
网　　址: http://www.tup.com.cn, http://www.wqbook.com
地　　址: 北京清华大学学研大厦A座　　邮　　编: 100084
社　总　机: 010-83470000　　邮　　购: 010-62786544
投稿与读者服务: 010-62776969, c-service@tup.tsinghua.edu.cn
质量反馈: 010-62772015, zhiliang@tup.tsinghua.edu.cn
课件下载: http://www.tup.com.cn, 010-62791865

印 装 者: 三河市少明印务有限公司
经　　销: 全国新华书店
开　　本: 185mm×260mm　　印　张: 12.75　　字　数: 307千字
版　　次: 2017年1月第1版　2022年7月第2版　印　次: 2022年7月第1次印刷
定　　价: 39.00元

产品编号: 091587-01

前　　言

本书从教育部关于高职高专教育的定位及人才培养方案要求出发，以培养学生的综合素质为主线，以强化理论学习与实际应用相结合为宗旨，系统介绍了电子商务的基本知识，内容翔实，图文并茂，具有鲜明的高职高专教育特色。

本书的主要特点如下所述。

1. 注重理论知识的系统性和前瞻性

本书遵循"实用为主，必需、实用、够用和管用为度"的原则，根据电子商务的学科特点构建知识体系。全书共分八章，分别是电子商务概述、电子商务框架与商业模式、电子支付、网络营销、电子商务物流、电子商务相关技术、电子商务安全技术、客户服务管理。本书的基本知识框架既系统全面，又精简实用。本书吸收了业界的最新研究成果，采用当今电子商务的新理论、新知识、新方法、新案例，内容具有极强的前瞻性。

2. 内容体例符合教与学的客观规律

本书在内容上，力图体现学科的重点知识和实际操作要点；在体例上，每章包括学习目的与要求、引导案例、知识要点、结构图示、扩展阅读、同步测试 6 个板块。本书重点突出、明晰，有利于提高学习效率；内容环环相扣，符合认知规律；大量图表说明增强了教材的可读性，有利于学生专业知识和实际操作能力的培养。

3. 注重理论与实践的统一

本书每章节都选择典型案例并进行深入浅出的分析，融入情景实训，以行为示范引导学生对专业知识的学习和掌握。突出教材的专业性、应用性和实践性，有利于学生动手动脑、固化知识、增强能力。

本书可以作为各类院校电子商务、市场营销、物流管理等众多工商管理类、商务策划类专业学生的教材，也可以作为电子商务专业和从事网络营销、商务策划工作人员的参考用书，同时，所提供配套的电子课件，非常方便教学使用。

参加本书编写的人员都是具有多年教学和实践经验的专业教师，同时，还聘请了多名教学、科研和企业方面的专家予以指导和审订，力求使本书成为融行业理论知识、实践技能和教育教学三位一体的高质量教材。

本书由陈玲担任主编，陈世红、陈丹担任副主编。本书的编写分工如下：陈丹编写第一章，伍惠艳编写第二章，伍惠艳、李慧编写第三章，汤少红编写第四章，黄桂婷编写第五章，孙定荣编写第六章，郑少明编写第七章，王梓仲编写第八章。全书最后由陈玲统稿和审订。

本书在编写过程中参考了大量国内外书刊和业界的研究成果，在此谨向各方表示衷心的感谢。

由于水平有限，本书难免存在纰漏和不足之处，敬请各位专家和读者予以指正。

编　者

目 录

第一章 电子商务概述 1

【知识要点】 2
一、电子商务的产生与发展 2
二、电子商务的概念 5
三、电子商务的分类 6
四、电子商务的功能和特点 14
五、电子商务的影响 16
扩展阅读 20
同步测试 21
项目实训 25

第二章 电子商务框架与商业模式 26

【知识要点】 26
一、电子商务框架 26
二、电子商务流程 29
三、电子商务企业运营模式 30
四、电子商务的中介服务 32
扩展阅读 34
同步测试 36
项目实训 37

第三章 电子支付 39

【知识要点】 40
一、电子支付概述 40
二、电子支付工具 42
三、移动支付 47
四、网上银行与电子银行 52
扩展阅读 57
同步测试 58
项目实训 59

第四章 网络营销 61

【知识要点】 62
一、网络营销 62

  二、网络营销策略案例 ... 71
  三、网络营销策略的转变及发展 ... 74
  四、网络市场调查 ... 80
 扩展阅读 ... 90
 同步测试 ... 90
 项目实训 ... 92

第五章 电子商务物流 ... 94

 【知识要点】 ... 95
  一、电子商务物流概述 ... 95
  二、电子商务物流的发展 ... 100
  三、电子商务物流的解决方案 ... 106
 扩展阅读 ... 112
 同步测试 ... 113
 项目实训 ... 115

第六章 电子商务相关技术 ... 116

 【知识要点】 ... 116
  一、计算机网络技术 ... 116
  二、互联网基础知识 ... 128
  三、Web 应用技术 ... 133
  四、电子数据交换技术(EDI) ... 137
  五、现代物流信息技术 ... 140
 同步测试 ... 145
 项目实训 ... 147

第七章 电子商务安全技术 ... 148

 【知识要点】 ... 149
  一、电子商务安全概述 ... 149
  二、防火墙技术 ... 153
  三、数据加密技术 ... 156
  四、电子商务的认证技术 ... 159
  五、安全技术协议 ... 162
 扩展阅读 ... 165
 同步测试 ... 166
 项目实训 ... 168

第八章 客户服务管理 ... 169

 【知识要点】 ... 170

一、客户服务管理 170
二、电子商务客户服务管理 174
三、客户忠诚度 180
四、客户服务管理技术及应用 183
扩展阅读 189
同步测试 191
项目实训 192

参考文献 194

第一章　电子商务概述

【学习目的与要求】

- 了解电子商务的产生与发展,以及电子商务的意义。
- 掌握电子商务的概念和分类。
- 掌握电子商务的功能和特点。

【引导案例】

阿里巴巴创建于 1998 年年底,总部设在杭州,并在美国硅谷、英国伦敦等地设有海外分支机构。阿里巴巴是全球企业间(B2B)电子商务的著名品牌,是目前全球最大的网上贸易市场。良好的定位、稳固的结构和优秀的服务使阿里巴巴成为全球首家拥有 211 万商人的电子商务网站,成为全球商人网络推广的首选网站,被商人们评为"最受欢迎的 B2B 网站"。

阿里巴巴 Logo

阿里巴巴两次被哈佛大学商学院选为 MBA 案例,在美国学术界掀起研究热潮,四次被美国权威财经杂志《福布斯》选为全球最佳 B2B 站点之一,多次被相关机构评为"全球最受欢迎的 B2B 网站""中国商务类优秀网站""中国百家优秀网站""中国最佳贸易网",被国内外媒体、硅谷和国外风险投资家誉为与雅虎(Yahoo)、亚马逊(Amazon)、易贝(eBay)、美国在线(AOL)比肩的六大互联网商务流派代表之一。

阿里巴巴创始人、前首席执行官马云是 50 年来第一位成为《福布斯》封面人物的中国企业家,并曾多次应邀为全球著名高等学府麻省理工学院、沃顿商学院、哈佛大学讲学。

阿里巴巴为全球领先的小企业电子商务公司,也是阿里巴巴集团的旗舰业务。旗下三个交易市场协助世界各地数以百万计的卖家和供应商从事网上生意。三个网上交易市场包括集中服务全球进出口商的国际交易市场、集中国内贸易的中国交易市场,以及通过一家联营公司经营、促进日本外销及内销的日本交易市场。

此外,阿里巴巴还在国际交易市场上设有一个全球批发交易平台,为规模较小、需要小批量货物快速付运的买家提供服务。所有交易市场形成一个拥有来自 240 多个国家和地区超过 6100 万名注册用户的网上社区。为了转型成为可以让小企业更易建立和管理网上业务的综合平台,阿里巴巴也直接或通过其收购的公司包括中国万网及一达通,向国内贸易商提供多元化的商务管理软件、互联网基础设施服务及出口相关服务,并设有企业管理专才及电子商务专才培训服务。阿里巴巴还拥有 Vendio 及 Auctiva,两家公司为领先的第三方电子商务解决方案供应商,主要服务网上商家。阿里巴巴在中国、印度、日本、韩国、美国和欧洲共设有 70 多个办事处。

(资料来源:http://product.pconline.com.cn/itbk)

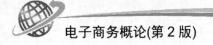

思考：

结合案例分析，谈谈阿里巴巴公司的发展前景。

【知识要点】

一、电子商务的产生与发展

(一)电子商务的产生

1839 年，电报出现，人们开始运用电子手段进行商务讨论。

1969 年，EDI(电子数据交换)出现，使企业间的业务可以以电子化方式进行。

1989 年，劳伦斯·利弗莫尔首次提出"电子商务"一词。他认为，在电子网络上，商业交易的技术、物质、人和过程将融为一体，这一过程就是电子商务。

1991 年，万维网在互联网上出现，成为电子商务规模化发展的标志。

1997 年，由美国 VISA 和 MasterCard 国际组织等联合制定的 SET(Secure Electronic Transfer Protocol)即电子安全交易协议的出台，该协议得到大多数厂商的认可和支持，为在网络上开发电子商务提供了一个关键的安全环境。同年，欧盟发布了欧洲电子商务协议，美国随后发布了"全球电子商务纲要"以后，电子商务受到了世界各国政府的重视，许多国家的政府开始尝试"网上采购"，这为电子商务的发展提供了有力的支持。

1998 年，美国宣布电子商务为免税区，互联网为全球贸易区。

1999 年，美国开始实行政府采购全部网络化，抢占电子商务的制高点。欧盟以及日本等地区和国家也不甘落后，先后发布了《欧洲电子商务行动方案》等文件。在它们的积极推动下，联合国国际贸易法理事会推出了《电子商务示范法》，世界贸易组织(WTO)的 132 个成员国签署了《电子商务宣言》，经济合作与发展组织(OECD)在渥太华举行的部长级会议上，达成了全球电子商务里程碑式的文件——《一个无国界的世界：发挥全球电子商务的潜力》，各国企业界的知名人士还在巴黎举行了影响广泛的"电子商务全球商家对话"。

【同步阅读】

亚马逊公司(纳斯达克代码：AMZN)是一家财富 500 强公司，总部位于美国华盛顿州的西雅图。其创立于 1995 年，目前已成为全球商品品种最多的网上零售商。在公司名下，还包括 Alexa Internet、a9、lab126 和互联网电影数据库(Internet Movie Database，IMDB)等子公司。亚马逊及其他销售商为客户提供了数百万种独特的全新、翻新及二手商品，如图书、影视、音乐和游戏、数码下载、电子和计算机、家居园艺用品、玩具、婴幼儿用品、食品、服饰、鞋类和珠宝、健康和个人护理用品、体育及户外用品、汽车及工业产品等。

亚马逊可以提供的图书目录比全球任何一家书店的存书要多 15 倍以上。而实现这一切既不需要庞大的建筑，也不需要众多的工作人员，亚马逊书店的 1600 名员工人均年销售额 37.5 万美元，比全球最大的拥有 2.7 万名员工的 Barnes & Noble 图书公司高 3 倍以上。这一切的实现，电子商务在其中所起的作用非常关键。它工作的中心就是要吸引顾客购买它的商品，同时树立企业良好的形象。

亚马逊公司是 1995 年 7 月 16 日由杰夫•贝佐斯(Jeff Bezos)创建的，一开始叫 Cadabra。性质是基本的网络书店。然而，具有远见的贝佐斯预见到网络的潜力和特色，当实体的大型书店能提供 20 万本书时，网络书店能够提供比 20 万本书更多的选择给读者。因此，贝佐斯将 Cadabra 以地球上孕育最多种生物的亚马逊河重新命名，于 1995 年 7 月重新开张。该公司原于 1994 年在华盛顿州登记，1996 年时改到特拉华州登记，并于 1997 年 5 月 15 日股票上市，代码是 AMZN，1 股为 18 美元(截至 2022 年 5 月 27 日收市，股价为 2221.55 美元)。

亚马逊公司的最初计划是在 4~5 年之后开始有盈利，2000 年的网络泡沫造就了亚马逊公司平稳成长的风格，成为独树一帜的佳话。在 20 世纪 90 年代有相当多的网络公司快速成长，当时亚马逊公司的股东不停抱怨贝佐斯的经营策略太过保守和缓慢，而网络泡沫时代，那些快速成长的网络公司纷纷结束营业，只有亚马逊还有获利。2002 年的第四季度，亚马逊的纯利约有 500 万美元。2004 年则增长到 3 亿多美元，2021 年第四季度财报实现营收 1374.12 美元。

亚马逊公司正朝着多元化的产品销售发展，销售的产品包括音乐零售 CD、录影带和 DVD、软件、家电、厨房项目、工具、草坪和庭院项目、玩具、服装、体育用品、新鲜食品、首饰、手表、个人健康项目、美容品、乐器等，产品种类应有尽有。

(资料来源：http://baike.baidu.com/)

(二)电子商务的发展

从全球范围来看，电子商务的发展经历了三个阶段。

第一阶段：基于电子数据交换(EDI)的电子商务。

20 世纪 60 年代，人们开始用电报报文发送商务文件；70 年代又普遍采用更方便、快捷的传真机来替代电报。但是由于传真文件通过纸面打印来传递和管理信息，不能将信息直接转入到信息系统中，因此人们开始采用 EDI(电子数据交换)作为企业间电子商务的应用技术，这也就是电子商务的雏形。

20 世纪 90 年代之前的大多数 EDI 都是通过租用的计算机线路在专用网络上实现的。这类专用的网络被称为 VAN(增值网)，这样做的目的主要是考虑到安全问题。但随着因特网(Internet，也称互联网)安全性的日益提高，作为一个费用更低、覆盖面更广、服务更好的系统，Internet 已表现出替代 VAN 而成为 EDI 的硬件载体的趋势，因此，有人把通过 Internet 实现的 EDI 直接叫作 Internet EDI。

EDI 定义：国际标准化组织(ISO)描述 EDI 为：将贸易(商业)或行政事务处理按照一个公认的标准变成结构化的事务处理或信息数据格式，从计算机到计算机的电子传输。

EDI 主要应用于企业与企业、企业与批发商、批发商与零售商之间的批发业务。20 世纪 90 年代初，全球已有 2.5 万家大型企业采用 EDI，美国 100 家最大企业中有 97 家采用 EDI。90 年代中期，美国有 3 万多家公司采用 EDI，西欧有 4 万家 EDI 企业用户。

EDI 分类：根据功能，EDI 可以分为以下 4 类。

(1) 订货信息系统，又称为贸易数据互换系统(Trade Date Interchange，TDI)，是最基本的，也是最知名的 EDI 系统。它用电子数据文件来传输订单、票据和各类通知。

(2) 电子金融汇兑系统(Electronic Fund Transfer，EFT)，即在银行和其他组织之间进行电子费用汇兑。

(3) 交互式应答系统(Interactive Query Response)，可以应用在旅行社或航空公司作为机票预订系统。

(4) 带有图形资料自动传输的 EDI，最常见的是计算机辅助设计图形的自动传输。

EDI 构成：从技术上来看，EDI 包括硬件和软件两大部分。硬件主要是计算机网络，软件包括计算机软件和 EDI 标准。

从软件方面来看，主要有以下 3 种。

(1) 转换软件。转换软件可以帮助用户将原有计算机系统的文件，转换成翻译软件能够理解的平面文件；或是将翻译软件接收来的平面文件，转换成原计算机系统中的文件。

(2) 翻译软件。翻译软件可以将平面文件翻译成 EDI 标准格式，或将接收到的 EDI 标准格式翻译成平面文件。

(3) 通信软件。通信软件能将 EDI 标准格式的文件外层加上通信信封，再送到带 EDI 系统交换中心的邮箱，或由 EDI 系统交换中心内将接收到的文件取回。EDI 系统通过各软件的工作过程如图 1-1 所示。

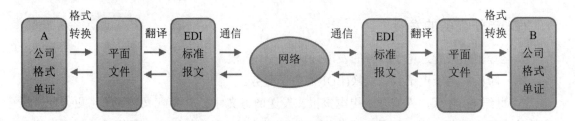

图 1-1　EDI 系统工作过程

EDI 软件中除了计算机软件外，还包括 EDI 标准。为促进 EDI 的发展，世界各国都在不遗余力地促进 EDI 标准的国际化，以求最大限度地发挥 EDI 的作用。目前，在 EDI 标准上，国际上最有名的是联合国欧洲经济委员会(UN/ECE)于 1986 年制定的用于行政管理、商业和运输的电子数据互换标准——《EDIFACT 标准》。我国 EDI 标准应积极向国际标准靠拢，采用 EDIFACT 标准。

第二阶段：基于互联网(Internet)的电子商务。

20 世纪 90 年代中后期，电子商务的发展进入国际互联网时代。由于互联网链接的广泛性，使用简捷性，以及使用费用和投入的"低门槛"，采用计算机处理，通过网络传输商务文本的商务模式不再是大型企业的专利，而被广大中小企业采用，并普及到普通百姓的家中。

第三阶段：E 概念的电子商务。

人们认识到电子商务实际上就是电子信息技术同商务应用的结合。而电子信息技术不但可以和商务活动结合，还可以和医疗、教育、卫生、军务、政务等有关的应用领域相结合，从而形成有关领域的 E 概念。电子信息技术同教育结合，孵化出电子教务——远程教育；电子信息技术和医疗结合，产生出电子医务——远程医疗；电子信息技术同政务结合，产生出电子政务；电子信息技术同军务结合，孵化出电子军务——远程指挥；电子信息技术和金融结合，产生出在线银行；电子信息技术与企业组织形式结合，形成虚拟企业等。对应于不同的E概念，产生了不同的电子商务模式，有所谓的EB、EC、EG、EH等。随着电子信息技术的发展和社会需求的不断提高，人们会不断地为电子信息技术找到新的应用领域，必将产生越来越多的E概念。未来的电子商务模式将以买方市场为导向，以用户需求为中心，以业务竞标为手段，依托互联网和快捷的物流布局，向全球化高速发展。未来20年，1/2的全球国际贸易将以电子商务的形式来完成，人们必将进入E时代。

二、电子商务的概念

电子商务是指在互联网(Internet)、企业内部网(Intranet)和增值网(VAN)等以电子交易活动和相关服务为标志的活动，是传统商业活动各环节的电子化和网络化。电子商务是利用PC技术和网络通信技术进行的商务活动。各国政府、学者、企业界人士根据自己所处的地位和对电子商务参与的角度和程度的不同，给出了许多不同的定义。但其关键依然是依靠电子设备和网络技术进行的商务活动。随着电子商务的高速发展，它已不仅仅包括其购物的主要内涵，还应包括物流配送等附带服务。电子商务包括电子货币交换、供应链管理、电子交易市场、网络营销、在线事务处理、电子数据交换(EDI)、存货管理和自动数据收集等系统。在此过程中，利用到的信息技术包括互联网、外联网、电子邮件、数据库、电子目录和移动电话。

(一)联合国对电子商务的定义

电子商务，有广义和狭义两种概念。

(1) 根据《联合国国际贸易委员会电子商务示范法》，广义的电子商务(Electronic Business，EB)是指利用数据信息进行的商务活动，而数据信息是指由电子的、光学的或其他类似方式所产生、传输并存储的信息；狭义的电子商务定义为主要利用Internet从事商务活动。无论是广义的还是狭义的电子商务概念，电子商务都涵盖了两个方面：一是离不开互联网这个平台，没有网络，就称不上电子商务；二是通过互联网完成的一种商务活动。

(2) 狭义上讲，电子商务(Electronic Commerce，EC)是指基于互联网平台实现商务交易电子化的行为，即通过使用互联网等电子工具(这些工具包括电报、电话、广播、电视、传真、计算机、计算机网络、移动通信等)在全球范围内进行的商务贸易活动。它是以计算机网络为基础所进行的各种商务活动，包括商品和服务的提供者、广告商、消费者、中介商等有关各方行为的总和。人们一般理解的电子商务是指狭义上的电子商务。

(二)政府部门对电子商务的定义

欧洲议会关于电子商务的定义：电子商务是通过电子方式进行的商务活动。它通过电子方式处理和传递数据，包括文本、声音和图像。它涉及诸多方面的活动，既包括货物电子贸易和服务、在线数据传递、电子资金划拨、电子证券交易、电子货运单证、商业拍卖、合作设计和工程、在线资料、公共服务获得,也包括产品(如消费品、专门设备)和服务(如信息服务、金融和法律服务)、传统活动(如健身、体育)和新型活动(如虚拟购物、虚拟训练)。

(三)权威学者对电子商务的定义

美国学者瑞维·卡拉科塔和安德鲁·B.惠斯顿在他们的专著《电子商务的前沿》中提出:"广义地讲,电子商务是一种现代商业方法。这种方法通过改善产品和服务质量、提高服务传递速度,满足政府组织、厂商和消费者降低成本的需求。这一概念也用于通过计算机网络寻找信息以支持决策。一般来讲,今天的电子商务是通过计算机网络将买方和卖方的信息、产品和服务联系起来,而未来的电子商务是通过构成信息高速公路和无数计算机网络将买方和卖方联系起来。"

(四)中国对电子商务的定义

中国上海市电子商务安全证书管理中心对电子商务下的定义:电子商务是指采用数字化电子方式进行商务数据交换和开展商业活动。电子商务(EC)主要包括利用电子数据交换(EDI)、电子邮件(E-mail)、电子资金转账(EFT)及 Internet 的主要技术在个人间、企业间和国家间进行无纸化的业务信息交换。

(五)IT 行业对电子商务的定义

IT(信息技术)行业是电子商务的直接设计者和设备的直接制造者。很多公司都根据自己的技术特点给出了电子商务的定义,虽然差别很大,但总的来说,无论是国际商会的观点,还是 HP 公司的 E-World、IBM 公司的 E-Business,都认同电子商务是利用现有的计算机硬件设备、软件设备和网络基础设施,通过一定的协议连接起来的在电子网络环境下进行的各种各样的商务活动。

随着电子商务魅力的日渐显露,虚拟企业、虚拟银行、网络营销、网上购物、网上支付、网络广告等一大批前所未闻的新词汇正在为人们所熟悉和认同,这些词汇同时也从另一个侧面反映出电子商务正在对社会和经济产生的影响。

简言之,电子商务是以商务活动为主体,以计算机网络为基础,以电子化方式为手段,在法律许可范围内所进行的商务活动交易过程。另外,电子商务也是运用数字信息技术,对企业的各项活动进行持续优化的过程。

三、电子商务的分类

(一)按照商业活动的运作方式分类

按照商业活动的运作方式,电子商务可以分为以下两种。

1. 完全电子商务

完全电子商务是指完全通过电子商务方式实现和完成完整交易的交易行为和过程,主要包括无形货物或者服务的订货或付款等活动,如某些计算机软件、娱乐内容的联机订购、付款和交付，或者是全球规模的信息服务。

2. 非完全电子商务

非完全电子商务是指不能完全依靠电子商务方式实现和完成完整交易的交易行为和过程，它需要依靠一些外部要素如运输系统等来完成交易，其主要包括有形货物的电子订货与付款等活动。

(二) 按照开展电子交易的范围分类

按照开展电子交易的范围，电子商务可以分为以下3种。

1. 本地电子商务

本地电子商务通常是指利用本城市或本地区信息网络实现的电子商务活动，电子交易的范围较小。

2. 远程国内电子商务

远程国内电子商务通常是指在本国范围内进行的网上电子交易活动，其交易的地域范围较大，对软硬件和技术要求较高。

3. 全球电子商务

全球电子商务通常是指在世界范围内进行的电子交易活动，涉及交易各方的相关系统，如买卖双方国家进出口企业、海关、银行金融、税务、保险等系统。这种交易活动内容繁杂，数据来往频繁，要求电子商务系统必须严格、准确、安全和可靠。

(三) 按照使用网络的类型分类

按照使用网络的类型，电子商务可以分为以下4种。

1. EDI(电子数据交换)

EDI(Electronic Data Interchange)于20世纪60年代末期产生于美国，起初出现在通用电器公司和零售商沃尔玛之间的业务。EDI主要是通过增值网络VAN(Value Added Networks)实现的，通过EDI网络，交易双方可以将交易过程中产生的询价单、报价单、订购单、收货通知单和货物托运单、保险单和转账发票等报文数据以规定的标准格式在双方的计算机系统进行端对端的数据传送。

2. Internet(互联网)商务

Internet商务是国际现代化商业的最新形式，以计算机、通信、多媒体、数据库技术为基础，通过互联网在网上实现营销、购物服务，突破了传统商业生产、批发、零售及进、销、存、调的流转程序与营销模式的限制，真正实现了少投入、低成本、零库存、高效率，避免了商品的无效搬运，从而实现了社会资源的高效运转和最大结余。

3. Intranet(企业内部网)商务

Intranet 是在 Internet 基础上发展起来的企业内部网,或称为内联网,它是在原有的局域网上附加一些特定的软件,将局域网与互联网相连接,从而形成企业内部的虚拟网络。Intranet 商务将大、中型企业分布在各地的分支机构及企业内部有关部门的各种信息通过网络予以连通,使企业各级管理人员能够通过网络读取自己所需的信息,利用在线业务的申请和注册代替纸张贸易与内部流通的形式,从而有效地降低了交易成本,提高了经营效益。

4. Extranet(企业外部网)商务

Extranet 又称为外联网。Extranet 商务是指企业借助 Extranet 进行电子商务活动,可以让企业同上下游协作厂家建立起更加紧密的伙伴关系,达到企业间项目合作、提高商务运作效率、降低交易成本的目的。

(四)按照电子商务活动的交易对象分类

按照电子商务活动的交易对象分类,电子商务可以分为企业对企业的电子商务(B2B)、企业对消费者的电子商务(B2C)、企业对政府机构的电子商务(B2G)、消费者对消费者的电子商务(C2C)等。

1. 企业对企业的电子商务(B2B)

企业对企业的电子商务(B2B,Business to Business)是指企业与企业之间通过互联网进行产品、服务及信息交换的电子商务活动。B2B 电子商务平台是指市场领域的一种企业对企业之间的营销关系。它将企业内部网,通过 B2B 网站与客户企业紧密结合起来,通过网络的快速反应,为客户企业提供更好的服务,从而促进企业的业务发展。

B2B 电子商务模式是当前电子商务模式中份额最大、最具操作性、最易成功的模式,如我国的阿里巴巴。如图 1-2 所示的是阿里巴巴电子商务网站的主页。

图 1-2 阿里巴巴电子商务网站的主页

1) B2B 电子商务的主要商业模式

(1) 垂直 B2B 电子商务模式。

垂直 B2B(Vertical B2B)电子商务模式是指专注于某一领域,专业程度较深的商业模式。它可以分为两个方向,即上游和下游。生产商或商业零售商可以与上游的供应商之间建立供货关系,例如 Dell 计算机公司与上游的芯片和主板制造商就是通过这种方式进行合作的。生产商与下游的经销商可以建立供销关系,例如 Cisco 与其分销商之间进行的交易。其中以中国化工网、鲁文建筑服务网、网盛科技为首的网站成为行业 B2B 的代表网站,将垂直搜索的概念重新诠释,让更多企业习惯用搜索模式来做生意圈、找客户。垂直 B2B 成本相对要低很多,因为垂直 B2B 面对的多是一个行业内的从业者,所以,它们的客户相对比较集中而且有限。

(2) 面向中间交易市场的水平 B2B 电子商务交易模式。

面向中间交易市场的水平 B2B 电子商务交易模式是指利用网上中介服务平台将买方和卖方集中到一个市场上进行信息交流、广告促销、拍卖竞标、商品交易、仓储配送等商业活动。例如阿里巴巴、环球资源、中国制造等都从事为传统企业提供网上中介服务。

这种模式之所以称为"水平"B2B 电子商务,是因为利用这种模式的行业较为广泛、企业众多,很多的行业和企业都可以在同一个网站上进行商务贸易活动。

2) B2B 电子商务的交易模式

按市场战略的不同,B2B 电子商务交易模式又可以分为 3 种类型,即卖方控制型、买方控制型以及中介控制型。

(1) 卖方控制型市场战略。

卖方控制型市场战略是指由单一卖方建立,以期寻求众多的买方,旨在建立或维持其在交易中的市场优势的市场战略。这种交易模式主要是一些大中型企业利用网络平台面向广大的经销商、代理商等开展的销售业务。

(2) 买方控制型市场战略。

买方控制型市场战略是由一个或多个购买者建立,旨在把市场优势和价值转移到买方的市场战略。买方控制型市场战略除了由一个购买者直接建立的电子市场之外,还包括买方代理型和买方合作型两种细分买方控制型市场战略。

(3) 中介控制型市场战略。

中介控制型市场战略是由买卖双方之外的第三方建立,通过第三方平台为买卖双方搭建一个集广告、交易、支付、物流等业务为一体的市场战略。中介控制型市场战略能广泛地聚集闲散的资源、优化资源配置,为买卖双方搭建一个广阔的、一站式的交易平台;同时,由于中介控制型市场包括了广泛的行业,因此,平台的交易体量、社会品牌及影响力都比较大。

3) B2B 电子商务的盈利方式

B2B 电子商务的盈利方式有以下几种。

(1) 会员费。

企业通过第三方电子商务平台参与电子商务交易,只有注册为 B2B 网站的会员,每年必须交纳一定的会员费，才能享受网站提供的各种服务。目前会员费已成为我国 B2B 网站最主要的收入来源。

(2) 广告费。

网络广告是门户网站的主要盈利来源，同时也是 B2B 电子商务网站的主要收入来源。阿里巴巴网站的广告根据其在首页的位置及广告类型进行收费。中国化工网有弹出广告、漂浮广告、Banner 广告、文字广告等多种表现形式可供用户选择。ECVV(国际贸易网)网站提供固定排名、首页广告和关键字广告等多种方式供用户选择。

(3) 竞价排名。

为了促进产品的销售，商家都希望在 B2B 网站的信息搜索中将自己的排序靠前，而网站在确保信息准确无误的前提下，可以根据会员交费的不同对排名顺序作相应的调整。阿里巴巴的竞价排名是诚信通会员专享的搜索排名服务，当买方在阿里巴巴搜索供应信息时，如果竞价企业的信息排在搜索结果的前三位，就会被买方第一时间找到。中国化工网的化工搜索是建立在全球最大的化工网站上的化工专业搜索平台，可以对全球近 20 万个化工及化工相关网站进行搜索，搜录的页面总数达 5000 万，并同时采用搜索竞价排名方式，确定企业排名顺序。

(4) 增值服务。

B2B 网站除了为企业提供贸易供求信息以外，还能提供一些独特的增值服务，包括企业认证、独立域名、提供行业数据分析报告、搜索引擎优化等。例如，现货认证就是针对电子行业提供的一种特殊的增值服务，因为通常电子采购商都比较重视库存这一领域。另外，针对电子设备型号做的谷歌排名推广服务，就是搜索引擎优化的一种，像 ECVV 平台就有这种增值服务项目，企业对这种项目都比较感兴趣。所以，根据行业的特殊性可以挖掘客户的需求，然后提供具有针对性的增值服务。

(5) 线下服务。

线下服务主要包括展会、期刊、研讨会等。通过展会，供应商和采购商可以进行面对面的交流，一般的中小企业还是比较青睐这种方式的。期刊的内容主要是有关行业资讯等信息，期刊内也可以植入广告。Global Sources 的展会现已成为重要的盈利模式，占其收入的 1/3 左右。而 ECVV 组织的线下展会和采购会也已获得不错的效果。

(6) 商务合作。

商务合作包括广告联盟、政府、行业协会合作、传统媒体的合作等。广告联盟通常是指网络广告联盟。亚马逊通过这种方式已经取得了不错的成效，但在我国，联盟营销还处于初始阶段，大部分网站对于联盟营销还比较陌生。国内做得比较成熟的广告联盟有百度联盟、谷歌联盟等。

2. 企业对消费者的电子商务(B2C)

企业对消费者的电子商务(B2C，Business to Consumer)基本等同于商业电子化的零售商务，随着 WWW 的出现和快速发展，这种类型的电子商务发展很快。Internet 上已遍布各种类型的商业中心，提供各种商品的电子商务服务，主要有书籍、计算机软硬件、母婴用品等。常见的 B2C 网站有京东商城、当当网等，如图 1-3 所示为京东商城首页。

图 1-3　京东商城首页

B2C 电子商务模式可分为以下 4 种。

(1) 综合型 B2C 电子商务模式。

综合型 B2C 电子商务模式是指经营范围广、业务众多的一种网络零售模式。综合型 B2C 电子商务平台能发挥自身的品牌影响力，积极寻找新的利润点，培养核心业务。常见的综合型 B2C 电子商务模式有天猫(tmall.com)、亚马逊(z.cn)、京东(jd.com)等。

(2) 垂直型 B2C 电子商务模式。

垂直型 B2C 电子商务模式和综合型 B2C 是相对应的，其主要区别在于经营范围的不同。一般而言，垂直型 B2C 电子商务主要是专注于某一细分领域做大做强，形成核心竞争力。如专注于美妆领域的乐蜂网(lefeng.com)、专注于母婴市场的红孩子(redbaby.suning.com)以及早期专注于图书领域的当当网(dangdang.com)等。

垂直型 B2C 电子商务由于经营对象的限制，一般客户群比较稳定，但受众范围和综合型 B2C 电子商务相比有较大差距。在现在的电子商务活动中，流量是制胜的法宝，所以大量的垂直型 B2C 电子商务发展到一定阶段会不约而同地选择向综合型 B2C 电子商务转型。当然，这并不是说垂直型 B2C 电子商务模式不如综合型 B2C 电子商务模式，而是投资者、经营管理者对于市场博弈的需要。

(3) 第三方交易平台型 B2C 电子商务模式。

开展 B2C 电子商务会受到很多因素的制约，特别是中小企业在人力、物力、财力都有限的条件下。第三方交易平台型 B2C 是专门为中小企业搭建网络销售平台的一种经营策略，其平台本身并不参与商品的买卖，而是为买卖双方提供集信息发布、交易磋商、交易、支付、物流服务等功能于一体的综合性第三方平台。这类平台的影响力较大，能有效地吸引中小企业入驻。这类平台典型的代表有天猫(tmall.com)、QQ 网购(wanggou.com)等。

(4) 传统零售商网络销售型 B2C 电子商务模式。

传统零售商自建网站销售，将丰富的零售经验与电子商务有机地结合起来，有效地整合传统零售业务的供应链及物流体系，通过业务外包解决经营电子商务网站所需的技术问题，当然也有完全属于自己的技术团队。这类平台往往在传统的市场上有一定的影响力，开展电子商务活动有先天的优势。消费者愿意把实体店当作试用、试穿的平台，然后利用网络的价格优势进行线上交易。典型代表有国美在线(gome.com.cn)、苏宁易购(suning.com)等。随着供应链的不断整合、优化以及商家对电子商务的理解逐渐加深，线上线下不断融合，其界限也在不断模糊。线下也不仅仅只作为消费者"看样"的场所。例如，苏宁易购把线下、线上的价格全部打通，从2013年6月8日实施"线上、线下同价"，把线下努力打造成满足消费者体验的重要平台。

3. 企业对政府机构的电子商务(B2G)

企业对政府机构的电子商务(B2G，Business to Government)可以覆盖企业、公司与政府组织之间的许多交易事项。目前，我国有些地方政府已经推行网上采购。例如，政府通过Internet发布采购清单，公司以电子化方式回应。另外，政府通过电子交换的方式向企业征税等。目前，这种方式仍处于初期的试验阶段，但可能会很快发展起来，因为这种方式可以更好地树立政府的形象，实施对企业的行政事务管理，推行各种经济政策等。图1-4所示为广州市政府采购主页。

图1-4　广州市政府采购主页

1) 电子商务为企业提供服务的3个层面

(1) 政府对企业开放各种信息，以方便企业经营活动。

(2) 政府对企业业务的电子化服务，包括政府电子化采购、税收服务电子化、审批服务电子化和对中小企业电子化服务等各种与企业业务有关的电子化服务活动。

(3) 政府对企业进行监督和管理，包括工商、进出口、税务、环保等。

2) B2G的主要内容

(1) 电子采购与招标。

通过网络公布政府采购与招标信息，为企业特别是中小企业参与政府采购提供必要的帮助，向它们提供政府采购的有关政策和程序，使政府采购成为阳光作业，杜绝徇私舞弊和暗箱操作，从而降低企业的交易成本，节约政府采购支出。

(2) 电子税务。

使企业通过政府税务网络系统，在家里或企业办公室就能完成税务登记、税务申报、税款划拨、查询税收公报、了解税收政策等业务，极大地提升了税务活动的效率并有效地降低其成本。

(3) 电子证照办理。

让企业通过互联网申请办理各种证件和执照，缩短办证周期，减轻企业负担。如企业营业执照的申请、受理、审核、发放、年检、登记项目变更、核销、统计证、土地证、房产证、建筑许可证、环境评估报告等证件、执照和审批事项的办理。

(4) 信息咨询服务。

政府将拥有的各种数据库信息对企业开放，方便企业利用，如法律法规和规章政策数据库、政府经济白皮书、国际贸易统计资料信息。

(5) 中小企业电子服务。

政府利用宏观管理优势和集合优势，为提高中小企业国际竞争力和知名度提供各种帮助，包括为中小企业提供统一政府网站入口，帮助中小企业向电子商务供应商争取有利的、能够负担的电子商务应用解决方案等。图1-5所示为青岛政务网主页。

图 1-5 青岛政务网主页

4. 消费者对消费者的电子商务(C2C)

消费者对消费者(消费者之间)的电子商务(C2C，Consumer to Consumer)可以通过使用公共网站和个人网站等方式交换数据，如民间"以物易物"方式的交换、信息资料的交换、商品的买卖以及民间借贷等。图1-6所示为淘宝网主页。

图 1-6　淘宝网主页

四、电子商务的功能和特点

(一)电子商务的功能

电子商务通过Internet可提供网上交易和管理的全过程服务，具有对企业和商品的广告宣传、交易的咨询洽谈、客户的网上订购和网上支付、销售前后的服务传递、客户的意见征询、对交易过程的管理等各项功能。

1. 广告宣传

电子商务使企业可以通过自己的 Web 服务器、网络主页(Home Page)和电子邮件(E-mail)在全球范围内做广告宣传，在 Internet 上宣传企业形象和发布各种商品信息，客户用浏览器可以迅速找到所需的商品信息。与其他各种广告形式相比，网上广告成本最为低廉，而给顾客的信息量却最为丰富。

2. 咨询洽谈

电子商务使企业可以借助非实时的电子邮件、新闻组(News Group)和实时讨论组(Chat)来了解市场和商品信息，洽谈交易事务。如有进一步的需求，还可用网上会议(Netmeeting)、电子公告栏(BBS)等功能来交流即时的信息。在网上进行的咨询和洽谈能超越人们面对面洽谈的限制，提供方便的异地交谈服务。

3. 网上订购

电子商务通过电子邮件的交互传送实现客户在网上的订购。企业的网上订购系统通常都是在商品介绍的页面提供十分醒目的订购提示信息和订购交互表格，当客户填完订购单后，系统回复信息单表示订购信息已收悉。

4. 网上支付

网上支付是电子商务交易过程中的重要环节。客户和商家之间可采用信用卡、电子支票和电子现金等多种电子支付方式进行网上支付。采用网上支付的方式达到了节省交易成本的目的。

5. 电子账户

银行及保险公司等金融单位可以提供电子账户管理等网上操作的金融服务,客户的信用卡卡号或银行账号是电子账户的标志。电子账户采用客户认证、数字签名、数据加密等技术措施保证其操作的安全性。

6. 服务传递

电子商务通过服务传递系统将客户订购的商品尽快地传递到已付款的客户手中。对于有形的商品,服务传递系统可以对本地和异地的仓库在网络中进行物流的调配,并通过快递业务完成商品的传送;而对于无形的信息产品,如软件、电子读物、信息服务等,服务传递系统可以立即从电子仓库中将商品通过网络直接传递到用户端。

7. 意见征询

企业的电子商务系统可以通过网页上的意见反馈表及时搜集客户对商品和销售服务的反馈意见,客户的反馈意见可以提高网上交易和售后服务的水平,使企业获得改进产品、发现市场的商业机会,使企业的市场运作形成良性循环。

8. 交易管理

电子商务的交易管理系统可以对网上交易活动全过程中的人、财、物、客户及本企业内部的各环节进行协调和管理。

电子商务的上述功能为网上交易营造了一个良好的交易服务和管理环境,使电子商务的交易过程得以顺利和安全地完成,并使电子商务获得更广泛的应用。

(二)电子商务的特点

电子商务是一种运用现代信息技术和网络技术,集金融电子化、管理信息化、商贸信息网络化为一体,旨在实现物流、资金流与信息流和谐统一的新型贸易方式。电子商务在互联网的基础上,突破了传统的时空观念,缩小了生产、流通、分配、消费者之间的距离,大大提高了物流、资金流和信息流的有效传输与处理,开辟了世界范围内更为公平、公正、广泛、竞争的大市场,为制造者、销售者和消费者提供了能更好满足各自需求的极好机会。

电子商务较之传统商业模式,具有如下突出的特点。

1. 覆盖面广,拥有全球市场

互联网几乎已经遍及全球,全球网络用户已达 41 亿人。电子商务建在这样的网络平台上,使一般的商家都能通过网络,以相当低的成本,把商品和服务推销到世界各地,顺利

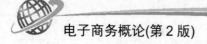

地开拓全球化的目标市场。

2. 全天时营业，增加商机和方便客户

传统的商业模式摆脱不了营业时间、地区时差以及地域距离的限制，企业只能靠加班加点、增设分支机构以及增加编制的办法来解决这些问题。但是，电子商务能够真正做到全天时营业，不仅使企业获得更多的商业机会，而且还给客户和商家带来采购的便利。

3. 减少运营成本，显著降低费用支出

通过网站、电子邮件、电子公告牌、网上会议等联络方式，可以大幅节省通信费用，消除各环节资料的重复录入，优化作业流程，相应降低运营费用。对于数字化产品(如视听商品、计算机软件等)还可直接通过网络传送和下载的方式，降低运输成本。这些都能使商家降低费用支出，使消费者得益。

4. 功能更齐全，服务更周到

电子商务始终采用各种先进的技术手段，实现不同层次的商务目标，如网上发布商情、在线洽谈、建立虚拟商场等；同上下游的厂商建立供应链管理，提高效率，减少库存；实时完成在线支付；实现文件安全送达；进行身份认证、信用考证等。更突出的是，可以根据不同顾客的个性化需求，提供有针对性的服务，实现全程营销。

5. 使用更灵活，交易更方便

人们只要具备一般计算机或智能家电及其使用知识，只要能够登录互联网，访问相应的商务网站，便可查找各地的商品目录，选到所需要的商品，轻易地完成网上交易。

6. 全面增强企业的竞争力

企业经营者为提高自身的核心竞争力，都需要在捕捉市场商机、降低运营成本和提高效率这三方面狠下功夫，而电子商务在企业的运作上则提供了科学和高效的模式。

综上所述，电子商务是运用计算机网络技术进行的一种社会生产经营形态，根本目的是通过提高企业生产率，降低经营成本，优化资源配置，从而实现社会财富最大化。从这个意义上说，电子商务要求的是整个生产经营方式价值链的改变，是利用信息技术实现商业模式的创新和变革。

五、电子商务的影响

21世纪是一个以网络为核心的信息化时代，数字化、网络化和信息化是21世纪的时代特征。目前经济全球化与网络化已经成为一种潮流，信息技术革命与信息化建设正在使资本经济转变为信息经济、知识经济，强烈地影响着国际贸易的环境，加快了世界经济结构的调整和重组步伐。电子商务作为信息时代的一种新的商贸形式，对商务的运作过程和方法必将产生巨大的影响，其影响将远远超出商务的本身，并从多方面改变着人类的观念、思维和相互交往的方式。

(一)电子商务对全球商务的影响

电子商务将引发全球性的商务革命，它正在改变着社会、企业和个人的未来。全球化的市场和经营使地域概念不复存在，促销宣传渠道也不单单局限在传统媒体上，因为 Internet 正在成为新的媒介，并逐渐占据主导地位，这将极大地方便消费者的商品购买活动。由于可以和厂商直接在网络上进行在线沟通，消费者可以方便地表达自己的愿望和需求，这也促进了商品的个性化销售，以满足不同消费群体、不同时间的消费需求。厂商和消费者、供应商直接在网上进行电子交易，大大减少了中间环节和时间、费用，加快了商品流通速度，大幅降低了产品成本。厂商可以及时按照消费者愿望定制个性化产品，确定相应的价格。

作为一种现代商务模式，电子商务利用计算机网络搜索和获取信息，为个人和公司提供决策服务，满足了商家和客户的需求，也减少了用于改善货物和服务质量的投入，加快了商品交易的速度。电子商务可以应用于从制造到零售，从银行、金融机构到出版、娱乐以及其他等任何企业。它涵盖不同的活动，包括货物和服务的电子交易、电子股票交易、商业拍卖、合作设计和工程、公共文件、直销和售后服务、金融和法律服务、医疗保健和教育等。Internet 正在将不同形式的电子商务结合起来，产生许多创新、混合的电子商务模式。

(二)电子商务对政府机构的影响

政府对电子商务的支持态度将直接影响电子商务的发展，电子商务的发展也会在一定程度上对政府机构产生某种影响。电子商务的发展使一些相关的政府部门因为其职能需要而作为贸易过程的一个环节加入到电子商务活动中，政府部门在这个加入过程中要做相应的业务转型。例如，工商管理部门在电子商务环境下需要对下属各类企业的经营活动进行管理，由于被管理对象多数已经集中到电子商务中，工商管理部门无法像从前一样监督企业活动，就必须加入企业的现有电子商务贸易活动中才能完成相关工作；税务部门也必须在电子商务环境下进行相关的业务转型，才能完成对电子商务交易活动的征税。管理者加入电子商务可以更及时、准确地获得企业信息，更严密地监督企业活动，并采用相应的技术手段进行执法，从而加大执法力度，提高政府权威。

电子商务中最重要和最核心的技术就是安全和认证技术。因为网上的交易使双方都无法确认对方的身份，而这个问题一方面要通过技术手段来解决，另一方面也需要一个权威机构负责其中的仲裁和信誉保证。这种职责应该由政府出面或指定相关机构或部门来担当，其必须具备一定的法律效力。

(三)电子商务对企业的影响

电子商务不仅可以为企业营造虚拟的全球性贸易环境，而且还可以加强企业之间的业务协作关系，促进企业经营向异地化和多元化发展。新型的商务通信渠道将重新定位企业，而企业能否在网络环境中找到适合自己的位置，将直接影响自身的生存和发展。如何正视企业在电子商务时代的位置，抓住电子商务这一契机，促进企业的腾飞，是每个企业经营者不可回避的现实。不可否认，电子商务的确能提高企业商务活动的水平和服务质量，加强企业在世界范围的业务关系,并由此带动企业内部的变革和重组。

(1) 电子商务的交互性使单项的通信变成了双向的通信。与传统链式的单向业务活动相比,Internet 的交互性使企业能够和贸易伙伴直接进行双向业务活动,减少了中间的业务环节,处理业务的效率和质量得到极大提高。

(2) 快速的通信功能可以使企业对市场的反馈作出实时反应。

(3) 快捷的业务处理手段为企业节省了一笔可观的费用支出,例如,电子邮件节省了传真和电话费用,而电子发布和电子订单节省了广告和销售费用。EDI 等功能是传统业务处理手段所无法比拟的,而与报纸、电视、广播等传媒相比,Internet 的通信费用则更为低廉。

(4) 增加了客户和供货方的联系。客户可以通过网络站点即时了解到对方最新的数据资料,企业能以一种快捷方便的手段为客户提供全新的业务、产品和服务,而企业之间进行的电子数据交换也使双方的合作得到加强。

(5) 企业的业务活动不再受时间和空间的限制,可以提供全天候服务。即使企业在内部假期时间,电子商务系统仍能提供 24 小时的全天候服务。

通过以上电子商务给企业带来的优越性可以看出,电子商务的应用将使企业有可能接触更多的新客户,从而极大地促进企业的合理化运作,同时电子商务的直观性和透明性将极大地增强企业客户的忠诚度。总之,电子商务将帮助企业获得更强大的市场竞争力。反之,如果一个企业未能赶上电子商务的浪潮,在不久的将来就会被市场无情地淘汰。难以想象,在现今信息化的社会中,如何面对没有电视和手机的窘境;同样也难以想象,未来的企业没有电子商务系统将怎样面对市场。

(四)电子商务对商业营销的影响

电子商务将从根本上改变商务活动的模式。电子商务使消费者不用再到商场中筋疲力尽地搜寻自己所需的商品;使商家避免了在谈判桌面前唇枪舌剑的谈判。通过网络和浏览器,消费者不仅可以足不出户地看遍世界,如身临其境般浏览各类产品,而且还能获得各种在线服务;不仅能够购买实物类产品,如汽车、电视机和 DVD,也能购买数字类产品,如信息、录像、录音、数据库、软件及各类知识产品。此外,消费者还能获得各类服务,如安排旅游行程、网上医疗诊断和远程教育等。

对企业来讲,电子商务改变了企业的经营方式。当企业建立自己的电子商务系统,就会发现自己面对的是全世界的客户;客户将在网上与供货方联系;利用网络进行结算和支付服务;企业可以方便地与政府部门以及竞争对手发生联系。这种网上联系使企业经营的方式无论从何种角度看,都发生了深刻的变化。

电子商务对企业的营销策略产生了很大的影响,电子商务的销售方式带给商家的是更加激烈的竞争。由于客户面对所有的相关商家,选择余地空前扩展,这对商家无疑是一种巨大的挑战。企业原有的规模、资产、地理位置等优势都不重要了,所有的商家全部变成了消费者浏览器中的一张张主页。在 Internet 上,所有的商家站在同一起跑线上,企业的销售网页能否具有更好的目录结构、更方便顾客挑选,能否给顾客创建性能良好的个性化页面、提供个性化服务等,是商家首先要考虑的营销策略。因为商品销售和销售的场所都转移到计算机网络上,因此商家的网页质量,如网页的艺术性、可用性、查询效率和对消费者个人信息的安全保密性等,都成为吸引更多顾客关注的决定性条件。

(五)电子商务对消费者的影响

在电子商务环境中,客户不再像以往那样,因受地域限制而只能做某家邻近商店的老主顾,他们也不再仅仅将目光集中在最低价格上,服务质量在某种意义上已成为商务活动的关键。现在,许多企业都在 Internet 上为客户提供完整服务,而 Internet 在这种服务过程中扮演了催化剂的角色。通过将客户服务过程移至 Internet 上,客户能以一种比过去更为便捷的方式获得从前经过一定程度的努力才能获得的服务。例如,现在要获得将资金从一个存款户头移至一个支票户头、查看一张信用卡的收支、记录发货请求,乃至搜寻并购买稀有产品等服务,都可以足不出户而实时获得。

电子商务正在改变着人类的生活方式。在电子商务时代,只要上网就可以在网上逛商店。网络商场与电视商场的不同在于在电视商场里,作为观众,人们完全没有主动权,让你看什么就只能看什么,观众是作为被动的客户出现的;网络商场是一种全球性商场,世界各地的货物都可以选购,而且网络商场是实时交互的,观众想看什么就能看什么,主动权完全控制在自己手中。上网的客户是作为主体出现的,能够任意选购商场中的商品,并实时进行交易。此外,电子商务还改变了人类消费的方式。网上购物是足不出户看遍世界,网上的搜索功能可以方便地让顾客货比三家。同时,消费者能以一种十分轻松自由的自我服务方式完成交易,从而使用户对服务的满意度大幅度提高。

(六)电子商务对金融机构的影响

在电子商务的结构系统中,银行处于非常重要的位置,也扮演着必不可少的角色。在 B2B 方式中,银行负责电子商务中一切贸易活动的结算;而在 B2C 方式中,银行除结算之外,还要负责解决商家与消费者相互认证的问题。电子商务交易要求银行必须采用更坚实的技术和政策手段为全球贸易提供完全可以依赖的资金汇兑安全交易。银行应该给顾客和厂商在网上创造一种安全环境,使其不存在受欺骗的危险。银行还要保护厂商免受损失,顾客的信用卡卡号不会在网上被滥用,消费者的个人隐私和个人信息不会被泄露。目前使用的安全电子交易标准已经能够做到这一点。银行在电子商务中作为中介机构,要保证消费者的利益不受任何损失,这是改变消费者观念、推进电子商务的前提条件。银行的安全性不仅关系到银行自身的信用问题,更重要的是将影响行业和消费者对电子商务的信心,只有银行能够确保交易的安全,才能维持并促进电子商务的发展。

(七)电子商务对社会经济的影响

1. 促进全球经济的发展

电子商务带来的最直接的好处是由于贸易范围的空前扩大而使全球贸易活动大幅度增加,因而提高了贸易环节中的交易量。

2. 促进知识经济的发展

知识经济有着大量的无形成本和高附加值,信息产业是知识经济的核心和最主要的推动力,而电子商务又站在信息产业最前列,因此电子商务的发展必将直接或间接地推动知识经济的发展。

3. 产生新兴的行业

在电子商务环境下,原来的业务模式发生了很大变化,许多不同类型业务过程由原来的集中管理变为分散管理,社会分工逐步变细,因此产生了大量新兴行业来配合电子商务的顺利运转。例如,由于商业企业的销售方式和最终消费者购买方式的转变,打破了原来"一手交钱,一手交货"的模式,使送货上门等业务成为一项极为重要的服务业务,这也是物流公司出现的原因。因而,新型市场的存在必然导致新兴行业的出现,如配送中心这类具备相当规模的专门从事送货业务的行业等,它们的出现也创造了更多的就业机会和社会财富。

扩 展 阅 读

2009年,天猫(当时称为淘宝商城)开始在11月11日"光棍节"举办促销活动,最早的出发点只是想做一个属于淘宝商城的节日,让大家能够记住淘宝商城。选择11月11日,也是一个有点冒险的举动,因为光棍节刚好处于传统零售业十一黄金周和圣诞促销季中间。但这时季节转换正是人们添置冬装的时候,当时想试一试,看网上的促销活动有没有可能成为一个对消费者有吸引力的窗口。结果一发不可收,"双十一"成为电商举办大规模促销活动的固定日期,甚至对非网购人群、线下商城也产生了一定的影响。

天猫历年"双十一"销售额(部分数据包含天猫商城和淘宝集市的总额):

时间	成交额(元)
2009年11月11日	0.52亿
2010年11月11日	9.36亿
2011年11月11日	53亿
2012年11月11日	191亿
2013年11月11日	362亿
2014年11月11日	571亿
2015年11月11日	912亿
2016年11月11日	1207亿
2017年11月11日	1682亿
2018年11月11日	2135亿
2019年11月11日	2684亿

(资料来源:http://baike.baidu.com/)

同 步 测 试

一、单项选择题

(1) 按照商业活动的运作方式分类，电子商务可以分为完全电子商务和(　　)。
　　A. 本地电子商务　　　　　　B. 远程国内电子商务
　　C. 全球电子商务　　　　　　D. 非完全电子商务

(2) 按照电子商务活动和交易对象分类，电子商务可以分为企业对企业的电子商务、企业对消费者的电子商务、企业对政府机构的电子商务和(　　)。
　　A. Internet 商务　　　　　　B. 本地电子商务
　　C. 远程国内电子商务　　　　D. 消费者对消费者的电子商务

(3) 按照使用网络类型分类，以下不属于当前电子商务的主要形式是(　　)。
　　A. EDI 商务　　　　　　　　B. Internet 商务
　　C. Intranet 商务　　　　　　D. FTP 商务

(4) 关于企业网络交易，下列叙述正确的是(　　)。
　　A. 是 B2C 电子商务的一种形式
　　B. 借助互联网的特性，企业可以方便地了解到世界各地消费者的购买信息
　　C. 为了寻找客户，企业利用自己的网站或网络服务发布买卖、招投标等商业信息
　　D. 不能在信息交流平台上签订合同

(5) 下面属于完全电子商务的是(　　)。
　　A. 网上购买软件　　　　　　B. 网上购买彩电
　　C. 网上购买书籍　　　　　　D. 网上购买衣服

二、多项选择题

(1) 电子商务可以分为(　　)。
　　A. B2C　　　B. C2C　　　C. B2B　　　D. B2G

(2) 下列对电子商务理解正确的是(　　)。
　　A. 电子商务等于商务电子化
　　B. 电子商务包括现代信息技术和商务
　　C. 电子商务实质上形成了一个真实的市场交换场所
　　D. 电子商务是一种采用最先进信息技术的买卖方式

(3) 下列对电子商务特点的说法正确的是(　　)。
　　A. 结构性　　B. 市场复杂化　　C. 层次性　　D. 营销电子化

(4) 下列属于网络商品直销特点的是(　　)。
　　A. 费用低　　B. 环节多　　C. 速度快　　D. 供需间接见面

(5) 电子商务中最重要和最核心的技术是(　　)。
　　A. 安全　　　B. 认证　　　C. 诚信　　　D. 市场

三、简答题

(1) 试说明什么是电子商务。
(2) 简述电子商务与传统商务相比有何优势。
(3) 电子商务的发展将会对经济发展产生哪些影响？请举例说明自己身边的电子商务类型。
(4) 简述电子商务如何分类。
(5) 你认为我国发展电子商务存在哪些问题？

四、案例分析题

京东(JD.com)是专业的网上购物商城，销售超数万种品牌、4020万种商品，囊括家电、手机、计算机、母婴、服装等13大品类。

京东是中国最大的自营式电商企业，2013年，活跃用户数达到4740万人，完成订单量达到3233亿元。

1998年6月18日，刘强东在中关村创业，成立京东公司。

2001年6月，京东成为光磁产品领域最具影响力的代理商，销售量及影响力在行业内首屈一指。

2004年1月，京东开辟电子商务领域创业试验田，京东多媒体网正式开通，启用新域名。

2005年11月，京东多媒体网日订单处理量突破500单。

2006年1月，京东宣布进军上海，成立上海全资子公司。

2006年6月，京东开创业内先河，全国第一家以产品为主体对象的专业博客系统——京东产品博客系统正式开放。京东在由第三方电子支付公司网银在线与中国计算机报联合主办的"网银杯"2006超级网商评选活动中，荣获"最受欢迎的IT产品网商"称号。

2007年5月，京东广州全资子公司成立，全力开拓华南市场。6月，京东多媒体网日订单处理量突破3000单。

2007年6月，成功改版后，京东多媒体网正式更名为京东商城，以全新的面貌屹立于国内B2C市场；京东正式启用全新域名，并成功改版。7月，京东建成北京、上海、广州三大物流体系，总面积超过$50000m^2$。8月，京东赢得国际著名风险投资基金——今日资本的青睐，首轮融资千万美元。10月，京东在北京、上海、广州三地启用移动POS上门刷卡服务，开创了中国电子商务该项服务的先河。

2008年6月，京东商城在2008年年初涉足平板电视的销售行列，并于6月将空调、冰箱、电视等大家电产品线逐一扩充完毕，标志着京东公司在成立十周年之际完成了3C产品的全线搭建，成为名副其实的3C网购平台。

2009年1月，京东获得来自今日资本等共计2100万美元的联合注资。这也是2008年金融危机爆发以来，中国电子商务企业获得的第一笔融资。2月，京东尝试出售特色上门服务产品，此举成为探索B2C增值服务领域的重要突破口，也是商品多元化的又一体现。3月，京东商城单月销售额突破2亿元。6月，京东商城单月销售额突破3亿元，与2007年全年销售额持平。同时，日订单处理能力突破20000单。

2010年3月，京东商城收购韩国SK集团旗下电子商务网站千寻网，5月重启千寻网，上线运营。

2010年6月，京东商城开通全国上门取件服务，彻底解决网购的售后之忧。8月，京东商城在北京正式推出家电以旧换新业务，成为首批入围家电以旧换新销售和回收双中标的电子商务企业。11月，图书产品上架销售，实现从3C网络零售商向综合型网络零售商转型。12月23日，京东商城团购频道正式上线，京东商城注册用户均可直接参与团购活动。

2010年，京东跃升为中国首家规模超过百亿元的网络零售企业。2013年3月30日正式切换域名和事业部，涉及金融、拍拍及海外业务。京东创始人刘强东担任京东集团CEO。

2011年2月，京东商城iPhone、Android客户端相继上线，启动移动互联网战略。同月，京东商城上线包裹跟踪(GIS)系统，方便用户实时地了解和追踪自己的网购物品配送进度。3月，京东商城获得ACER宏碁电脑产品售后服务授权，同期发布"心服务体系"，制定了电子商务行业全新的整体服务标准。4月1日，刘强东宣布完成C2轮融资，投资方俄罗斯的DST、老虎基金等六家基金和一些社会知名人士融资金额总计15亿美元，其中11亿美元已经到账。7月，京东商城与九州通联合宣布，京东商城注资九州通医药集团股份有限公司旗下的北京好药师大药房连锁有限公司，正式进军B2C在线医药市场，为消费者提供医药保健品网购服务。11月，京东商城集团旗下奢侈品购物网站360Top正式推出，高调进入奢侈品领域。

2012年2月，京东商城酒店预订业务上线。京东商城集团正式启动电子书刊业务，销售平台与智能手机/PC阅读客户端软件同步上线。5月，京东商城开放服务JOS上线(jos.360buy)，标志着京东商城系统的全面开放。5月29日，京东商城集团旗下日韩品牌综合类网上购物商城——迷你挑正式上线。10月，京东商城开通英文网站，开拓西方市场。京东完成第六轮融资，融资金额为3亿美元。该轮融资由加拿大安大略教师退休基金领投，京东的第三轮投资方老虎基金跟投，两者分别投资2.5亿美元和5000万美元。

2013年2月，京东完成新一轮7亿美元融资，投资方包括安大略教师退休基金和沙特亿万富翁阿尔瓦利德王子控股的王国控股集团以及公司一些主要股东跟投。9月，京东云联合思路网启动首届京东云电商软件服务商大赛，11月大赛结束并公布参赛获奖名单，京东为扶持电商服务商特别设立了5000万美元奖金。

2013年3月30日，京东去商城化，全面改名为京东，随后更换logo。

启用JD.com域名，并将360buy的域名切换至JD。此外，"京东商城"这一官方名称将被缩减为"京东"。新域名是为了用户方便记忆和直接登录。京东方面认为，作为"京东"两字的拼音首字母拼写，JD更易于和京东品牌产生联想，有利于京东品牌形象的提升和传播；淡化其电商色彩，为其未来在物流、金融业务上的拓展做铺垫。

2013年4月23日，京东宣布注册用户正式突破1亿。

2013年7月29日，在京东POP开放平台大会上，京东集团财务副总裁范微表示，未来针对POP平台上的卖家，京东将提供小额信用贷款、流水贷款、联保贷款、票据兑现、应收账款融资、境内外保理业务等金融服务。

2013年7月30日，京东CEO刘强东表示，京东已经成立了金融集团，除了针对自营平台的供应商，未来还会扩大到POP开放平台。

2013年12月26日，工业和信息化部公布批准通过2013年移动通信牌照审核企业名单，京东集团正式获得虚拟运营商牌照，成为国内首批获得批文的企业。京东集团作为国内的综合网络零售商，将结合自身特点，为用户提供个性化的移动通信业务。

2014年1月9日，京东携手数十家潮流品牌召开以"尚·京东"为主题的2014春夏时尚新品发布会，玖姿、朗姿、MO&Co.、歌莉娅、周大福、Nautica、Jeep、Hazzys、REPLAY、GXG、爱慕等数十家品牌数百款春夏时尚新品通过时装走秀在全网首次亮相。同时，京东宣布与玖熙(nine west)、新秀丽(Samsonite)、费雷、ENZO、EVISU、JEFEN、Clarks、UGG、阿迪达斯、迪士尼、六福珠宝共11家国际高端品牌店达成深度战略合作，11大品牌年初将全部入驻京东开放平台。

2014年1月30日，京东向美国证券交易委员会(SEC)提交了拟上市的F-1登记表格，美银美林和瑞银证券为主要承销商。

2014年4月2日，京东集团正式进行分拆，其中包括两个子集团、一个子公司和一个事业部，涉及金融、拍拍及海外业务。具体的分拆方式是京东集团下设京东商城集团、金融集团、子公司拍拍网和海外事业部，京东创始人刘强东担任京东集团CEO。

2014年5月22日上午9点，京东集团在美国纳斯达克挂牌上市(股票代码：JD)。京东董事局主席刘强东敲响上市钟，发行价19美元，按此计算，京东市值为260亿美元，成为仅次于腾讯、百度的中国第三大互联网上市公司。京东商城登陆纳斯达克首日，开盘价21.75美元，较19美元的发行价上涨14.5%，报收于20.90美元，较发行价上涨10%。

2014年5月22日，京东在纳斯达克挂牌，股票代码为JD，成为仅次于阿里巴巴、腾讯、百度的中国第四大互联网上市公司。

2014年11月20日，在浙江乌镇出席首届世界互联网大会的中共中央政治局委员、国务院副总理马凯介绍，阿里巴巴、腾讯、百度、京东4家企业进入全球互联网公司十强。

2014年11月，京东集团宣布大家电"京东帮服务店"在河北省赵县正式开业。京东称，未来3年，"京东帮服务店"将在全国区县铺开，达到千余家。京东表示，此举主要是帮京东渠道下沉，借此，京东大家电可在四线至六线城市进行物流提速。

2015年1月9日，京东(NASDAQ: JD)、易车网(NYSE: BITA)和腾讯(SEHK: 00700)联合宣布，三方已达成最终协议，京东和腾讯以现金和独家资源的形式对易车网投资约13亿美元。同时，易车旗下专注于汽车金融互联网平台的子公司易鑫资本将获得京东和腾讯总计2.5亿美元的现金投资。

(资料来源：http://baike.baidu.com/)

思考题

(1) 京东商城属于哪种类型的电子商务？请举例说明。

(2) 京东商城的成功之处体现在哪些方面？

项 目 实 训

实训项目：掌握网购流程

小张想给爸爸和妈妈购买新年礼物，听朋友推荐，想在淘宝网选购礼品，但是他没有淘宝账号，也从没有在淘宝网买过东西，请你帮忙指导他购买。

问题： 在淘宝网如何购买商品？

【实训目的】

熟悉电子商务的分类。

掌握电子商务平台的购物流程。

【实训内容】

该如何解决货损的问题，具体有哪些可行的办法？

【实训要求】

训练项目	训练要求	备 注
注册成为新会员	(1)了解淘宝注册流程 (2)准确、完整地填写注册信息	熟悉淘宝网的注册方法
查询和选择购买商品	(1)掌握查询商品的方法 (2)掌握判断产品信息的方法	掌握淘宝网的购物流程
网上支付结算	(1)掌握使用支付工具的方法 (2)准确、完整地填写收货信息	掌握淘宝网的购物流程
查询订单状态	了解货物的流转过程	掌握淘宝网的购物流程
购物信息反馈	了解退换货的要求及办理方法	掌握淘宝网的购物流程

第二章　电子商务框架与商业模式

【学习目的与要求】

- 掌握电子商务框架模型、每一层的功能与特性。
- 掌握电子商务流程的分类、每种类型的具体流程与优缺点。
- 掌握电子商务企业运行模式的类别以及它们之间的联系与区别。
- 掌握电子商务中介服务的定义、分类、典型代表和电子商务中介的发展前景。

【引导案例】

小米公司成立于 2010 年 4 月，是一家专注于智能产品自主研发的移动互联网公司。"为发烧而生"是小米公司的产品理念。小米公司首创了用互联网模式开发手机操作系统、发烧友参与开发改进的模式。2011 年 11 月 28 日，小米 1 手机第一次正式网络售卖。5 分钟内售完 30 万部。2014 年 12 月 29 日，小米科技创始人雷军在微博透露，小米上周刚完成最新一轮融资，估值 450 亿美元，总融资额 11 亿美元。2015 年 5 月 13 日，小米公司第一次通过"小米之家"在线下销售手机，借此试水高端手机市场，也意味着小米公司在中国打响了狙击苹果、三星的第一枪，进入正面厮杀战场。

(资料来源：http://www.mi.com/)

思考：

结合案例分析，谈谈小米公司成功的关键是什么。

【知识要点】

一、电子商务框架

电子商务的出现不仅影响着传统的交易过程，而且在一定程度上改变了市场的组成结构。传统的市场交易链是在商品、服务和货币的交换过程中形成的，现在电子商务在其中强化了一个因素，即信息，因而就产生了信息商品、信息服务、电子货币等。人们做贸易的实质并没有改变，但是贸易过程中的一些环节因所依附的载体发生了变化，因而也相应地改变了形式。有的商业失去了机会，同时又有新的商业产生了机会；有的产业衰退，同时又有新的产业兴起，从而使整个贸易过程呈现出一种崭新的面貌。了解电子商务的框架能更好地理解电子商务是如何运行的。

电子商务的框架是指电子商务活动环境中所涉及的各个领域以及实现电子商务应具备的技术保证。从总体上看，电子商务框架由三个层次和两大支柱构成。其中，电子商务框架的三个层次分别是网络层、信息发布与传输层，以及电子商务服务与应用层。两大支柱是指社会人文性的公共政策和法律规范以及自然科技性的技术标准和网络协议。电子商务的具体框架模型如图 2-1 所示。

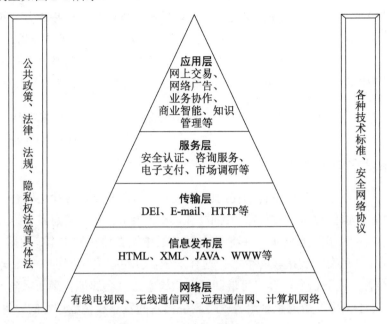

图 2-1 电子商务的框架模型

(一)网络层

网络层是指网络基础设施，是实现电子商务的基础设施，既是信息的传输系统，也是实现电子商务的基本保证。网络基础设施主要是指信息传输系统，包括远程通信网、有线电视网、无线通信网和 Internet 等。以上这些不同的网络都提供了电子商务信息传输的线路，但是，目前大部分的电子商务应用都建立在 Internet 之上，其主要硬件有电话设备、调制解调器(modem)、集线器(hub)、路由器(router)、程控交换机、有线电视等。因为电子商务的主要业务是基于 Internet 的，所以互联网是网络基础设施中最重要的部分。

【同步阅读】

Internet 的产生与发展

Internet 是全球最大的、开放的、由众多网络和计算机通过电话线、电缆、光纤、卫星及其他远程通信系统互连而成的超大型计算机网络，被称为互联网，中文译名是"因特网"。Internet 的诞生，将全世界的计算机连在一起，实现了全球各地的人可以通过网络进行通信的目标，空间的距离已不再成为人们交流的障碍。

我国的 Internet 发展可以分为两个阶段。第一个阶段为 1987—1993 年。1987 年 9 月 20 日，北京计算机应用技术研究所通过与德国某大学的合作，向世界发出了我国的第一封电子邮件。从 1990 年开始，科技人员开始通过欧洲节点在互联网上向国外发送电子邮件。1990 年 4 月，世界银行贷款项目——教育和科研示范网(NCFC)工程启动。该项目由中国科学院、清华大学、北京大学共同承担。1993 年 3 月，中国科学院高能物理研究所与美国斯坦福大学联网，实现了电子邮件的传输。随后，几所高等院校也与美国互联网联通。

第二阶段，从1994年至今，实现了与Internet的TCP/IP连接，逐步开通了Internet的全功能服务。1994年4月，NCFC实现了与互联网的直接连接。同年5月，顶级域名(CN)服务器在中国科学院计算机网络中心设置。根据国务院规定，有权直接与国际Internet连接的网络和单位有中国科学院管理的科学技术网、国家教育部管理的教育科研网、邮电总局管理的公用网和信息产业部管理的金桥信息网。这四大网络构成了我国的Internet主干网。

(资料来源：http://www.ec21cn.org/Education/UploadFiles/FreeStudy/ElectronBussiess/htmlcourse/down/body/one/1-3-1.htm)

(二)信息发布与传输层

网络层决定了电子商务信息传输使用的线路，而信息发布与传输层则解决了如何在网络上传输信息和传输何种信息的问题。目前，Internet上最常用的信息发布方式是在WWW上用HTML语言的形式发布网页，并将Web服务器中发布传输的文本、数据、声音、图像和视频等多媒体信息发送到接收者手中。这样，企业就可以利用网上主页、电子邮件等在Internet上发布各类商业信息，客户可借助网上的检索工具迅速地找到所需商品信息。从技术角度而言，电子商务系统的整个过程就是围绕信息的发布和传输进行的。

(三)电子商务服务与应用层

电子商务服务与应用层实现了标准的网上商务活动服务目标，如网上广告、网上零售、商品目录服务、电子支付、客户服务、电子认证(CA认证)、商业信息安全传送等。其真正的核心是CA认证。因为电子商务是在网上进行的商务活动，参与交易的商务活动各方互不见面，所以身份的确认与安全通信变得非常重要。CA认证中心扮演着网上"公安局"和"工商局"的角色，而其给参与交易者签发的数字证书，就类似于"网上的身份证"，用来确认电子商务活动中各自的身份，并通过加密和解密的方法实现网上安全的信息交换与安全交易。

在基础通信设施、多媒体信息发布、信息传输以及各种相关服务的基础上，人们就可以进行各种实际应用，例如供应链管理、企业资源计划、客户关系管理等各种实际的信息系统，以及在此基础上开展企业的知识管理、竞争情报收集活动等。而企业的供应商、经销商、合作伙伴以及消费者、政府部门等参与电子互动的主体也可以在这个层面上和企业进行各种互动。

(四)公共政策与法律规范

法律维系着商务活动的正常运作，对市场的稳定发展起到了很好的制约和规范作用。商务活动必须遵守国家的法律、法规和相应的政策，同时还要有道德和伦理规范的自我约束和管理，二者相互融合，才能使商务活动有序进行。

随着电子商务的产生，由此引发的问题和纠纷不断增加，原有的法律法规已经不能适应新的发展环境，制定新的法律法规并形成一个成熟、统一的法律体系，成为世界各国发展电子商务的必然趋势。没有法律的保护，其他有关电子商务安全的承诺只能是空头支票。美国政府在其所颁布的《全球电子商务政策框架》中，在法律方面也作了专门论述；俄罗斯、德国、英国等国家也先后颁布了多项有关法规；1996年联合国贸易组织通过了《电子商务示范法》；我国《电子商务法》于2019年1月1日正式施行，这无疑将促进我国电子商务的健康发展。

(五)技术标准和网络协议

技术标准定义了用户接口、传输协议、信息发布标准等技术细节，既是信息发布、传递的基础，也是网络信息一致性的保证。就整个网络环境来说，标准对于保证兼容性和通用性是非常重要的。

网络协议是计算机网络通信的技术标准，对于处在计算机网络中两个不同地理位置的企业来说，要进行通信，就必须按照双方预先共同约定好的规程进行，这些共同的约定和规程就是网络协议。

二、电子商务流程

(一)网络商品直销的流程

网络商品直销是指消费者和生产者，或者是需求方和供应方直接利用网络形式所开展的交易活动，这种网上交易最大的特点是供需双方直接交易，环节少、速度快、费用低。网络商品直销的具体流程如下所述。

步骤1：消费者在Internet上查看企业和商家的主页；

步骤2：消费者通过购物对话框填写姓名、地址、商品品种、规格和数量；

步骤3：消费者选择支付方式，如信用卡、借记卡、电子货币、电子支票等；

步骤4：企业或商家的客户服务器接到订单后检查支付方的服务器，确认汇款额是否被认可；

步骤5：企业或商家的客户服务器确认消费者付款后，通知销售部门发货。

在上述过程中，认证中心(CA)作为第三方，应确认网上经营者的真实身份，保证交易的正常进行。

网络商品直销的诱人之处，在于其能够有效地减少交易环节，大幅度地降低交易成本，从而降低消费者所得到的商品的最终价格。消费者只需输入厂家的域名，访问厂家的主页，即可清楚地了解所需商品的品种、规格、价格等信息，而且主页上的价格最接近出厂价，这样就有可能达到出厂价格和最终价格的统一，从而使厂家的销售利润大幅度提高，竞争能力不断增强。

网络商品直销的不足之处主要表现在两个方面。第一，购买者只能从网络广告上判断商品的型号、性能、样式和质量，对实物没有直接的感知，在很多情况下可能产生错误的判断。而某些厂商也可能利用网络广告对自己的产品进行不实的宣传，甚至打出虚假广告欺骗顾客。第二，购买者利用信用卡进行网络交易，不可避免地要将自己的密码输入计算机,由于新技术的不断涌现,犯罪分子可能利用各种高新科技作为作案手段窃取密码,进而盗窃用户的钱款,这种现象不论是在国外还是在国内,均有发生。

(二)网络商品中介交易的流程

网络商品中介交易是通过网络商品交易中心,即虚拟网络市场进行的商品交易。在这种交易过程中,网络商品交易中心以 Internet 网络为基础,利用先进的通信技术和计算机软件技术,将商品供应商、采购商和银行紧密地连接在一起,为客户提供市场信息、商品交易、仓储配送、货款结算等全方位的服务。网络商品中介交易的具体流程如下所述。

步骤1: 交易双方各自的供、需信息通过网络传递到网络商品交易中心,网络商品交易中心再通过信息发布服务向交易的参与者提供大量的、详细准确的交易数据和市场信息。

步骤2: 交易双方根据网络商品交易中心提供的信息,选择自己的贸易伙伴。网络商品交易中心从中撮合,促使买卖双方签订合同。

步骤3: 买方在网络商品交易中心指定的银行办理转账付款手续。

步骤4: 网络商品交易中心在各地的配送部门将卖方货物送交买方。

通过网络商品中介进行交易具有许多突出的优点:首先,网络商品中介为买卖双方展现了一个巨大的世界市场,这个市场网络储存了全世界的几千万个品种的商品信息资料,可联系千万家企业和商贸单位。每一个参加者都能够充分地宣传自己的产品,及时地沟通交易信息,最大限度地完成产品交易。这样的网络商品中介机构还可通过网络将彼此连接起来,进而形成全球性的大市场。其次,网络商品交易中心作为中介方可以监督交易合同的履行情况,有效地解决交易双方产生的各种纠纷和问题。最后,在交易的结算方式上,网络商品交易中心采用统一集中的结算模式,对结算资金实行统一管理,能有效地避免多形式、多层次的资金截留、占用和挪用,提高资金风险防范能力。

三、电子商务企业运营模式

电子商务企业运营模式主要有 C2C、B2B、C2B、B2C 等模式,如图 2-2 所示。

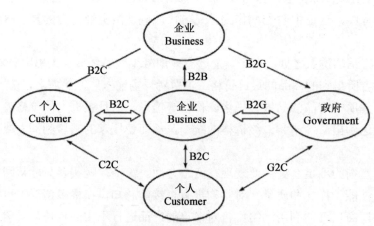

图 2-2 电子商务企业运营模式

(一)C2C(Customer to Customer)消费者和消费者之间的电子商务

C2C 是指消费者和消费者之间的互动交易行为,这种交易方式是比较多变的。C2C 商务平台就是通过为交易双方提供一个在线的交易平台,使卖方能够主动地将商品传到网上进行拍卖,而买方能够自行地选择商品来进行竞价。采用这种电子商务模式的代表是 eBay 和淘宝。

例如,消费者能够同在某一竞标网站或者拍卖网站中,共同在线上出价而由价高者得标;或者是由消费者自行在网络新闻论坛或者 BBS 上张贴布告以出售二手货品,甚至是新品。

(二)B2B(Business to Business)企业和企业之间的电子商务

B2B 是指以企业为主体,在企业之间进行的电子商务活动。进行电子商务交易的供需双方都是商家(或者是企业和公司),并且使用了 Internet 的技术或者各种商务网络平台完成商务交易的过程。其主要代表是阿里巴巴电子商务模式。B2B 主要是针对企业内部和企业(B)与上下游协力厂商(B)之间的资讯整合,并且在互联网上进行的企业与企业之间的交易。借由企业内部网(Intranet)建构资讯流通的基础及外部网络(Extranet)结合产业的上中下游厂商,达到供应链(SCM)的整合。B2B 电子商务将会为企业带来更低的价格、更高的生产率、更低的劳动成本及更多的商业机会。

(三)C2B(Customer to Business)消费者和企业之间的电子商务

C2B 是商家通过网络搜索一个比较合适的消费者群,真正实现定制式的服务。而对消费者来说,这是一种比较理想化的消费模式。

由客户发布自己想要什么东西,要求的价格是多少,然后再由商家决定是否接受客户的要约。如果商家接受客户的要约,那么交易就成功了;如果商家不接受客户的要约,那么也就是交易失败了。

这是一种创新型的电子商务模式,和传统的供应商主导商品不同,这主要是通过汇聚具有相似或者相同需求的消费者,形成一个比较特殊的群体,经过集体的议价,以达到消费者购买的数量越多,价格也相对越低的目的。

(四)B2C(Business to Customer)企业和消费者之间的电子商务

B2C 是指企业通过网络销售产品或者服务给个人消费者。这是消费者利用互联网直接参与经济活动的形式,较类似于商业电子化的零售商务。也就是说,企业通过互联网为消费者提供一个新型的购物环境,即网上商店,消费者通过网络在网上购物以及在网上支付。其代表是亚马逊的电子商务模式。因为这种模式节省了客户与企业的时间以及空间,极大地提高了交易的效率,特别是对于工作比较忙碌的上班族,这种模式能够为其节省宝贵的时间。

电子商务的模式可以从多个角度建立不同的分类框架,比较简单的分类莫过于 B2C、B2B、C2B 以及 C2C 这样的分类,但就各模式还可再进行细分。

四、电子商务的中介服务

电子商务中介就是电子商务市场中的服务媒介,与传统的市场中介的区别在于电子商务中介运作于虚拟的互联网环境中。从职能上来看,电子商务中介与传统市场中介并没有本质的区别,目的都是为市场主体服务,但从管理主体来看,传统市场中介主要是通过管理者来进行管理,而电子商务中介是应用人与计算机的结合来进行管理。其优点是打通企业和个人从实体销售到互联网销售的最优路径,集合优势平台与专业团队为线上、线下商务互联提供有效的解决办法。

(一)电子商务中介的定义

对于中介的准确定义,学术界一直以来都未达成一致的意见。从广义上说,所有便于潜在交易者进行交易的中间人都可以视为中介。如果从这个角度上理解,市场本身就是中介的一种形式,与此类同,银行、网络设备、报刊等都可以算是中介。萨卡尔(Sarker)认为,中介是"为买卖双方之间的交易提供支持的组织,通过集中交易来创造经济的规模和范围,并以此改进交易过程的效率"。而更多时候,人们对中介的理解是从狭义的角度出发的,例如,亚瓦什(Yavas)认为某些中介实际上是造市商(Market-Maker),即提供场所,为生产商和消费者找到匹配的对象。国内学者黄敏学认为,电子商务中介是指以网络为基础,在电子商务市场发挥中介作用的新型中介组织。

从上述定义可以看出,电子商务中介是指存在于电子商务市场中的中介,有些电子商务中介甚至没有物理的实体存在。从提供的服务上看,电子商务中介更偏重于对交易有关数据的收集、整理和分析,以便为交易方提供有关交易的信息。

(二)电子商务中介的分类

根据市场上存在的一些主流电子商务中介服务模式,可以将其分为三类:一是平台服务;二是信息集市化服务;三是中介的中介。三类中介如表2-1所示。

表2-1 电子商务中介的分类

类　别	特　点	典型代表
平台服务	传统超市的信息化	阿里巴巴
信息集市化服务	信息商品的集市化	大众点评
中介的中介	对其他信息中介信息的二次处理	"去哪儿"网

1. 平台服务

平台服务,是指为交易双方提供交易平台,并且为其交易提供一定的信用保障,通过对买方或卖方收取一定的费用而盈利。这类中介服务模式主要以阿里巴巴为典型代表。

从盈利模式上看,阿里巴巴在最初以免费方式吸引卖家注册,同时吸引买家与之交易,从而为买卖双方提供交易平台,以广告费为主要盈利点。这类信息中介不直接参与影响供给和需求,其提供的服务主要是为买方和卖方提供一个交易的平台,辅助双方进行网络交易。这类中介可以类比于传统行业中的超级市场或商场类企业,都是独立于产品的供给和需求而存在的,相当于连接供需的媒介,只是前者存在于网络中,具有更加庞大的供需客户群体,主要依靠数据库对双方的交易信息进行管理,在提供交易平台的同时还能起到一定的监管作用。

2. 信息集市化服务

信息集市化服务,是指通过集成买方或集成卖方来简化卖方或买方的交易步骤,并从买方或卖方收取一定的广告加盟费等收费项目而盈利。这类中介服务模式以大众点评网为典型代表。

大众点评网的营运公司全称是上海汉涛信息咨询有限公司,成立于2003年,属于餐饮服务行业,其主营业务是以 Web 2.0 模式提供第三方餐饮点评服务。大众点评网已经成为国内最具影响力的第三方餐饮评鉴机构。大众点评网以餐饮点评为切入口,以大众参与为理念,以用户点评为主要信息来源,通过网聚口碑的形式打造了强大且不断丰富的餐饮信息库,进而成为国内具有影响力的餐饮评鉴平台。在形成影响力的基础上,大众点评网开始挖掘网站的商业价值:一方面,利用口碑的力量在用户与餐馆之间搭建消费平台,按消费金额向餐馆收取一定比例的佣金;另一方面,依托网站人气,在不影响用户体验的前提下引入关键字和精准广告。其商业模式的核心是人气,能否恪守独立和客观的社区氛围是营造人气的关键。同时,商业化运作是否对其独立和客观的社区氛围产生威胁还有待观察。信息如同实物一般在该网站上被交换,其消费群体既是信息的发布者,也是信息的消费者。其与平台服务的区别在于,它是一种促进买卖双方进行交易的辅助工具,并没有真的让双方在网上进行交易。如果说平台服务型中介是传统商品超市的信息化,那么这类信息中介就是信息商品的集市化。

大众点评网依托评鉴的影响力,构建了多样化的盈利模式。主要有佣金模式、下游用户付费模式和上游企业或商家付费模式。一方面,大众点评网为餐馆提供了有效的口碑宣传载体;另一方面,口碑带来消费力。大众点评网在与相对分散的餐饮企业的博弈中,形成了影响力。在下游用户付费模式方面,大众点评网得益于不断丰富的餐馆信息,无线增值业务和数据库营销业务应运而生。随着餐馆信息的不断填充和更新,大众点评网有效地提高了运作效率,提供服务的成本几乎为零,因此,随着服务规模的扩大,其对利润贡献的力度也可能随之上升。上游企业或商家付费模式,即广告模式,是互联网企业的主要盈利方式。但如前所述,由于点评类网站对独立性的坚守,所以均未贸然引入广告。当然,随着广告模式的演进,点评类网站找到了广告与独立性之间的平衡。大众点评网的关键字搜索类似于百度,输入"菜系""商区""人均消费"等关键词后,会列出一长串符合条件的餐馆以及用户的评论,显示的先后顺序依据餐馆是否投放广告及投放规模而定。这一隐形的广告模式,并没有给用户的体验效果带来直接的负面影响,反而拓宽了网站的营收渠道。同时,电子优惠券是大众点评网的另一种隐形广告。信息集市化服务的信息中介将信息制作为商品供浏览者进行"消费",但不同于传统广告业对消费者灌输信息的传播模式,这类信息中介更注重消费者对信息的自主权。这类信息中介在发展过程中应特别注意维护自身中立客观的企业形象，只有这样才能维系与已有客户的关系，同时吸引新客户。

3. 中介的中介

中介的中介，是指通过介绍中介或对其他中介所提供的信息进行一定的处理与编排，从而方便买方或卖方进行选择，主要是以收取广告费等盈利。这类中介服务模式以"去哪儿"网为典型代表。

"去哪儿"(Qunar.com)是目前在亚太地区及中国领先的在线旅游网站，创立于2005年2月，总部位于北京。"去哪儿"为旅游者提供国内外机票、酒店、度假和签证服务的深度搜索，帮助中国旅游者作出更好的旅行选择。"去哪儿"网站是一个公正、中立的比较平台，凭借其便捷、人性化且先进的搜索技术，对互联网上的机票、酒店、度假和签证等信息进行整合，为用户提供及时的旅游产品价格查询和比较服务。其目标是协助消费者搜索到最有价值的机票、酒店、签证、度假线路和其他旅游服务。同时，还帮助广告客户有效地针对这些高质量的、具有很高消费潜力的旅游者，提供多元的、定位于品牌推广以及促成销售机会的各类广告形式，使企业得以在市场中更精准地定位目标受众，并在竞争中赢取先机。

从商业模式上看，"去哪儿"网集中了国内外机票、酒店、度假和签证服务的深度信息搜索，对同类业务进行了广泛的评价和比较整合，极大地简化了消费群体的旅行计划步骤。在盈利方面，由于其巨大的访问量，使其广告费收入迅速上升并且成为其主要的收入来源。

这类信息中介，最大的特点在于对其他信息中介信息的二次处理。由于网络中信息巨大，虽然一般的信息中介对信息的处理已经帮助客户增强了其搜寻信息的匹配率，但是其中含有的信息量还是非常巨大的，经过这类信息中介的进一步处理，不仅能提高信息的质量，还能提高信息的匹配率，甚至为客户提供有针对性的个性化信息处理。

(三) 电子商务中介的发展前景

如同梅特卡夫法则(Metcalf's Law)中论述的网络价值以用户数量的平方的速度增长，信息中介主要采用该产品或服务的用户人数增加，使得提供给未来用户的产品或服务增值，从而提升自身价值。随着信息时代的到来，信息服务的发展日新月异，现存的中介服务模式需要不断地根据市场及技术的变化进行自我完善，才能谋求自身的蓬勃发展。而对于要在这一行业独树一帜的开拓者来说，应当具备一定的发展眼光。

扩 展 阅 读

顺丰 O2O 模式

O2O(Online To Offline，在线离线/线上到线下)，是指将线下的商务机会与互联网结合，让互联网成为线下交易的前台，此概念最早来源于美国。O2O 的概念非常广泛，既可涉及线上，又可涉及线下，可以通称为 O2O。主流商业管理课程均对 O2O 这种新型的商业模式有所介绍及关注。

O2O 模式，早在团购网站兴起时就已经出现，只不过消费者更熟知团购的概念，团购商品都是临时性的促销，而在 O2O 网站上，只要网站与商家持续合作，商家的商品就会一直"促销"下去。O2O 的商家都是有线下实体店的，而团购模式中的商家则不一定。O2O 电子商务模式需具备四大要素，即独立网上商城、国家级权威行业可信网站认证、在线网络广告营销推广、全面社交媒体与客户。典型的具有 O2O 业务模式特征的就是顺丰的社区便利店，即顺丰"嘿客"。

首批开业的顺丰"嘿客"总计 518 家，除青海、西藏以外，在全国各省市自治区均有覆盖。此次推出的顺丰"嘿客"便利店，与此前的便利店模式有诸多不同，兼具多种功能。例如，商品体验、商品预购、配送、水电缴费、电话充值等。不过，顺丰"嘿客"的重头戏是能够为消费者提供网购 O2O 体验服务，如图 2-3 所示。

图 2-3 顺丰"嘿客"

与传统商业模式完全不同，"嘿客"内并没有摆放任何实物，货架上摆放的是清一色的商品宣传材料。消费者可以通过宣传材料了解商品，或者通过触摸屏查询更多商品信息，最终在店内直接下单，由顺丰物流送至家中或上门自提。展示架上摆放的商品宣传材料在 100 份左右，包括鞋服、生鲜、奶粉、家用电器等多种商品。"嘿客"这种模式具备零售、便民服务属性，但顺丰跨业态发展始终都以快递物流业务为基础。除了传统的"最后一公里服务"外，"嘿客"零库存的设计也正是基于顺丰自身所具备的快速物流。"嘿客"采用的是"零库存"模式，即"嘿客"除试穿试用的样品外，店内不设库存，统一由顺丰配送。同时，根据"嘿客"标配的 JIT(Just in time，准时生产方式)预约服务模式，顾客不用支付货款即可向商家预约，待商品到店并进行体验后再行购买。有业内人士指出，顺丰"嘿客"最大的核心竞争力在于"最后一公里服务"把"逆向物流"跑通吃尽。

目前，国内零售行业的 O2O 模式主要有三种形式：第一种以天虹商场、银泰为代表的通过微信、微店、电商多种渠道引导消费的 O2O；第二种为万达的会员化管理模式，把 O2O 的运用服务于所有的会员，做放大的会员管理；第三种为反向 O2O，京东、天猫等电商企业向线下实体渠道延伸。顺丰这种由物流切入零售终端的 O2O 模式，一开始就打破了很多零售行业的条条框框，具有超前性。

此次上线的"嘿客"可以为合作伙伴提供实物展示、预售、特殊物流等服务；而对于消费者来说，"嘿客"能够为其网购提供线下的实际体验、线上购买和配送等服务。顺丰目前亮相的518家"嘿客"均归属于"试运营"系统,并不是最终版,其门店功能还将进一步完善,今后将上线VTM等设备进一步提升服务属性。也就是说,平台化的建店态势一经揭幕,顺丰会沿着"客制化"的思想持续优化产品设计,不断开设新的"嘿客"店,目标是为客户提供"量身定做"的服务。

未来的商业,线上线下是相互融合的。未来顺丰这种打通O2O环节的便利店模式将盘活线上线下业务,有效地整合资源,这种全新的商业模式可能会获得未来资本市场的更多青睐。

(资料来源: https://www.docin.com/touch_new/preview_new.do?id=822213769)

同 步 测 试

一、单项选择题

(1) 电子商务框架模型的最底层是( )。
　　A. 网络层　　　B. 应用层　　　C. 法律规范层　　D. 服务层

(2) 目前Internet上最常用的信息发布方式是在WWW上用( )语言的形式发布网页。
　　A. C++　　　　B. Web　　　　C. 自然　　　　D. HTML

(3) 扮演着网上"公安局"和"工商局"的角色,它给参与交易者签发的数字证书,即类似于"网上的身份证"的是( )。
　　A. 网络商品交易中心　　　　　　B. 政府部门
　　C. CA认证中心　　　　　　　　D. 网络中心

(4) 消费者和企业间的电子商务模式称为( )。
　　A. B2B　　　　B. C2B　　　　C. C2C　　　　D. B2C

(5) 在电子商务中介的分类中属于平台服务类的是( )。
　　A. 阿里巴巴　　B. 美团网　　　C. 大众点评网　　D. 去哪儿网

二、多项选择题

(1) 网络基础设施,既是信息的传输系统,也是实现电子商务的基本保证。它包括( )。
　　A. 远程通信网　B. 有线电视网　C. 无线通信网　　D. 互联网

(2) 网络商品直销的不足之处主要表现在( )。
　　A. 每一个参加者都能够充分地宣传自己的产品,及时地沟通交易信息,最大限度地完成产品交易
　　B. 购买者只能从网络广告上判断商品的型号、性能、样式和质量,对实物没有直接的感知,在很多情况下可能产生错误的判断
　　C. 购买者利用信用卡进行网络交易,不可避免地要将自己的密码输入计算机,由于新技术的不断涌现,犯罪分子可能利用各种高新科技的作案手段窃取密码,进而盗窃用户的钱款

D. 使用的合同文本以买卖双方签字交换的方式完成，如何过渡到电子文本合同，并在法律上得到认可，尚需解决有关技术和法律问题

(3) 电子商务的企业运营模式有(　　)。
　　A. B2B　　　B. C2B　　　C. C2C　　　D. B2C

(4) 根据市场上存在的主流电子商务中介服务模式，可以将其分为(　　)。
　　A. 平台服务类　　　　　　B. 中介的中介类
　　C. 信息发布类　　　　　　D. 信息集市化服务类

(5) Internet 的主要硬件有(　　)。
　　A. 调制解调器(Modem)　　B. 集线器(Hub)
　　C. 程控交换机　　　　　　D. 路由器(Router)

三、简答题

(1) 简述电子商务的框架模型。
(2) 法律规范在电子商务中的作用有哪些？
(3) 简述网络商品直销流程的具体步骤。
(4) 什么是 B2C 电子商务模式？试举例说明。
(5) 简述电子商务中介的定义及其分类。

四、案例分析题

Groupon 是一个团购网站，是美国近年来比较流行的新模式之一。其成立于 2008 年 11 月 11 日，总部位于美国伊利诺伊州芝加哥市。Groupon 在全球 150 多个城市可以为用户提供团购交易服务，其折扣为 50%甚至更多。

国内团购网站于 2010 年年底达到 2000 多家，到 2011 年 7 月，已增至 5000 家。而从 2011 年年底开始，大量团购网站纷纷倒闭，包括团宝网等知名团购网站也出现了资金链断裂，已经有数以千计的中小团购网站悄无声息地退出了团购"江湖"。

思考题

(1) Groupon 成功的因素有哪些？
(2) 团购在电子商务的中介服务类型中属于哪种类型？具有哪些特点？
(3) 谈谈你对团购的理解，你认为团购会得到更好的发展吗？请说明理由。

项 目 实 训

实训项目：电子商务企业运营模式拓展

O2O(Online To Offline)即线上到线下，其核心是把线上的消费者带到线下的实体店中，也就是说，让用户在线支付购买线下的商品和服务后，到线下去享受服务。

真正的 O2O 应立足于实体店本身，线上线下并重，线上线下应该是一个有机融合的整体，你中有我、我中有你，信息互通、资源共享、线上线下立体互动，而不是单纯地"从

线上到线下",也不是简单地"从线下到线上"。O2O 应服务于所有实体商家,而不应仅仅局限于餐饮娱乐等少数行业。此外,O2O 应涉及实体商家的主流商品,绝不仅仅是个别的特价商品。最为重要的是,对于实体商家而言,互联网只是为其所用的一种工具而已,任何本末倒置的做法都将动摇实体商业的发展根基。

问题:你所知道的 O2O 企业有哪些?O2O 模式与 B2C 模式的区别是什么?

【实训目的】

熟悉电子商务企业运营模式的种类和特点。

掌握对热门电子商务企业运营模式的认知。

【实训内容】

列出你所知道的 O2O 企业,比较 O2O 模式与 B2C 模式的区别。

第三章 电子支付

【学习目的与要求】

- 掌握电子支付的概念、发展阶段、特点及其发展趋势。
- 掌握电子支付工具的概念，掌握支付工具的分类以及著名网银。
- 掌握移动支付的概念、特征和种类，以及支付的方式及其发展趋势。
- 掌握网上银行与电子银行的概念、特点、提供的产品与服务以及我国电子银行内部发展中存在的问题。

【引导案例】

南方某大学的小刘是一名来自贵州的大一新生。到学校不久，他打电话给远在贵州的爸爸，请他放心，他的钱保管得很好。原来，小刘在接到录取通知书后，按照学校提供的招商银行账号，小刘的爸爸汇入了他在学校所需的学费、生活费等费用。到学校以后，小刘领到了一张集学籍管理、学业管理、内部消费、图书借阅、就餐、医疗和存取款功能于一体的招商银行校园卡。利用这张卡，小刘交了学费、办了饭卡，还可以到小卖部买东西。

星期天，小刘和同学一块儿逛街，在商场买了一部手机。付款时，他高兴地发现该卡还可以在商场使用。售货员告诉他，他还可以在学校的自助存取款机上缴电话费，而不用去电信公司或者银行。这样，小刘基本上可以不用现金了。而且，这张集磁卡、IC卡于一体的校园卡还有一种特殊的功能，可以在自助存取款机上将小额的钱从需要密码的磁卡上转到不需要密码的IC卡电子钱包上。这样，在食堂吃饭、小卖部买东西等进行小额消费时就免除了输密码联机验证的麻烦，而且卡即使丢了损失也不大。后来，小刘成了网民一族，在网上购物时开通了招商银行网上支付功能，这样他既可以在线完成支付，也可以通过送货人员随身携带的手持卡读写设备刷卡结账，体验了电子商务的便捷性。

后来，小刘到广州的同学家里玩时了解到，买电、买水、买气、买油、就医等都可以通过刷卡结账。同学的家虽然远在偏僻小区，但他们楼下就有一台自助存取款机，可以在电卡上只有 1 度电时从容地下楼充值电卡。不但如此，司机到加油站加油时也可以通过加油站的自助刷卡设备直接缴费。

(资料来源：http://www.worlduc.com/blog2012.aspx?bid=14539877)

思考：
1. 什么是电子支付？它与网上支付有何异同？
2. 电子支付的发展会给人们的生活和工作带来哪些好处，又将带来哪些风险和挑战？

【知识要点】

一、电子支付概述

(一)电子支付的概念

2005年10月,中国人民银行公布《电子支付指引(第一号)》,其中规定:"电子支付是指单位、个人直接或授权他人通过电子终端发出支付指令,实现货币支付与资金转移的行为。电子支付的类型按照电子支付指令发起方式分为网上支付、电话支付、移动支付、销售点终端交易、自动柜员机交易和其他电子支付。"简单来说,电子支付是指电子交易的当事人,包括消费者、厂商和金融机构,使用安全电子支付技术,通过网络进行的货币支付或资金流转。电子支付是电子商务系统的重要组成部分。

【同步阅读】

网上支付

网上支付是电子支付的一种形式,是通过第三方提供的与银行之间的支付接口进行的即时支付方式。这种方式的好处在于可以直接把资金从用户的银行卡中转账到网站账户中,汇款即时到账,不需要人工确认。客户和商家之间可以采用信用卡、电子钱包、电子支票和电子现金等多种电子支付方式进行网上支付,采用在网上电子支付的方式使交易更便捷。

我国银行网上支付系统尚处于发展的起步阶段,还存在诸多问题:大部分银行无法提供全国联网的网上支付服务;在实现传统支付系统到网上支付系统的改造过程中,银行之间缺乏合作,各自为政,未形成大型的支付网关,网上支付结算体系覆盖面较小;网上支付业务的标准性差,数据传输和处理标准不统一;网上银行法律框架亟待健全、完善,等。此外,中国网上支付体系的发展还受到来自社会信用制度等因素的限制。信用是电子商务发展的关键前提之一。但从我国的信用制度现状来看,社会整体信用制度不够健全,严重影响市场主体对电子商务安全性的认知程度的提升;同时,受基础通信设施不发达、企业信息化程度较低等因素的制约,网上支付体系的发展可谓任重而道远。

(二)电子支付的发展阶段

第一阶段是银行利用计算机处理银行之间的业务,办理结算。
第二阶段是银行计算机与其他机构计算机之间资金的结算,如办理代发工资等业务。
第三阶段是利用网络终端向客户提供各项银行服务,如自助银行。
第四阶段是利用银行销售终端向客户提供自动的扣款服务。
第五阶段是最新阶段也就是基于Internet的电子支付,将第四阶段的电子支付系统与Internet整合,实现随时随地地通过Internet进行直接转账结算,形成电子商务交易支付平台。

(三)电子支付的特点

与传统的支付方式相比,电子支付具有以下各种特征。

(1) 电子支付是采用先进的技术,通过数字流转完成信息传输,其各种支付方式都是通过数字化的方式进行款项支付;而传统的支付方式则是通过现金的流转、票据的转让及银行的汇兑等物理实体完成款项支付。

(2) 电子支付的工作环境基于一个开放的系统平台(即互联网);而传统支付则是在较为封闭的系统中运作。

(3) 电子支付使用的是最先进的通信手段,如 Internet、Extranet,而传统支付使用的是传统的通信媒介;电子支付对软、硬件设施的要求很高,一般要求有联网的计算机、相关的软件及其他一些配套设施,而传统支付方式则没有这么高的要求。

(4) 电子支付具有方便、快捷、高效、经济的优势。用户只要拥有一台上网的计算机,便可足不出户在很短的时间内完成整个支付过程。支付费用仅相当于传统支付的几十分之一,甚至几百分之一。

在电子商务中,支付过程是整个商贸活动中非常重要的一个环节,同时也是电子商务中准确性、安全性要求最高的业务过程。电子支付的资金流虽然是一种业务过程,而非一种技术,但是在进行电子支付活动的过程中会涉及很多技术问题。

(四)电子支付的发展趋势

过去几年,包括扫描二维码、近场支付等各种创新的数字支付方式层出不穷,电子支付已成为一种发展趋势。根据《中国金融电子支付设备行业市场需求预测与投资战略规划分析报告》显示,86%的受访者表示曾在过去 6 个月中通过电子支付系统为在线购物付款,这一数据要远远高于其他国家。电子支付是指消费者、商家和金融机构之间使用安全电子方式把支付信息通过信息网络安全地传送到相应的处理机构,用来实现货币支付或资金流转的行为。智研咨询发布的《2020—2026 年中国电子支付行业市场潜力现状及投资战略研究报告》中显示,2019 年移动支付业务 1014.31 亿笔,金额 347.11 万亿元,同比分别增长 67.57%和 25.13%。2019 年中国移动支付业务量增速相对较快。如图 3-1 所示。

随着经济全球化和互联网技术的不断发展与普及,电子支付已经成为推动世界经济高速发展的最重要推动力之一。我国电子支付体系运行平稳,社会资金交易规模不断扩大,非现金支付业务量保持稳步增长。越来越多的线下商家开始接入电子支付,一些小商家也将二维码作为客户消费结账的支付方式。居民消费习惯越发依赖 POS 终端交易,POS 终端的需求持续增长。韩国、泰国、中国香港、日本、德国等地均成为无现金消费的热门目的地。

在现代互联网技术不断发展和普及应用的时代,电子商务持续不断完善与发展。与传统支付方式相比,电子支付以其方便、快捷、实时交互的特点决定其极为符合时代潮流和经济社会发展的最新需求。电子支付能够实现 24 小时实时在线,从而打破了传统支付方式中时间和空间的限制,最大化地满足消费者的个性化支付需求,推动我国电子商务的发展。通过电子支付,消费者能够在极短的时间内完成商品的购买与支付活动,并能够立即对订单信息、商品信息、物流配送信息等交易产生的数据进行实时查询，实现了信息的对称和公开，在提高交易效率的同时，增强了整个支付过程的安全性。与传统支付方式相比，电子支付不必进行门店租赁、员工雇用等传统经营必备的准备活动，从而实现组织结构优化，因此具有较强的经济性，起到促进经济发展的作用。

(资料来源：公开资料整理)

(a) 2018—2019年移动支付业务量

(资料来源：公开资料整理)

(b) 2018—2019年移动支付金额

图 3-1　2018—2019 年中国移动支付业务

近年来，电子商务已经成为我国经济发展中的重要组成部分之一，在推动经济又好又快发展方面发挥着不容忽视的作用。随着现代互联网终端的渐趋普及，社会对电子支付的效率和质量要求也越来越高。基于此，为了紧跟时代潮流，推动电子支付在我国的发展，不仅要求工作人员必须具有扎实的电子支付相关基础理论知识，还需要具备较强的实际动手操作能力，进一步提高自身的综合素质。

二、电子支付工具

(一) 电子支付工具的概念

电子支付工具包括卡基支付工具、网上支付和移动支付等。

卡基支付工具包括借记卡、贷记卡和储值卡。

借记卡是指由商业银行发行的具有消费信用、转账结算、存取现金等功能的支付工具，不能透支。

贷记卡是由银行或信用卡公司向资信良好的个人和机构签发的一种信用凭证，持卡人可在指定的特约商户购物或获得服务。

信用卡既是发卡机构发放循环信贷和提供相关服务的凭证，也是持卡人信誉的标志，可以透支。

【同步阅读】

支付工具

支付工具就是实现经济活动的一种交易方式，是随着商品赊账买卖的产生而出现的。在赊销赊购中，最初是用货币来支付债务的，后来又被用来支付地租、利息、税款、工资等。最初的支付工具是货币。支付工具是用于资金清算和结算过程中的一种载体，可以是记录和授权传递支付指令和信息发起者的合法金融机构账户证件，也可以是支付发起者合法签署的可用于清算和结算的金融机构认可的资金凭证。它是加快资金周转、提高资金使用效率的保障。

随着全球经济的高速发展，支付工具也越来越多，开始逐渐产生一批虚拟支付工具，开始向电子化支付工具转变。现在流行的网上银行、支付宝、财付通、百付宝、手机支付、快钱、手机充值卡等都是最新的虚拟支付工具，如图3-2所示。

图 3-2　支付工具

(二)支付工具的分类

随着计算机技术的发展，电子支付的工具越来越多。这些支付工具可以分为三大类，即电子货币类，如电子现金、电子钱包等；电子信用卡类，包括智能卡、借记卡、电话卡等；电子支票类，如电子支票、电子汇款(EFT)、电子划款等。这些方式各有自己的特点和运作模式，适用于不同的交易过程。以下介绍电子现金、电子钱包、电子支票和智能卡。

1. 电子现金

电子现金(E-Cash)是一种以数据形式流通的货币,是指把现金数值转换成一系列的加密序列数,通过这些序列数来表示现实中各种金额的市值,用户在开展电子现金业务的银行开设账户,并在账户内存钱后,即可在接受电子现金的商店购物。

2. 电子钱包

电子钱包是电子商务活动中网上购物用户常用的一种支付工具,是在小额购物或购买小商品时常用的新式钱包。

电子钱包既是全世界各国开展电子商务活动中的热门话题,也是实现全球电子化交易和互联网交易的一种重要工具,全世界已有很多国家正在建立电子钱包系统,以便取代现金交易的模式。目前,我国也正在开发和研制电子钱包服务系统。使用电子钱包购物,通常需要在电子钱包服务系统中进行。电子商务活动中的电子钱包软件通常都是免费提供的,可以直接使用与自己银行账号相连接的电子商务系统服务器上的电子钱包软件,也可以从互联网上直接调出来使用,采用各种保密方式利用互联网上的电子钱包软件。目前,世界上有 VISA cash 和 Mondex 两大电子钱包服务系统,其他电子钱包服务系统还有 HP 公司的电子支付应用软件(VWALLET)、微软公司的电子钱包(MS Wallet、IBM)、Commerce 公司的 POINT Wallet 软件、Master Card cash、Euro Pay 的 Clip 和比利时的 Proton 等。

3. 电子支票

电子支票(Electronic Check,E-Check 或 E-Cheque)是一种借鉴纸张支票转移支付的优点,利用数字传递将钱款从一个账户转移到另一个账户的电子付款形式。这种电子支票的支付是在与商户及银行相连的网络上以密码方式传递的,多数使用公用关键字加密签名或个人身份证号码(PIN)代替手写签名。

用电子支票支付,事务处理费用较低,而且银行也能为参与电子商务的商户提供标准化的资金信息,某种程度上而言是最有效率的支付手段。

4. 智能卡

智能卡是在法国问世的。20 世纪 70 年代中期,法国 Roland Moreno 公司采取在一张信用卡大小的塑料卡片上安装嵌入式存储器芯片的方法,率先开发成功 IC 存储卡。经过 20 多年的发展,真正意义上的智能卡,即在塑料卡上安装嵌入式微型控制器芯片的 IC 卡,已由摩托罗拉和 Bull HN 公司于 1997 年研制成功。

在美国,人们更多地使用 ATM 卡。智能卡与 ATM 卡的区别在于两者分别是通过嵌入式芯片和磁条来储存信息。但由于智能卡存储信息量较大,存储信息的范围较广,安全性也较好,因而逐渐引起人们的重视。

近年来,中国国家金卡工程取得了令人瞩目的成绩,目前 IC 卡已在金融、电信、社会保障、税务、公安、交通、建设及公用事业、石油石化、组织机构代码管理等诸多领域得到广泛应用,像第二代居民身份证(卡)、社会保障 IC 卡、城市交通 IC 卡、电话 IC 卡、三表(水电气)IC 卡、消费 IC 卡等行业 IC 卡应用已经渗透到百姓生活的方方面面,并取得了较好的社会效益和经济效益,这对提高各行业及地方政府的现代化管理水平,改变人们的生活方式和提高生活质量,推动国民经济和社会信息化发展发挥了重要作用。

(三)著名的网银

1. 支付宝

支付宝(中国)网络技术有限公司是国内领先的独立第三方支付平台,是由阿里巴巴集团CEO马云在2004年12月创立的第三方支付平台,是阿里巴巴集团的关联公司。支付宝致力于为中国电子商务提供"简单、安全、快速"的在线支付解决方案。

支付宝公司从2004年建立伊始,就始终以"信任"作为产品和服务的核心。它不仅从产品上可以确保用户在线支付的安全性,同时让用户通过支付宝在网络间建立起相互的信任关系,为建立纯净的互联网环境迈出了非常有意义的一步。

支付宝提出的建立信任,化繁为简,以技术的创新带动信用体系完善的理念,深得人心。在6年不到的时间内,它为电子商务各个领域的用户创造了丰富的价值,成长为全球最领先的第三方支付公司之一。截至2010年12月,支付宝注册用户突破5.5亿,日交易额超过25亿元,日交易笔数达到850万笔。

支付宝创新的产品技术、独特的理念及庞大的用户群吸引越来越多的互联网商家主动选择支付宝作为其在线支付体系。

除淘宝和阿里巴巴外,支持使用支付宝交易服务的商家已经超过46万家;涵盖了虚拟游戏、数码通信、商业服务、机票等行业。这些商家在享受支付宝服务的同时,还拥有了一个极具潜力的消费市场。

支付宝以稳健的作风、先进的技术、敏锐的市场预见能力和极大的社会责任感,赢得了银行等合作伙伴的认同。目前,国内工商银行、农业银行、建设银行、招商银行、上海浦发银行等各大商业银行以及中国邮政、VISA国际组织等各大机构均与支付宝建立了密切的战略合作关系,不断根据客户需求推出创新产品,成为金融机构在电子支付领域最为信任的合作伙伴。其他著名网银如图3-3所示。

图3-3 著名网银

2. 财付通

财付通是腾讯公司于2005年9月正式推出的专业在线支付平台，致力于为互联网用户和企业提供安全、便捷、专业的在线支付服务。

财付通构建起全新的综合支付平台，业务覆盖B2B、B2C和C2C各领域，可以提供卓越的网上支付及清算服务。针对个人用户，财付通提供了包括在线充值、提现、支付、交易管理等丰富功能；针对企业用户，财付通提供了安全可靠的支付清算服务和极富特色的QQ营销资源支持。

财付通先后荣膺2006年电子支付平台十佳奖、2006年最佳便捷支付奖、2006年中国电子支付最具增长潜力平台奖和2007年最具竞争力电子支付企业奖等奖项，并于2007年首获"国家电子商务专项基金"的资金支持。

3. 合作银行

中国工商银行、中国农业银行、中国银行、中国建设银行、招商银行、上海浦东发展银行、中国邮政储蓄银行、农村信用合作社、中国银联、深圳发展银行、广东发展银行、民生银行、兴业银行、北京银行、广州市商业银行、深圳农村商业银行、交通银行、中国光大银行。

4. 钱大掌柜

钱大掌柜是国内较大的综合财富管理平台，是兴业银行在银银平台的基础上，通过对行内理财产品、贵金属交易、银证转账、基金代销等财富管理业务进行整合，形成的一个面向各合作银行的综合财富管理平台，为个人客户提供一站式全方位的财富管理解决方案。作为一个开放式的门户，钱大掌柜也可以为合作银行的优秀财富管理产品提供强大的销售渠道。

钱大掌柜的业务模式是合作银行客户通过合作银行渠道、钱大掌柜网站或智能手机客户端开立一个银银平台理财账户，将理财账户与合作银行及银联银行(工商银行、建设银行、招商银行、邮政储蓄、平安银行、中信银行、光大银行、民生银行、农业银行)结算账户及各类财富管理资金账户建立一一对应关系，客户通过钱大掌柜网站或合作银行柜台办理银行账户、理财账户之间的资金转账并通过使用合作银行结算账户或相关子产品客户号办理相关财富管理产品交易。

5. MB

2003年2月5日，MB成为世界上第一家被政府官方认可的电子银行，同时也是英国电子货币协会EMA的14个成员之一。更重要的是，这家电子银行里的外汇是可以转到我们国内银行账户里的。

三、移动支付

(一)移动支付的概念

关于移动支付的定义，国内外移动支付相关组织都给出了自己的定义，行业内比较认可的为移动支付论坛(Mobile Payment Forum)的定义：移动支付(Mobile Payment)，也称为手机支付，是指交易双方为了某种货物或者服务，使用移动终端设备为载体，通过移动通信网络实现的商业交易。移动支付所使用的移动终端可以是手机、PDA、移动 PC 等。

【同步阅读】

手机支付

手机支付就是允许移动用户使用其移动终端(通常是手机)对所消费的商品或服务进行账务支付的一种服务方式。继卡类支付、网络支付后，手机支付俨然成为新宠。2010 年 4 月，工信部科技司在"2010 年第二届中国移动支付产业论坛"上透露，工信部有关部门正在着手小额手机支付标准的研究制定工作。

手机支付主要有以下三种途径。

第一种途径：费用通过手机账单进行收取，用户在支付其手机账单的同时支付了这一费用。在这种方式中，移动运营商为用户提供了信用，但这种代收费的方式使电信运营商有超范围经营金融业务之嫌，因此其范围仅限于下载手机铃声等有限业务，交易额度受限(手机话费支付方式)。

第二种途径：费用从用户开通的电话银行账户(即借记账户)或信用卡账户中扣除。在该方式中，手机只是一条简单的信息通道，将用户的银行账号或信用卡卡号与其手机号连接起来，如果更换手机号则需要到开户行做变更(指定绑定银行支付)。

第三种途径：无绑定手机支付，个人用户无须在银行开通手机支付功能，即可实现各种带有银联标识的借记卡进行支付。采用双信道通信方式进行通信，非同步传输，更加安全快捷，相对而言此种方式最为简单、方便、快捷(即称银联快捷支付)。

银联手机支付使用了目前国际最先进、最安全的智能加密技术，采用硬件级加密，无法破译，比传统的银行卡和网上银行都更加安全。因此，如果手机遗失，无须担心银行卡信息的丢失和账户资金的安全，挂失并补办智能 SD 卡后即可，广大用户完全可以放心使用。

(资料来源：https://www.docin.com/touch/detail.do?id=451834521)

(二)移动支付的特征

移动支付属于电子支付方式的一种，因而具有电子支付的特征，但因其与移动通信技术、无线射频技术、互联网技术相互融合，故又具有自己的特征。

第一，移动性。随身携带的移动性，消除了距离和地域的限制。结合先进的移动通信技术的移动性，用户可以随时随地获取所需要的服务、应用、信息和娱乐。

第二，及时性。不受时间地点的限制，信息获取更为及时，用户可随时对账户进行查询、转账或购物消费。

第三，定制化。基于先进的移动通信技术和简易的手机操作界面，用户可以定制自己的消费方式和个性化服务，账户交易更加简单、方便。

第四，集成性。以手机为载体，通过与终端读写器近距离识别进行的信息交互，运营商可以将移动通信卡、公交卡、地铁卡、银行卡等各类信息整合到以手机为平台的载体中进行集成管理，并构建与之配套的网络体系，从而为用户提供十分方便的支付以及身份认证渠道。移动支付业务是由移动运营商、移动应用服务提供商(MASP)和金融机构共同推出，构建在移动运营支撑系统上的一款移动数据增值业务应用。移动支付系统将为每个移动用户建立一个与其手机号码关联的支付账户，其功能相当于电子钱包，为移动用户提供了一条通过手机进行交易支付和身份认证的途径。用户通过拨打电话、发送短信或者使用WAP功能接入移动支付系统，移动支付系统将此次交易的要求传送给MASP，由MASP确定此次交易的金额，并通过移动支付系统通知用户。在用户确认后，付费方式可通过多种途径实现，如直接转入银行、用户电话账单或者实时在专用预付账户上借记，这些都将由移动支付系统(或与用户和MASP开户银行的主机系统协作)来完成。移动支付潮席卷全球，国内发展需精诚合作。

【案例分析】

美发师的支付生活

和很多美发师一样，施耐德(Duane Schneider)作为一位独立美发师，他需要自己打理那些让人头疼的行政工作，包括收款管理。2010年8月，他开始在丹佛的明星美发沙龙工作，那里的每一个造型师都要自己负责自己的收款事宜。施耐德表示："传统的信用卡收款体系让人头疼，里面包含各种各样的隐藏收费项目，以及不同银行发行的信用卡都有各自的手续费标准。我检查账户信息的时候，各种各样的扣费把我吓坏了。"

在接触到移动付款之后，施耐德和Pay Anywhere签订了合同。从那以后，他的收入有了3倍的增长。"我的顾客中有97%的人都使用信用卡，因为比满世界找提款机或者随身带一本支票簿并告诉我周二才能兑现要方便多了。"施耐德说道，有了Pay Anywhere，他还能在沙龙外给顾客提供服务并且完成收款，例如在酒店里为客人提供理发服务。Pay Anywhere每笔交易收费为19美分外加这笔交易额的2.69%，当需要手动输入信用卡信息的时候，收费为19美分外加这笔交易额的3.49%。该服务还允许使用者在没有网络连接的情况下储存信用卡交易信息，并在取得网络连接时再完成交易。Pay Anywhere的使用者无须和他们签订合同，施耐德很喜欢这一点，并且满意于Pay Anywhere的7×24小时式服务。

(资料来源：https://www.docin.com/touch/detail.do?id=695892449)

(三)移动支付的种类和方式

1. 按用户支付的额度，可以分为微支付和宏支付

微支付。根据移动支付论坛的定义，微支付是指交易额少于10美元，通常是指购买移

动内容业务，如游戏、视频下载等。

宏支付。宏支付是指交易金额较大的支付行为，如在线购物或者近距离支付(微支付方式同样也包括近距离支付，如交停车费等)。

2. 按完成支付所依托的技术条件，可以分为近场支付和远程支付

远程支付。是指通过移动网络，利用短信、GPRS 等空中接口，和后台支付系统建立连接，实现各种转账、消费等支付功能。

近场支付。是指通过具有近距离无线通信技术的移动终端实现本地化通信进行货币资金转移的支付方式。

3. 按支付账户的性质，可以分为银行卡支付、第三方账户支付、通信代收费账户支付

银行卡支付是指直接采用银行的借记卡或贷记卡账户进行支付的形式。

第三方账户支付是指为用户提供与银行或金融机构支付结算系统接口的通道服务，实现资金转移和支付结算功能的一种支付服务。第三方支付机构作为双方交易的支付结算服务中间商，需要提供支付服务通道，并通过第三方支付平台实现交易和资金转移结算的功能。

随着智能移动终端的高速发展和普及，以及金融脱媒趋势的日益强化，传统金融正在前所未有的冲击下，以 P2P、众筹模式、第三方支付为核心的互联网金融新兴产业正在逐渐形成。有分析机构认为，纵观乐富支付的战略布局，在移动支付领域，乐富支付仍然沿袭其一贯走行业发展的路线，通过手机刷卡器等移动支付产品与其他互联网支付、POS 收单等原有支付产品在行业拓展和企业服务过程中形成良好的协同效能。特别是其将要推出的移动支付产品，都是以中小微企业需求为核心，这与大洋彼岸的 Square 模式和成长路径也有异曲同工之处。

通信代收费账户是移动运营商为其用户提供的一种小额支付账户，用户在互联网上购买电子书、歌曲、视频、软件、游戏等虚拟产品时，以手机发送短信等方式进行后台认证，并将账单记录在用户的通信费账单中，月底进行合单收取。

4. 按支付的结算模式，可以分为及时支付和担保支付

及时支付是指支付服务提供商将交易资金从买家的账户即时划拨到卖家账户。一般应用于"一手交钱、一手交货"的业务场景(如商场购物)，或应用于信誉度很高的 B2C 以及 B2B 电子商务，如首信、YeePal、云网等。

担保支付是指支付服务提供商先接收买家的货款，但并不马上将货款支付给卖家，而是通知卖家货款已冻结，卖家发货；买家收到货物并确认后，支付服务提供商将货款划拨到卖家账户。支付服务商不仅负责资本的划拨，同时还要为不信任的买卖双方提供信用担保。担保支付业务为开展基于互联网的电子商务提供了支撑，特别是对于没有信誉度的 C2C 交易以及信誉度不高的 B2C 交易。此方面做得比较成功的是支付宝。

5. 按用户账户的存放模式，可以分为在线支付和离线支付

在线支付是指用户账户存放在支付提供商的支付平台，用户消费时，直接在支付平台的用户账户中扣款。

离线支付是用户将账户存放在智能卡中，用户消费时，直接通过 POS 机在用户智能卡的账户中扣款。

移动支付使用方法有短信支付、扫码支付、指纹支付、声波支付等。

1) 短信支付

短信支付是手机支付的最早应用，将用户手机 SIM 卡与用户本人的银行卡账号建立一种一一对应的关系，用户通过发送短信的方式在系统短信指令的引导下完成交易支付请求，操作简单，可以随时随地进行交易。短信支付服务强调移动缴费和消费。

2) 扫码支付

扫码支付是一种基于账户体系构建起来的新一代无线支付方案。在该支付方案下，商家可以把账号、商品价格等交易信息汇编成一个二维码，并印刷在各种报纸、杂志、广告、图书等载体上发布。用户通过手机客户端扫描二维码，便可实现与商家支付宝账户的支付结算。最后，商家根据支付交易信息中的用户收货、联系资料，即可进行商品配送，完成交易。如图 3-4 所示。

图 3-4 扫码支付

3) 指纹支付

指纹支付即指纹消费，是采用目前已成熟的指纹识别技术进行消费认证，即顾客使用指纹注册成为指纹消费折扣联盟平台会员，通过指纹识别即可完成消费支付。

4) 声波支付

声波支付则是利用声波的传输，完成两个设备的近场识别。其具体过程是在第三方支付产品的手机客户端内置"声波支付"功能，用户打开此功能后，用手机麦克风对准收款方的麦克风，手机会播放一段"咻咻咻"的声音。

(四) 国内移动支付的发展

早在 1999 年，中国移动就与中国工商银行、招商银行等金融部门合作，在广东等省市

开始进行移动支付业务试点。

2002 年，中国移动在广州即开始小额移动支付的试点。

2004 年，银联开始陆续开展以手机和银行卡绑定的移动支付合作。

2006 年，中国移动在厦门启动近场支付的商用试验。

2008 年，近场支付试点扩大到长沙、广州、上海、重庆。

2010 年，银联联合工商银行、农业银行、建设银行、交通银行等 18 家商业银行，以及中国联通、中国电信两家电信运营商，及部分手机制造商共同成立"移动支付产业联盟"。

2011 年 6 月，央行下发第三方支付牌照，银联、支付宝、银联商务、财付通、快钱等获得许可证。但由于支付标准不统一等原因，国内的移动支付一直未得到大规模推广。

2012 年 6 月 21 日，中国移动与中国银联签署移动支付业务合作协议，标志着中国移动支付标准基本确定为 13.56 MHz 标准。标准统一，阻碍移动支付发展的技术分歧去除。

三大运营商纷纷成立了移动支付公司：中国移动于 2011 年 7 月成立中国移动电子商务有限公司，中国联通于 2011 年 4 月组建联通沃易付网络技术有限公司，中国电信于 2012 年 3 月成立天翼电子商务有限公司。2011 年 12 月，三大运营商移动支付子公司同时获得央行颁布的支付业务许可证，运营商在开发移动支付产品和推广上的积极性得到提升。

移动终端和移动电子商务的发展是移动支付迅速发展的重要前提。2011 年中国移动电子商务市场交易规模为 156.7 亿元，同比增长 609%；2012 年中国移动电子商务市场规模达到 251.5 亿元，2015 年达到 1046.7 亿元。随着移动终端的普及和移动电子商务的发展，业界也纷纷看好移动支付市场的发展前景。

2011 年中国移动支付市场发展迅速，全年交易额规模达到 742 亿元，同比增长 67.8%；移动支付用户数同比增长 26.4%，达到 1.87 亿户。易观智库预计未来 3 年移动支付市场将保持快速发展，2014 年交易规模达到 3850 亿元，用户数达到 3.87 亿户。

2011 年之后移动互联网和移动电子商务的普及率提高，不仅为移动支付提供了广阔的商用平台，更培养了用户网上支付的消费习惯，是移动支付市场爆发的重要催化剂。

智能手机普及率提高，支持移动支付发展的硬件条件逐步具备。

随着 3G 技术的兴起和发展，带来移动电子商务的兴起，使手机成为更便捷的交易终端。最近几年，中国互联网高速发展，普及率不断提高为电子商务的高速发展打下了最坚实的基础。随着网上商务活动的不断发展壮大，需要政策法规来规范网上市场的行为。国家也在这几年不断出台政策及相关法律来规范网上市场，如《电子签名法》。

凭借着其方便、快捷以及安全等多重优势，移动支付早已经成为老百姓出行购物的首选。据悉，截至 2020 年，我国手机网络支付用户规模已经达到了 8.53 亿人，占手机网民的 86.5%。同时，全国的移动支付业务也达到了 1232.2 亿笔，累计移动支付金额更是达到了 432.16 万亿元，同比增加了 24.5%。

2021 年 2 月 1 日，《2020 移动支付安全大调查研究报告》调查显示，通过对全国超过 17 万人的调查分析，98%的受访者选择把移动支付作为最常用的支付方式。此外，二维码支付已经成为人们最常用的移动支付方式，用户占比超过 85%。

移动支付市场使支付宝钱包份额达到 79.26%，在应用内支付市场，支付宝也以 66.82%

的份额领跑。微信和 QQ 的手机支付正在快速成长，而整合百付宝之后的百度钱包也不可小觑。

四、网上银行与电子银行

(一)网上银行与电子银行的概念

网上支付要求金融业电子化，E-Bank(Electronic Bank)的建立成为大势所趋。

一是由一家银行总行统一提供一个网址，所有交易均由总行的服务器完成，分支机构做好接受现场开户申请及发放有关软硬件工作。

二是以各分行为单位设有网址，并互相连接，客户交易均由当地服务器完成，数据通过银行内部网络连接到总行，总行再将有关数据传送到其他分支机构服务器，完成交易过程。

第一种模式以工商银行、中国银行和中信银行为代表；第二种模式则被建设银行、招商银行所采用。

1. 电子银行的概念

根据中国银行业监督管理委员会于 2006 年 3 月 1 日施行的《电子银行业务管理办法》中的有关定义，电子银行业务是指商业银行等银行业金融机构利用面向社会公众开放的通信通道或开放型公众网络，以及银行为特定自助服务设施或客户建立的专用网络，向客户提供的银行服务。利用电话等声讯设备和电信网络开展的电话银行业务，电子银行业务主要包括利用计算机和互联网开展的网上银行业务、利用移动电话和无线网络开展的手机银行业务，以及其他利用电子服务设备和网络，由客户通过自助服务方式完成金融交易的网络服务方式。

2. 网上银行的概念

网上银行(Internetbank or E-bank)包含两个层次的含义：一是机构概念，是指通过信息网络开办业务的银行；二是业务概念，是指银行通过信息网络提供的金融服务，包括传统银行业务和因信息技术应用带来的新兴业务。在日常生活和工作中，人们提及网上银行，更多的是第二层次的概念，即网上银行服务的概念。网上银行业务不仅是传统银行产品简单向网上的转移，其他服务方式和内涵也发生了一定的变化，而且由于信息技术的应用，又产生了全新的业务种类。

网上银行又称为网络银行、在线银行，是指银行利用 Internet 技术，通过 Internet 向客户提供开户、查询、对账、行内转账、跨行转账、信贷、网上证券、投资理财等传统服务项目，使客户可以足不出户就能够安全便捷地管理活期和定期存款、支票、信用卡及个人投资等。可以说，网上银行是在 Internet 上的虚拟银行柜台。

网上银行又称为"3A 银行"，因为它不受时间、空间限制，能够在任何时间(Anytime)、任何地点(Anywhere)，以任何方式(Anyway)为客户提供金融服务。

3. 网银开通(以工商银行为例)

网银开通流程如图 3-5 所示。

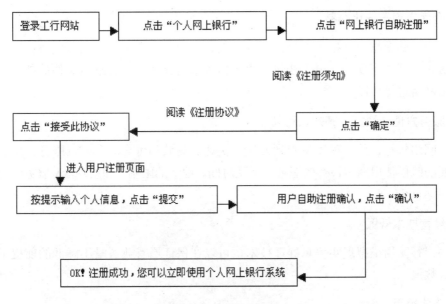

图 3-5　网银开通流程

【同步阅读】

电子银行的组织形式

电子银行按其是否有具体的物理营业场所进行划分：一种是于 1995 年 10 月 18 日成立的世界首家网络银行——安全第一网络银行(SFNB，Security First Network Bank)，又称为虚拟网络银行或纯网络银行。这类网络银行，一般只有一个具体的办公场所，没有具体的分支机构、营业柜台、营业人员。这类银行的成功主要是靠业务外包及银行联盟，从而减少成本。

另一种是由传统银行发展而来的网络银行。这类银行是传统银行的分支机构，是原有银行利用互联网开设的银行分站。它相当于传统银行新开设的一个网点，但是又超越传统的形式，因为其地域比原来的更加宽广。许多客户通过互联网就可以办理原来在柜台才能办理的业务；这类网络银行的比重占网络银行的 95%。

1997 年，招商银行率先推出网上银行"一网通"，成为中国网上银行业务的市场导引者。

自 1998 年 3 月，中国银行在国内率先开通了网上银行服务。1999 年 4 月，建设银行启动了网上银行，并在北京、广州、成都、深圳、重庆、宁波和青岛进行试点，这标志着中国网上银行建设迈出了实质性的一步。

20 世纪 90 年代末，中国银行、建设银行、工商银行等陆续推出网上银行，开通了网上支付、网上自助转账和网上缴费等业务，初步实现了真正的在线金融服务。

(资料来源：摘自 http://www.wm23.com/wiki/10498.htm)

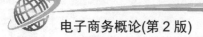

(二)网上银行的特点

网上银行包含以下几方面特点。

1. 全面实现无纸化交易

以前使用的票据和单据大部分被电子支票、电子汇票和电子收据所代替；原有的纸币被电子货币，即电子现金、电子钱包、电子信用卡所代替；原有纸质文件的邮寄变为通过数据通信网络进行传送。

2. 服务方便、快捷、高效、可靠

通过网络银行，用户可以享受到方便、快捷、高效和可靠的全方位服务。用户可以在任何需要的时候使用网络银行的服务，不受时间、地域的限制，即实现 3A 服务(Anywhere、Anyway、Anytime)。

3. 经营成本低廉

网络银行采用虚拟现实信息处理技术，可以在保证原有业务量不降低的前提下，减少营业点的数量。

4. 简单易用

网上银行业务有许多优势。

一是大大降低银行经营成本，有效地提高银行盈利能力。

开办网上银行业务，主要利用公共网络资源，无须设置物理的分支机构或营业网点，减少了人员费用，提高了银行后台系统的效率。

二是无时空限制，有利于扩大客户群体。

网上银行业务打破了传统银行业务的地域、时间限制，具有 3A 特点，即能在任何时候(Anytime)、任何地方(Anywhere)，以任何方式(Anyway)为客户提供金融服务，这既有利于吸引和保留优质客户，又能主动扩大客户群，开辟新的利润来源。

三是有利于服务创新，向客户提供多种类、个性化服务。

通过银行营业网点销售保险、证券和基金等金融产品，往往受到很大限制，主要是由于一般的营业网点难以为客户提供详细的、低成本的信息咨询服务。利用互联网和银行支付系统，容易满足客户咨询、购买和交易多种金融产品的需求，客户除办理银行业务外，还可以很方便地在网上买卖股票、债券等。网上银行能够为客户提供更加适合的个性化金融服务。

【案例分析】

招商银行网上银行的成功分析

招商银行成立于 1987 年 4 月 8 日，是我国第一家完全由企业法人持股的股份制商业银行，总行设在深圳，由香港招商局集团有限公司创办。招商银行先后进行了四次增资扩股活动，2002 年 4 月 9 日在上交所挂牌，是国内第一家采用国际会计标准上市的公司。目前，

招商银行总资产逾 8000 亿元，在英国《银行家》杂志"世界 1000 家大银行"的最新排名中，资产总额位居第 114 位。

招商银行在中国率先建立起由网上企业银行、网上个人银行、网上证券系统、网上支付系统以及 5 个系列网站组成的完善成熟的网上银行体系，并且利用招商银行计算机系统全国联网、网上银行系统全国集中、跨商业银行支付清算网络、运行管理出色的 CA 中心等优势，较好地解决了网上银行的安全问题，网上银行在招行内部跨分行机构实时支付结算问题、跨商业银行支付结算问题、全国的网上商户集中管理联网运行问题和优质高效的客户服务问题。招商银行网上银行的成功因素分析如下。

统一标准。由于招商银行是新型的商业银行，在其建立之初就在各营业网点采用统一标准，各分行计算机系统统一，这为其后来实现全国联网，跨系统进行支付奠定了基础。

方便快捷的服务。招商银行有独特的办卡机制，取消了存折登记的麻烦，不再使用存折，只有一张小卡！无须带卡，只需记住卡号/密码，就可以办理任何业务！

妥善解决了网上银行的安全问题。招商银行实现卡卡分离机制，采用一卡通和一网通主副卡同时使用，一卡通只能在 ATM 或 POS 上使用，而一网通只能在 Internet 网上使用，从而确保了交易的安全。同时，根据不同客户的需要采取不同的安全策略。

提供全面周到的服务。从个人网络银行到企业网络银行，从电子支付到网络商城，从个人理财产品到网上证券。总的来说，招商银行的网上银行是目前中国品种最齐全、业务最全面、功能最强大的网络银行。

(三)网上银行提供的产品与服务

网上银行能够办理网上形式的传统银行业务，包括银行及相关金融信息的发布、客户的咨询投诉、账户的查询勾兑、申请和挂失以及在线缴费和转账功能。提供电子商务相关业务，既包括商户对客户模式下的购物、订票、证券买卖等零售业务，也包括商户对商户模式下的网上采购等批发业务的网上结算。提供新的金融创新业务，比如集团客户通过网上银行查询子公司的账户余额和交易信息，再签订多边协议。一般来说，网上银行的业务品种主要包括基本网银业务、网上投资、网上购物、个人理财、企业银行及其他金融服务。如图 3-6 所示。

1. 基本网银业务

商业银行提供的基本网上银行服务包括在线查询账户余额、交易记录，下载数据、转账和网上支付等。

2. 网上投资

由于金融服务市场发达，可以投资的金融产品种类众多，国外的网上银行一般提供包括股票、期权、共同基金投资和 CDs 买卖等多种金融产品服务。

3. 网上购物

商业银行的网上银行提供的网上购物协助服务，极大地方便了客户网上购物，为客户在相同的服务品种上提供了优质的金融服务或相关的信息服务,加强了商业银行在传统竞争领域的竞争优势。

图 3-6　网上银行

4. 个人理财

个人理财是国外网上银行重点发展的一个服务品种。各大银行将传统银行业务中的理财业务转移到网上办理,通过网络为客户提供理财的各种解决方案,提供咨询建议,或者提供金融服务技术的援助,从而极大地扩大了商业银行的服务范围,并降低了相关的服务成本。

5. 企业银行

企业银行服务是网上银行服务中最重要的部分之一。其服务品种比个人客户的服务品种更多,也更为复杂,对相关技术的要求也更高,所以能够为企业提供网上银行服务是商业银行实力的象征之一,一般中小网上银行或纯网上银行只能部分提供,甚至完全不提供这方面的服务。

企业银行一般可以提供账户余额查询、交易记录查询、总账户与分账户管理、转账、在线支付各种费用、透支保护、储蓄账户与支票账户资金自动划拨、商业信用卡等服务。此外,还包括投资服务等。部分网上银行还可为企业提供网上贷款业务。

6. 其他金融服务

除了银行服务外,其他金融服务一般均通过自身或与其他金融服务网站联合的方式,为客户提供多种金融服务产品,如保险、抵押和按揭等,以扩大网上银行的服务范围。

扩 展 阅 读

移动支付的发展趋势

1) 替代纸币虚拟化

美国移动支付公司 Square 的出现引领了一场支付方式革命——抛却烦琐的现金交易和各种名目繁多的银行卡，你只需要一部智能手机或平板计算机即可完成付款；正如 Square 的宣传语一样，整个交易过程"无现金、无卡片、无收据"。

包括 Square 在内，GoogleWallet、PayPal 以及其他 NFC 支付技术正带领我们走向一个无纸质货币时代。

2) 银行服务移动化

Simple 又名 BankSimple，是一种专注于移动银行业务的全方位个人理财工具。通过其 iPhone 应用，用户就能完成存取款、转账等各种操作，存取票据用手机拍照保存即可；再也不用亲自跑去银行取号排队办理业务。

通过与全美最大的无中介费 ATM 网络组织 Allpoint 合作，Simple 的所有操作都无须任何手续费用。其 CEO Joshua Reich 称："目前的银行系统最大的利润来自各种各样让客户迷惑不解的手续费，而非银行服务本身。Simple 的宗旨就是让客户的银行业务简单明了，每一笔钱花在哪里都一清二楚。"

3) 理财工具贴身化

Planwise 是一款免费的个人理财软件，能让普通消费者为实现不同的财务目标制订不同的理财计划，并根据实际消费随时进行调整。其创始人 Vincent Turner 有着十多年的金融互联网行业经验，他希望通过 Planwise 让消费者清楚掌控自己的财务状况。

"个人理财应用是主流需求，却不受人们欢迎——因为它们需要登录用户的银行账号。但大多数人又需要知道自己有多少钱，并且需要有个'顾问'告诉他哪些钱该花哪些不该花。仍在继续发展完善的个人理财工具就将成为这个顾问，并通过实时数据比如历史交易、线上/下支付等帮助人们作出更正确的财务决策。"

4) 虚拟货币国际化

比特币(Bitcoin)是一种 P2P(peer to peer，点对点)虚拟货币，类似于 Q 币，其以文件的形式储存在计算机里。你可以用它购买一些虚拟物品，如果对方接受，你也可以用 Bitcoin 购买现实物品。

Bitcoin 与 Q 币和现实货币最大的不同点，在于它不属于国家或任何组织和个人，任何人只需有一台联网的计算机就能参与其中；在 Bitcoin 的世界里，货币的自由度达到空前高度。而因为系统产生 Bitcoin 的速度和数量有限，许多急着使用 Bitcoin 的用户就宁愿用现实货币与其他人兑换，如此一来，Bitcoin 就开始流通，有了其存在的价值。

同 步 测 试

一、单项选择题

(1) 电子支付指的是电子交易的当事人，使用安全电子支付手段通过网络进行的(　　)。
  A. 现金流转   B. 数据传输
  C. 货币支付或资金流转   D. 票据传输

(2) 目前，电子支付存在的最关键的问题是(　　)。
  A. 技术问题   B. 安全问题   C. 成本问题   D. 观念问题

(3) 下列以数字形式流通的货币是(　　)。
  A. 电子支票   B. 支票   C. 现金   D. 电子现金

(4) 中国第一家网上银行是(　　)。
  A. 招商银行   B. 中国银行
  C. 中国工商银行   D. 中国建设银行

(5) 以下哪些业务不是网上银行的具体服务项目(　　)。
  A. 基本储蓄账户和信用卡服务   B. 基本支票业务和利息支票账户
  C. 信用证业务和托收业务   D. 货币市场业务和存单业务

二、多项选择题

(1) 现金支付具有以下几个特点(　　)。
  A. 现金是最终的支付手段
  B. 现金支付具有"分散处理"的性质
  C. 现金支付具有"脱线处理"的性质
  D. 现金的稀缺性与信誉性

(2) 电子现金的支付过程包括(　　)。
  A. 购买并储存电子现金   B. 用电子现金购买商品或服务
  C. 资金清算   D. 确认订单

(3) 网上支付活动的主要参与者包括(　　)。
  A. 卖家   B. 买家   C. 银行   D. 第三方支付商

(4) 网络银行与传统银行相比具有的竞争优势是(　　)。
  A. 可以降低银行的经营和服务成本，从而降低客户的交易成本
  B. 可以突破地域和时间的限制，向客户提供个性化的金融服务产品
  C. 利用信息技术和信息资源，可以为商业银行提供竞争所需要的知识要素和竞争手段
  D. 可以帮助银行抢占更多的客户市场

(5) 淘宝网支付宝工具的使用步骤包括(　　)。

A. 买家付款给淘宝　　　　　　B. 卖家发货给买家
C. 买家收到货物后确认支付　　D. 淘宝网付款给卖家

三、简答题

(1) 什么是电子支付？与传统的支付形式相比有什么特点？
(2) 就目前而言，电子支付存在哪些缺陷？
(3) 网络银行有什么特点？主要业务有哪些？
(4) 网络银行与传统银行相比，具有哪些特点？
(5) 第三方支付平台具有哪些特点？

四、案例分析题

现今社会，购物、订票、看电影等，都可以用手机支付，给我们免去排队、大量携带现金等麻烦，手机支付俨然已经成为人们生活中必不可少的一部分，极大地方便了我们的生活。据统计显示，2020 年网上支付业务 879.31 亿笔，较上年增加 97.46 亿笔，同比增长 12.46%；移动支付业务 1232.20 亿笔，较上年增加 217.89 亿笔，同比增长 21.48%；电话支付业务 2.34 亿笔，较上年增加 0.58 亿笔，同比增长 33.06%。2020 年网上支付业务金额 2174.54 万亿元，较上年增长 39.7 万亿元，同比增长 1.86%；移动支付业务金额 432.16 万亿元，较上年增长 85.05 万亿元，同比增长 24.50%；电话支付业务金额 12.73 万亿元，较上年增长 3.06 万亿元，同比增长 31.69%。

电子支付是电子商务中一个极为重要的、关键性的组成部分。电子商务较之传统商务的优越性，成为吸引越来越多的商家和个人网上购物和消费的原动力。然而，如何通过电子支付安全地完成整个交易过程，又是人们在选择网上交易时所必须面对的而且是首要考虑的问题。在电子商务中，支付过程是整个商贸活动中非常重要的一个环节，同时也是电子商务中准确性、安全性要求最高的业务过程。

思考题：

(1) 结合上述案例，你认为快捷支付有何优点和弊端？
(2) 在快捷支付中，应如何提高安全防范意识？

项 目 实 训

实训项目：移动支付之微信支付的认知

微信支付是集成在微信客户端的支付功能，用户可以通过手机完成快速的支付流程。微信支付以绑定银行卡的快捷支付为基础，向用户提供安全、快捷、高效的支付服务。

2014 年 9 月 26 日，腾讯公司发布的腾讯手机管家 5.1 版本为微信支付打造了"手机管家软件锁"，在安全入口上独创了"微信支付加密"功能，极大地提高了微信支付的安全性。用户只需在微信中关联一张银行卡，并完成身份认证，即可将装有微信 App 的智能手机变成一个全能钱包，之后即可购买合作商户的商品及服务，用户在支付时只需在自己的智能手机上输入密码,无须任何刷卡步骤即可完成支付,整个过程简便流畅。

问题:微信支付相对于其他移动支付的优势有哪些?移动支付在电子商务交易中的作用是什么?

【实训目的】

熟悉移动支付的分类、作用。

了解并学会使用常见的移动支付。

【实训内容】

(1) 完成一次移动支付。

(2) 列举微信支付相对于其他移动支付的优势有哪些?移动支付在电子商务交易中的作用是什么?

第四章 网络营销

【学习目的与要求】
- 掌握网络营销产生的条件。
- 掌握网络营销的概念及特点。
- 掌握网络营销的内容及特点。

【引导案例】

某年,正值葡萄成熟集中上市的季节,在陕西省渭南市蒲城县,连绵不断的大雨却让果农们心急如焚,大量已经成熟的葡萄来不及采摘,眼看在田里开裂、霉烂。

与此同时,湖南岳阳君山的瓜农正为了堆积如山的南瓜发愁,往年 8 毛钱一斤的南瓜此时 1 毛钱一斤都很少有人问津,瓜农们只好将成熟的南瓜摘下来一个个地码在高速公路的桥下,四处寻找收购商,等待收购。

这只是全国各地农产品滞销的冰山一角。农产品交易的痛点就是在种地的农民这里,农产品卖不了高价,到了消费者手里的时候,又基本不可能便宜。

在移动互联网、O2O 风潮下,人们的衣食住行正在悄然被改变。上述事关老百姓生计的农产品滞销悲剧也被新的方式所化解。

以苏宁推出的互联网超市为例,省却了农产品的中间环节,既能分担数亿农民的生产压力,让他们种多少、就能卖掉多少,也能让城市居民吃到更加健康、新鲜、便宜的东西。

上文讲述的陕西葡萄和湖南南瓜滞销的问题,最终也在苏宁互联网超市模式下得以有效解决。下面我们来看看具体是如何做到的:对于陕西渭南葡萄,苏宁西安大区通过苏宁易购强大的平台资源来销售,在全国范围进行预售,并利用自建的物流体系迅速配送。因为价格便宜,自然也受到众多用户青睐,再加上本身也有着公益的正能量,3 天内帮助渭南农户"消化"了 12400 多斤葡萄。

同样,苏宁长沙大区对岳阳的南瓜,一方面带头收购,调动物流资源、缓解堆积如山的南瓜在运输方面的压力;另一方面,发动苏宁线上在全国各地的销售能力。

(资料来源:laohushuokeji 或老胡说科技)

思考:
结合案例分析,农产品与互联网发展的关系如何?

【知识要点】

一、网络营销

(一)网络营销的含义

网络营销是以现代营销理论为基础,借助网络、通信和数字媒体技术实现营销目标的商务活动;是科技进步、顾客价值变革、市场竞争等综合因素促成的;是信息化社会的必然产物。网络营销根据其实现方式有广义和狭义之分,广义的网络营销是指企业利用一切计算机网络进行营销活动,而狭义的网络营销专指互联网营销,是指组织或个人基于便捷的互联网络,对产品、服务所进行的一系列经营活动,从而满足组织或个人需求的全过程,网络营销是企业整体营销战略的一个组成部分,是建立在互联网基础上借助于互联网特性来实现一定营销目标的营销手段。

(二)网络营销的起源与发展

网络营销产生于20世纪90年代,持续发展至今。90年代,互联网媒体以新的方式、方法和理念,通过一系列网络营销策划,制定和实施的营销活动,有效地构建起交易的新型营销模式。

简单地说,网络营销就是以互联网为主要手段进行的,为达到一定的营销目的而进行的营销活动。

随着互联网影响的进一步扩大,人们对网络营销理解的进一步加深,以及出现的越来越多网络营销推广的成功案例,人们已经开始意识到网络营销的诸多优点并越来越多地通过网络进行营销推广。

网络营销不仅仅是一种营销手段,更是一种文化,信息化社会的新文化,引导媒体进入一个新的模式。

1. 产生的技术基础——互联网

全球互联网自20世纪90年代进入商用以来迅速拓展,已经成为当今世界推动经济发展和社会进步的重要信息基础设施。经过短短十几年的发展,截至2007年1月,全球互联网已经覆盖五大洲的200多个国家和地区,网民达到10.93亿,用户普及率为16.6%,宽带接入已成为主要的上网方式。同时,互联网迅速渗透到经济与社会活动的各个领域,推动了全球信息化进程。全球互联网内容和服务市场发展活跃,众多的ISP参与到互联网服务的产业链中。由此促进了互联网服务产业的发展和活跃,推动并形成了一批ISP。

1) 网民人口基数

中国的互联网发展虽然起步比互联网晚,但是进入21世纪以来,同样快速发展。CNNIC发布第47次《中国互联网络发展状况统计报告》,调查报告显示,截至2020年12月,我国网民规模达9.89亿,较2020年3月增长8540万,互联网普及率达70.4%。网民中使用手机上网人群占比由2013年的81.0%提升至85.8%。

运营商方面，4G、5G 网络的推广带动了更多人上网；运营商继续大力推广"固网宽带+移动通信"模式的产品，通过互联网 OTT 业务和传统电信业务的组合优惠，吸引用户接入固定互联网和移动互联网；随着虚拟运营商加入市场竞争，电信市场出现活跃的竞争发展态势，相比基础运营商，其在套餐内容方面灵活度更大，获得很多用户的认可。如图 4-1 所示。

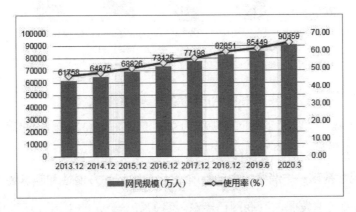

图 4-1　2013—2020 年 3 月中国网民规模及互联网普及率

企业方面，新浪微博、京东、阿里巴巴等知名互联网企业赴美上市，使"互联网"成为频频见诸报端的热点词，互联网应用得到广泛宣传，互联网应用与发展模式快速创新，比特币、互联网理财、网络购物、O2O 模式等一度成为热门话题，这些宣传报道极大地拓宽了非网民认知、了解、接触互联网的渠道，提高了非网民的尝试意愿。

2) 互联网环境接入设备

台式计算机、笔记本计算机等传统上网设备的使用率保持平稳，移动上网设备的使用率进一步增长，新兴家庭娱乐终端网络电视的使用率达到一定比例。

截至 2020 年 12 月，我国网民使用手机上网的比例达 99.7%，较 2020 年 3 月提升 0.4 个百分点。网民使用台式计算机上网、笔记本计算机上网、电视上网和平板计算机上网的比例分别为 32.8%、28.2%、24.0% 和 22.9%。如图 4-2 所示。

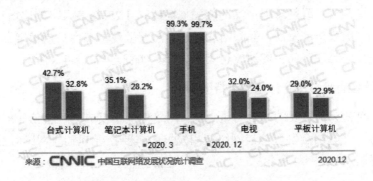

图 4-2　互联网络接入设备使用情况

截至 2020 年 12 月，我国网民规模为 9.89 亿人，较 2020 年 3 月新增网民 8540 万人，互联网普及率达 70.4%，较 2020 年 3 月提升 5.9 个百分点。如图 4-3 所示。

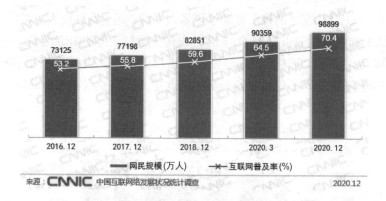

图 4-3　网民规模和互联网普及率

截至 2020 年 12 月，我国手机网民规模为 9.86 亿人，较 2020 年 3 月新增手机网民 8885 万人，网民中使用手机上网的比例为 99.7%。

2. 产生的观念基础——消费的主动性/个性化与购物的方便性和趣味性

随着互联网的飞速发展，互联网已经深入我们每一个人的生活。互联网在商业领域也显现出巨大的发展前景，越来越多的人上网购物，造就了淘宝、阿里巴巴、京东等商业网站。随着市场经济的发展，消费者将面对各种各样的商品和品牌选择，这一变化使当前消费者和以前相比有一定的改变。比如消费者购买 iPad，会在 B2C 网站进行比较，也会获取已经购买者的反馈，消费者心理得到平衡和满足感，增强了对所采购商品的信任感。

在市场经济条件环境下，同类商品选择性很多，消费者有了更多的选择，有的高级消费者已不满足于现有的商品，更希望能根据自己的需求，定做自己的个性商品。从理论上说，没有一个消费者的心理是完全一样的，也就是说个性化消费潜力非常巨大。现代生活的快节奏，让城市的白领工作压力特别大，他们购物会以购物的方便性为目标。在传统的购物方式下，买卖过程需要几分钟或者长达数个小时，加上购买商品的往返路途和逗留时间，使白领必须在时间和精力上付出很多，而网络购物能够轻松完成交易，还能享受送货上门的服务，带来愉快的购物体验，满足了消费的主动性/个性化与购物的方便性和趣味性。

目前，我国购买互联网理财产品的网民规模达到 1.29 亿多人，同比增长 30.2%。由于收益率下滑和中国股市的发展，互联网理财产品没有呈现出其用户规模爆发式增长的态势，增速开始放缓，同时新产品扩容速度也有所放慢。如表 4-1、表 4-2 所示。

3. 网络社会消费心理变化趋势和特征

信任是一个社会最重要的综合力量之一。网络信任不仅成为社会信任的重要组成部分，更是电子商务、互联网金融等深层网络应用发展的重要社会基础。网民对互联网的信任度有较大幅度提高，如图 4-4 所示。

表 4-1　2020 年 3 月至 2020 年 6 月，网民各种的互联网应用用户规模和使用率

	2020.6		2020.3		
应用	用户规模（万）	网民使用率	用户规模（万）	网民使用率	增长率
即时通信	93079	99.0%	89613	99.2%	3.9%
搜索引擎	76554	81.5%	75015	83.0%	2.1%
网络新闻	72507	77.1%	73072	80.9%	-0.8%
远程办公	19908	21.2%	-	-	-
网络购物	74939	79.7%	71027	78.6%	5.5%
网上外卖	40903	43.5%	39780	44.0%	2.8%
网络支付	80500	85.7%	76798	85.0%	4.8%
互联网理财	14938	15.9%	16356	18.1%	-8.7%
网络游戏	53987	57.4%	53182	58.9%	1.5%
网络视频（含短视频）	88821	94.5%	85044	94.1%	4.4%
短视频	81786	87.0%	77325	85.6%	5.8%
网络音乐	63855	67.9%	63513	70.3%	0.5%
网络文学	46704	49.7%	45538	50.4%	2.6%
网络直播[15]	56230	59.8%	55982	62.0%	0.4%
网约车	34011	36.2%	36230	40.1%	-6.1%
在线教育	38060	40.5%	42296	46.8%	-10.0%
在线医疗	27602	29.4%	-	-	-

表 4-2　2020 年 3 月至 2020 年 6 月，手机网民各类手机互联网应用用户规模和使用率

	2020.6		2020.3		
应用	用户规模（万）	手机网民使用率	用户规模（万）	手机网民使用率	增长率
手机即时通信	93037	99.8%	89012	99.2%	4.5%
手机搜索引擎	76078	81.6%	74535	83.1%	2.1%
手机网络新闻	71999	77.2%	72642	81.0%	-0.9%
手机网络购物	74696	80.1%	70749	78.9%	5.6%
手机网上外卖	40720	43.7%	39653	44.2%	2.7%
手机网络支付	80172	86.0%	76508	85.3%	4.8%
手机网络游戏	53592	57.5%	52893	59.0%	1.3%
手机网络音乐	63598	68.2%	63274	70.5%	0.5%
手机网络文学	46515	49.9%	45255	50.5%	2.8%
手机在线教育	37668	40.4%	42023	46.9%	-10.4%

互联网降低了沟通和交易的成本，也营造了互惠分享的网络空间。借助网络空间，网民在信息和资源方面可以互惠分享，不仅降低了交易成本，也创造了新的价值。如图 4-5 和图 4-6 所示。

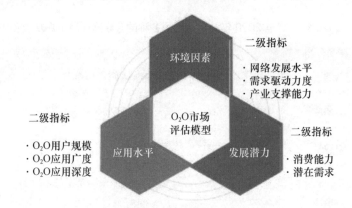

图 4-4　O2O 市场评估模型

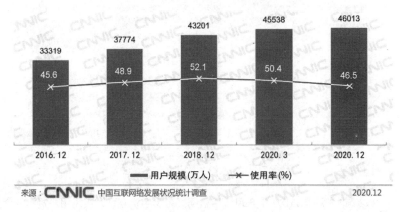

图 4-5　2016 年 12 月至 2020 年 12 月网络文学用户规模及使用率

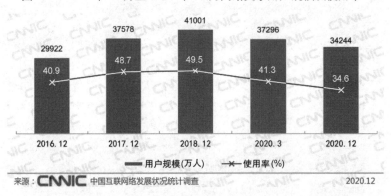

图 4-6　2016 年 12 月至 2020 年 12 月旅行预订用户规模及使用率

截至 2020 年 12 月,我国网络文学用户规模达 4.60 亿人,较 2020 年 3 月增长 475 万人,占网民整体的 46.5%;手机网络文学用户规模达 4.59 亿人,较 2020 年 3 月增长 622 万人,占手机网民的 46.5%。

截至 2020 年 12 月,我国在线旅行预订用户规模达 3.42 亿人,较 2020 年 3 月下降 3052 万人,较 2020 年 6 月提升 5596 万人,占网民整体的 34.6%。

与"数字移民"(Digital Immigrants)相比,"数字原住民"(Digital Native)互惠分享的意愿更加强烈。调查显示,10～29 岁的年轻人相对于其他群体更乐于在互联网上分享,尤其是 10~19 岁的人群，有 65.9%的网民表示比较愿意或非常愿意在网上分享。随着未来这个群体逐步成为社会的中坚力量，互联网对互惠、分享、合作和创新的推动作用将表现得更加明显。

网络空间"新公共领域"的特征有助于解决社会冲突，良好、通畅的对话空间有助于缓解社会矛盾，促进社会和谐。近年来，我国政府积极倡导、引导网络参政议政，广大网民通过互联网通道评论时事、反映民生、建言献策，网络已经成为推进社会主义民主政治建设的重要力量。

(三)网络营销的内容

网络营销，也称网上营销或者电子营销，它是以现代营销理论为基础，借助网络、通信和数字媒体技术等实现营销目标的商务活动。为用户创造价值是网络营销的核心思想，互联网为营销带来了许多独特的便利，如传播资讯于媒体到听众、观众手中。互联网媒体在术语上立即回响与引起回响双方面的互动性本质，皆为网络营销有别于其他种营销方式独一无二的特性。网络营销是企业整体营销战略的一个组成部分，网络营销是为实现企业总体经营目标所进行的，是营造网上经营环境并利用数字化的信息和网络媒体的交互性来辅助营销目标实现的一种新型的市场营销方式。在 2017 年 6 月至 2020 年 6 月，各种类型应用的用户规模及使用率变化情况，如图 4-7 和图 4-8 所示。

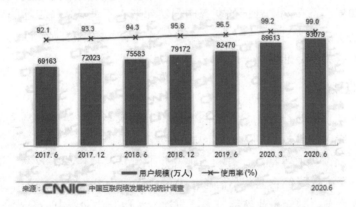

图 4-7　2017 年 6 月至 2020 年 6 月即时通信用户规模及使用率

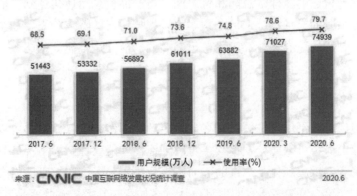

图 4-8　2017 年 6 月至 2020 年 6 月网络购物用户规模及使用率

调查结果显示，利用互联网开展过营销活动的受访企业中，使用率最高的是利用即时聊天工具进行营销推广。搜索引擎营销推广、电子商务平台推广依然比较受企业欢迎。互联网在网民生活中的使用范围不断扩大、程度逐渐加深，企业开展互联网营销的方式也随之不断创新，组合式营销、口碑营销等新术语层出不穷，企业对单一、传统营销方式的依赖度逐渐降低，同时对移动营销产生巨大需求。

(四)网络营销的特点与优势

1. 传播的超时空性

互联网可以超越时间和空间的限制进行信息交换。在网络上，一条信息几秒钟便可传遍全世界，这使公司与顾客之间可以超越时空的限制，并拥有更多的时间和空间进行交易。在时间上，企业可以通过网络与顾客实现"7×24"的交易，即每天 24 小时，每周 7 天，随时随地进行商品交换活动。

2. 交互的便捷性

互联网不仅可以展示商品信息，更重要的是可以实现企业和顾客之间的双向沟通。企业可以从网络中收集顾客反馈的意见和建议，切实地、有针对性地改进自己的产品和服务。

网络互动性可以使顾客真正地参与到整个营销过程中，顾客参与的可能性和选择的主动性得到加强和提高。在网络营销的交互中，买卖双方不再是传统媒体的单向传播，而是双向交流。网上促销也做到一对一的供求连接，顾客的主导化、理性化、人性化明显增强，极大地避免了推销员强势推销的干扰。

3. 运作的低成本性

网络的开放性和广泛性，也决定了网络营销的低成本性。首先，网络媒介具有传播范围广、速度快、无时间地域限制、无时间版面约束、内容全面详尽、多媒体传送、形象生动、双向交流、反馈迅速等特点，有利于提高企业营销信息传播的效率，增强企业营销信息传播的效果，极大地降低企业营销信息传播的成本；其次，网络营销无须店面租金成本，能减少商品流通环节，减轻企业库存压力；再次，利用互联网，中小企业只需极小的成本，就可以迅速建立起自己的全球信息网和贸易网，将产品信息迅速传递到以前只有实力雄厚的大公司才能传播到的市场中；最后，顾客可以根据自己的特点和需要在全球范围内不受地域、时间的限制，快速寻找能够满足自己需要的产品并进行充分的比较与选择，这样就较大限度地降低了交易时间与交易成本。

4. 媒介的多维性

互联网上的信息，不仅仅停留在文字上，声音、图像、流媒体等都可以在互联网上进行传播，因此营销人员可以充分发挥其自身的创造性和能动性，以多种信息形式展示商品信息，打动消费者。纸质媒体是二维的，而网络营销则是多维的，它能将文字、图像和声音有机地组合在一起，传递多感官的信息，让顾客如身临其境般感受商品或服务。这种图、文、声、像相结合的广告形式，可以大大增强网络营销的效果。

5. 市场的全球性

互联网覆盖全球市场，通过它，企业可以方便快捷地进入任何国家的市场，网络营销为企业架起了一座通向国际市场的绿色通道。网络营销可以帮助企业构建覆盖全球的市场营销体系，实施全球性的经营战略。同时，由于互联网使用者数量增长较快并遍及全球，使用者年龄结构年轻化、收入能力及消费水平相对较高、受教育程度普遍较高，因而这部分群体有着较强的购买力、很强的市场影响力和明显的消费示范功能。

6. 效果的可监测性

在互联网上可以通过流量统计系统精确地统计出每则广告被多少个用户看过，以及这些用户查阅的时间分布和地域分布，借助分析工具可以准确计量广告行为收益，帮助广告主正确评估广告效果，审定营销策略。

"无法衡量的东西就无法管理"，网络营销通过及时和精确的统计机制，使广告主能够直接对广告的发布进行在线监控。网络营销的广告主能通过互联网即时衡量广告的效果，通过监视广告的浏览量、点击率等指标，广告主可以统计出多少人看到了广告，并可以统计出有多少人对广告感兴趣，进而进一步了解广告的详细信息。与其他任何形式的广告相比，网络营销能使广告主更好地跟踪广告受众的反应，及时了解潜在用户的情况。

7. 投放的针对性

各网络通过提供众多的免费服务，建立起完整的用户数据库，包括用户的地域分布、年龄、性别、收入、职业、婚姻状况、爱好等。这些资料可帮助广告主分析市场与受众，根据广告目标受众的特点，有针对性地投放广告，并根据用户特点进行定点投放和跟踪分析，对广告效果作出客观准确的评价。另外，网络营销还可以提供有针对性的内容环境。

8. 可重复性和可检索性

网络营销可以将文字、声音、画面完善地结合之后供用户主动检索、重复观看。在互联网上，网络营销的检索功能非常强大，检索也非常容易。

(五) 网络营销的内容体系

1. 网络消费者行为分析

网络消费者是一个特殊群体，开展有效的网络营销活动必须深入了解网上用户群体的需求特征、购买动机和模式。

2. 网络市场调研

主要利用互联网的交互式信息沟通渠道实施调查活动。其包括直接的网上问卷调查或通过网络收集市场调查中的二手资料。利用网上调研工具，可以提高调查效率。

3. 网络营销策略

不同的企业在市场中所处的位置不同，因此在采取网络营销实现企业营销目标时，就必须采取与各企业相适应的营销策略。在制定网络营销策略时，必须考虑各种因素对网络营销策略制定的影响。

4. 网络营销管理与控制

网络营销依托互联网开展营销活动,必将面临传统营销无法遇到的许多新问题,如网络产品质量的保证问题、消费者隐私保护问题、信息的安全问题等。

5. 网络广告

互联网具有双向的信息沟通渠道的特征,可以使沟通的双方突破时空限制进行直接的交流,操作简单、高效、费用低廉。网络广告是进行网络营销最重要的促销工具,在互联网这一被称之为第五大媒体的平台上发布广告,其交互性和直接性的特点所显现的优势,是报纸杂志、无线电广播和电视等传统媒体所无法比拟的。

6. 搜索引擎优化

对于很多网站,绝大部分流量都来自搜索引擎,搜索引擎是一般企业网站流量来源的生命线。常被作为企业网站推广和产品促销的主要手段。搜索引擎优化是针对搜索引擎对网页的检索特点,让网站建设各项基本要素适合搜索引擎的检索原则,从而使搜索引擎收录尽可能多的网页,并在搜索引擎自然检索结果中排名靠前,最终达到网站推广的目的。

7. 无线营销

"无线营销"是以市场营销为基础、以网络营销为平台的一种新型营销方式,其发展不仅有赖于技术平台(包括软件和硬件)的建设,更有赖于市场营销理念的推广和普及。在不久的将来,"无线营销"无论是在国外还是在国内都将得到飞速的发展和广泛的普及。

【阅读资料】

茵曼全球首个云端发布会

你也许从来没想过服装发布会能在线上完成,但某年茵曼的新装发布会开了这个先河。本场发布会的主题为"向日出 say hi"。以邀请城市女性看日出为契机,在 PC 端和手机端带给消费者一次前所未见的"日出"发布会,传达应该放慢生活脚步的理念。发布会登录中国最大电商网站"天猫"以及中国用户最多的手机社交软件"微信"上。

发布会广告语

第四章 网络营销

在天猫,通过互动视频的体验,参与者可在观看过程中进行在线互动并领取优惠券,边看边选购,感受360°服装细节展示,最终页面导向天猫商城,让消费者最大限度地感受抢购的乐趣。发布会与销售结合为一体,是本次茵曼云端发布会用户体验的最大着力点。而在微信端的体验,因应手机功能属性,定制重力感应及多点触控互动,提升用户体验。用户可以360°全景观看云端发布会场景,并抓拍模特儿抽取优惠券。

据悉,本次云端发布会的拍摄一共动用了上百台机器、100多位工作人员,全高清360°实景拍结合CG三维电脑合成技术,500分钟的素材精华剪辑成4分钟的震撼短片,并在不同的平台实现各具特色的互动体验。

(资料来源:https://yantai.dzwww.com/cfxt/201412/t20141215_11553751.htm)

二、网络营销策略案例

(一)案例

1. 四海商舟巧借网络　圈地中国潜在高端受众

拥有近60年历史的Dior,品牌调性雅致而奢华。如何在保持其高端品牌形象的基础上,为品牌增添年轻活力,成为Dior圈地中国市场面临的一大难题。

众所周知,20~40岁的消费者是化妆品、护肤品的主要消费者。而新近调查显示,第一次购买化妆品、护肤品的年龄正逐步降低,18~25岁消费者已占55%。25岁左右的年轻一族追求时尚、崇尚自我,在互联网的熏陶中成长,消费能力较强,对各种高端品牌跃跃欲试,是未来几年奢侈品的主要消费对象。

正是基于此,Dior推出了全新水动力莹润防晒系列产品,举办了"奢华水护养动力之旅"的主题活动,引导潜在受众对"年轻的奢华"的向往和追求。

2. 网友口碑　释放Dior传播效应

水,万物之源

悠悠不绝润养生命

对于水般柔润的女人来说

唯有与水共舞

方能护养身心

成就浑然天成的似水灵性

"裸妆""自然美"备受推崇。拥有自然、健康、白皙水嫩的肌肤,塑造低调而优雅的贵族气质,受到都市女性的垂青。Dior水动力产品的推出,迎合了年轻受众对"清水出芙蓉,天然去雕饰"般美的追求。

出色的产品已经具备,只欠网络营销这一东风。那么,如何在众多的用户中锁定高端目标受众,准确地向年轻用户展现Dior水动力产品"年轻的奢华";如何有效刺激目标受众对于护肤品话题的讨论和活动参与,并最终产生对Dior水动力产品的消费欲望,则成为此次网络营销活动的主要目标。为此,腾讯结合自身特点制定了专门的营销策略。

3. 精准定向　选拔意见领袖

优雅的女人绝不允许自己的美丽有一丝瑕疵,因为这是一种生活态度。同样,经典的品牌也绝不容许自己的高贵有一丝疏漏。

此次"奢华水护养动力之旅"活动的主题空间，由QQ空间自主设计，出水芙蓉、晶莹水珠、蛊惑美女与Dior水动力产品、品牌的格调浑然天成。精致的页面设计，在炎炎夏日带给网友一种清新、自然、水润之感，吸引了白领和时尚女性的高度关注，为活动的开展打下了良好的基础。

Dior"奢华水护养动力之旅"活动分白领、学生、模特三个组，网友可以根据自身的实际情况选择组别参赛。选手以个人QQ空间形式报名，创立美容日志后，即可在自己的QQ空间以文字、图片或视频等丰富的形式介绍护肤心得，分享美容护肤的经验和诀窍。

网友以Q币的方式为支持的选手投票，每周评选一次。1周中，人气投票最高的22位选手获选入围，然后由Dior护肤专家根据网友美容护肤观点的专业性、经验的实用性、作品的原创性、对Dior水动力产品的了解度等方面，从入围的前5位选手中评选出两名优胜者，成为Dior水动力产品的意见领袖。

活动的最终优胜者将获得参加奢华水护养动力之旅的最终大奖——免费参与意大利"爱兰格纳"号油轮假期，同时，也辅以Dior水动力产品的免费体验作为对其他参赛者的鼓励。

4．人际传播　引发传播效应

每一位参与活动的QQ空间用户，都会在其Qzone页面上出现参赛的挂件和内容更新信息，无形中成为Dior水动力主题活动新的传播载体，吸引更多同类消费群体的关注和回应。

同时，大赛的优胜者凭借自身的实力成为Dior水动力产品的意见领袖，其Qzone也演变为水动力产品营销的传播源。互联网最大的价值就是分享，只要信息有足够价值，就会无成本地传遍整个网络。口口相传的人际传播令Dior水动力的品牌信息、活动信息在短短一个月时间内加倍放大，活动日志回应率超出客户预期，最终大规模激发受众对Dior水动力产品的消费欲望。

对于奢侈品营销，每一个环节都应富有技巧，既要保持高贵的姿态，又要竭尽全力地接近消费者。

为进一步挖掘潜在目标受众，此次活动调动了QQ会员俱乐部和QQ群的数据库资料。通过高级搜索，锁定符合Dior要求的高价值潜在目标，协助寻找有高级美容经验及有Dior品牌消费经验的用户，用Tips主动向她们发出邀请，进行一对一的精准营销。

另外，活动还利用产品试用、公关软文、明星博客等方式，树立产品的口碑，直接拉动了网上促销礼包订购和整体销售额的直线增长。

而同时启动的娱乐频道、女性频道、时尚频道等页面画中画广告、all in one弹出15秒视频广告等网络广告的配合，也获得了极高的曝光度和点击率，为活动聚拢了大量的人气。据统计，短短一个月，活动主题页面总浏览数超过380多万次，参赛人数高达25000多人，20～30岁用户占注册用户总数的83%，年龄、性别组成均高于互联网平均水平。

借助互联网，以女性关注的美丽、护肤话题，引发消费者与品牌的互动，Dior的品牌知名度得到层层扩散；通过QQ空间平台，利用有效手段筛选出热衷美容、追逐奢华的潜在消费者和意见领袖，使Dior水动力产品"年轻的奢华"的品牌体验——传递。后期的效果跟踪，宣告了Dior在中国潜在目标市场圈地运动的初步胜利。

中国人的消费与生活方式正日益被享受和自我发展型所取代,追求时尚与形象、展现个性与发展自我,正逐渐成为新一代消费者的愿望与需求。国际营销界普遍认为,经济快速增长的中国将是最具潜力的奢侈品消费大国。国外高端品牌该如何各显神通,迅速扩大其在中国内地市场的渗透力和影响力,QQ空间和Dior已经开始了勇敢的探索与尝试。

(二)案例分析

1. 留住顾客、增加顾客数量,增加销售

现代营销学认为保留一个老顾客的价值相当于争取五个新的顾客。留住老顾客的同时,再扩大争取更多的目标客户,就可以提高销售量。

比如《华尔街日报》网络版锁定非原订户、《读者文摘》锁定年轻父母。

2. 提供有用信息、刺激消费

提供有用信息刺激消费特别适用于通过零售渠道销售的企业。

3. 简化销售渠道、减少管理费用

企业使用网络进行销售其最直接的效益来源于它的直复式营销功能,即通过简化销售渠道、降低销售成本,最终达到减少管理费用的目的。在卓越亚马逊买书和在淘宝买书最大的不同就是卓越亚马逊具有详细的书籍的介绍和规范的流程,购买的决策权在页面信息就可以直接反馈,而淘宝则是卖家自己要实地与客户沟通,沟通成本的付出差异是巨大的。

4. 让顾客参与、提高客户的忠诚度

新闻业已有一些网站成功运用该模式的例子。这些信息对影迷们是很有吸引力的。因为这样能使他们获得一种内行鉴赏家的感觉。这种感觉会驱使他们反复地观看某部流行片,评头论足,乐此不疲。同时,他们还会与朋友们讨论这部片子,甚至还会劝说朋友去观看。

5. 提高品牌知名度、获取更高利润

将品牌作为管理重点的企业可以通过网页的设计增强整个企业的品牌形象。许多著名品牌都采用网络作为增强品牌形象的工具。企业可以通过网页的设计,突出品牌宣传,树立整体的企业品牌形象,建立顾客忠诚度,实现市场渗透,最终达到提高市场占有率的目的。例如,可口可乐公司,不是以网络作为直复式营销的工具,而是以网络作为增强品牌形象的工具。

6. 数据库营销

网络是建立强大、精确的营销数据库的理想工具,通过网络建立的营销数据库可以实现。例如,对目标市场进行精确的细分,对商品价格的及时调整等。数据库营销模式是传统营销模式的现代化,具有科学性和预测性的优势。

产品是企业利益与消费者利益的桥梁。市场营销学将产品作为一个整体概念,是指在商品交换活动中,企业为消费者提供的能满足消费者需求的所有有形或无形商品的总和。

包括有形物体、服务、人员、地点、组织和构思。在网络营销活动中，消费者的个性化需求更加突出，并且借助网络的优势，消费者购物的主动性更强、选择范围也更大，消费者的个性化需求更加易于实现。因此，网络营销产品内涵与传统营销产品内涵有一定的差异，网络营销的产品概念不应再停留在"企业能为消费者提供什么"，而应树立起"消费者需要什么，消费者想要得到什么"的意识，真正以消费者需求为导向的产品整体观念。

在传统市场营销中，产品满足的是顾客的一般性需求，通常被分为三个层次，即核心产品或服务、形式产品、附加产品。

根据网络营销产品在满足消费者个性化需求中的重要性，网络营销产品在原产品层次上还应附加两个层次，即顾客期望产品和潜在产品两个层次。如图4-9所示。

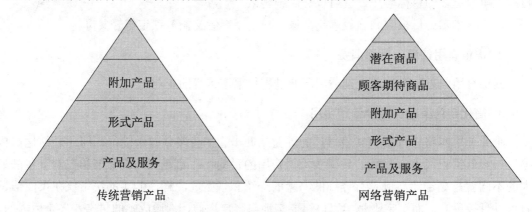

图 4-9　传统营销产品与网络营销产品的区别

三、网络营销策略的转变及发展

随着消费者个性化日益突出，加之媒体分化，信息过载，传统 4P's 逐渐被 4C's 所取代。从本质上讲，4P's 思考的出发点是以企业为中心，是企业经营者要生产什么产品、期望获得怎样的利润而制定相应的价格、要将产品怎样的卖点传播和促销并以怎样的路径选择进行销售。这其中既忽略了顾客作为购买者的利益特征，也忽略了顾客是整个营销服务的真正对象。以客户为中心的新型营销思路的出现，使以顾客为导向的 4C's 说应运而生。1990年，美国学者劳特朋(Lauteborn)教授提出了与 4P's 相对应的 4C's 理论。

4C's 的核心是顾客战略，而顾客战略也是许多成功企业的基本战略原则。比如，沃尔玛"顾客永远是对的"的基本企业价值观。4C's 的基本原则是以顾客为中心进行企业营销活动规划设计，从产品到如何实现顾客需求(Consumer's Needs)的满足，从价格到综合权衡顾客购买所愿意支付的成本(Cost)，从促销的单向信息传递到实现与顾客的双向交流及沟通(Communication)，从通路的产品流动到实现顾客购买的便利性(Convenience)。

顾客需求，有显性需要和潜在需要之分。显性需要的满足是迎合市场，潜在需要的满足是引导市场。营销人的首要功课是要研究客户需求，发现其真实需求，再来制定相应的需求战略，以影响企业的生产过程。由于市场竞争的加剧，客户对于同质化产品表现出消费疲惫，而适度创新则是引导和满足客户需求的竞争利器。

顾客需求层次也是进行市场细分的依据之一。满足何种需求层次，直接决定了目标市场的定位选择。根据马斯洛的需求层次理论，顾客需求从基本的产品需求向更高的心理需求满足的层次发展，因此，企业不仅要做产品，还要做品牌做生活，通过创建品牌核心价值，营造新型生活方式，实现顾客在社会认同、生活品位等层次需求的满足。

顾客成本是顾客购买和使用产品所发生的所有费用的总和。价格制定是以单纯的产品为导向，而顾客成本则除了产品价格之外，还包括购买和熟练使用产品所发生的时间成本、学习成本、机会成本、使用转换成本、购买额外配件或相关产品的成本付出的统和。对于这些成本的综合考虑，更有利于依据目标客户群的特征进行相关的产品设计和满足顾客的真实需要。

顾客沟通首先应明确企业传播推广策略是以顾客为导向而非企业导向或竞争导向。现实的许多企业以竞争为导向制定促销策略，结果陷入了恶性竞争的泥淖之中。以顾客为导向才更能使企业实现竞争的差异性和培养企业的核心竞争能力。顾客沟通也更强调顾客在整个过程中的参与和互动，并在参与互动的过程中，实现信息的传递以及情感的联络。一方面，沟通要选择目标客户经常接触的媒介管道；另一方面，由于社会信息爆炸，消费者每天所接触的信息来源非常广泛，因而单向的信息传递会由于消费者的信息接收过滤而导致传播效率低下。而沟通所强调的客户参与，则使顾客在互动的过程中对于信息充分接收并产生记忆。当前的体验营销就是客户在体验的过程中，了解产品与自身需求的契合，发现产品的价值所在，并在无形中领悟品牌文化，在潜移默化中达致心理的感动。而在体验的过程中，顾客的心声被企业所洞悉，又成为下一次创新的方向。

可口可乐随处皆可买到，房地产的售楼专车，驾校提供上门接送服务，快餐店送餐上门……这些都是在通路设计上实现产品到达的便利性。顾客便利的目标是通过缩短顾客与产品的物理距离和心理距离，提升产品被选择的概率。

(一)网络营销策略

网络营销策略是企业根据自身所在市场中所处地位的不同而采取的一些网络营销组合。以网络为基础的营销活动，首先地域和范围的概念消失了，其次是宣传和销售的渠道统一到了网上，最后削减了商业成本之后，产品的价格大幅度降低，而且营销策略的范围也在无限扩张。网络营销策略已从传统的 4PS 营销组合逐步转向 4CS 相结合的整合营销组合。4CS 是指顾客的需求及欲望(Consumer's need and wants)、顾客获取满意满足的成本(Cost to satisfy wants and needs)、顾客购买的方便性(Convenience to buy)与顾客的沟通(Communication)。

1. 顾客导向策略

基于网络时代的目标市场、顾客形态、产品种类与以前有很大的差异，目前企业市场营销策略已由企业主导的产品与服务策略转向顾客导向策略。

1) 了解顾客

通常从网络顾客的年龄、职业、受教育程度、消费能力、上网目的、上网习惯等方面入手来调查分析和确定网络顾客的一般构成。再根据网络顾客都比较注重自我而富有个性；

喜欢新鲜而又有头脑冷静理性；珍惜时间且缺乏耐性；追求购物的方便与乐趣；或者都不愿直面售货员的基本特征，可将网络顾客分为不同类型，即新闻浏览者、购买者、免费寻觅者、追求娱乐者、学习工作者、联络者。

2) 向网络顾客提供服务

利用互联网可以帮助企业建立有效的客户关系管理(CRM)，为顾客提供即时互动的"一对一"服务，以期培育稳定的客户资源，巩固市场份额。企业通常采用 FAQ 页面、E-MAIL、表格式页面和建立网络虚拟社区等网络技术和手段，向网络顾客提供产品和服务介绍、会员注册、优惠及服务、在线调查、在线投诉、在线支持与培训、在线交易、网络安全、顾客论坛等多元化、全天候的服务，以实现争取顾客、留住顾客、扩大顾客群、建立亲密顾客关系、分析顾客需求、创造顾客需求等营销目标。

在此基础上，企业可以建立完善的顾客信息资源系统，通过及时更新和维护，实时掌握顾客的需求信息和建议，并据此组织研发新产品，整合产销供，生产令顾客满足的产品，并提供全程无缝的"一对一"的周到服务。

2. 成本策略

从顾客的角度来看，价格本质上是一种成本。从价格策略向成本策略的转换，说明企业确实开始站在顾客的立场，不是如何运用价格策略获取高利润，而是如何节约顾客的成本，使顾客以最小的代价获得最大的利益。顾客获得满足的成本是网络营销成败的关键。如图 4-10 所示。

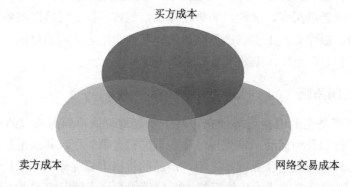

图 4-10　成本策略分布

1) 卖方成本

对于选择网络经营的企业，要利用网络对企业各生产经营环节进行整合，降低企业运营成本，从而全面提升企业的整体竞争力。网络交易的卖方成本主要包括生产成本/网络化建设成本/网络推广成本/网络营销成本/顾客服务成本及配送成本。如图 4-11 所示。

2) 买方成本

对于选择网络经营的企业，只降低自己的成本是不够的，还要考虑顾客的网络交易成本。如果顾客认为网络交易成本太贵，就会作出其他选择，网络交易的买方成本包括浏览成本/顾客付出的时间和精力/顾客承担的风险。如图 4-12 所示。

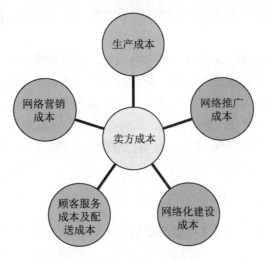

图 4-11 卖方成本构成要素

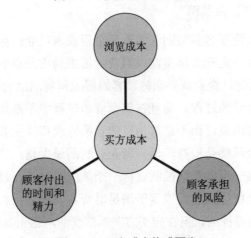

图 4-12 买方成本构成要素

3) 网络交易的成本优势

网络交易和传统交易相比,在交易的获取信息/磋商谈判/展示产品/支付结算/物流配送等业务环节都有成本优势,通俗来说,能够降低采购成本,减少库存费用,节约宣传费用,降低顾客服务成本,减少市场调查费用。

3. 便利策略

网络贸易对企业的现有渠道结构形成了巨大挑战,因为互联网能够直接把生产者和顾客结合在一起,将商品直接展示在顾客面前,回答顾客疑问,接受顾客订单,这种互动与超越时空的电子购物,无疑是营销渠道上的"革命",极大地提高了顾客购买的方便性。

便利策略是指企业在制定营销策略时,要更多地考虑顾客的方便,而不是企业自己方便,要通过好的售前、售中、售后服务让顾客在购物的同时,也享受到便利。

4. 沟通策略

沟通策略是指企业通过与顾客进行积极有效的双向沟通,建立基于共同利益的新型"企业/顾客关系",这不再是企业单向地促销和劝导顾客,而是在双向沟通中同时实现各自的目标。

如果说传统的营销沟通模式是以"推"为主的大众沟通模式,那么网络沟通模式则兼具大众沟通模式和个体沟通模式的特点。前者的信息传递是单向的、不全面的,而且受时间和空间的限制,企业作为信息发送者是主动方,顾客作为受众是被动方;后者是两个或者更多的人相互之间直接进行沟通的形式,具有传受双方交流/针对性强/直接反应的特点。网络的应用,形成"推""拉"双方实时互动的沟通模式,为实现"一对一"地为顾客提供个性化的产品和服务奠定了基础。

(二)网络营销基础

在网络特点和现代消费者需求特征演变规律的综合作用下,我们认为网络营销的理论基础有以下三个。

1. 网络营销是一种"整合营销"

网络即时互动的特点使顾客参与到营销管理全程成为可能;而个性消费的复归使其主动性极大地增强。这就迫使企业必须贯彻以消费者需求为出发点的现代营销思想,将顾客整合到营销过程中来。为此,企业就必须将顾客的需求和利润最大化放到同等重要的位置。从顾客需求出发开始整个营销过程,而且在整个营销过程中不断地与顾客进行交互,每一个营销决策都要从消费者出发,而不是像传统的营销管理那样主要从企业的角度出发。传统营销管理的经济学理论基础是厂商理论,即企业利润最大化,实际的决策过程是市场调研→营销战略→营销策略→反向营销控制这样一个单向的链条,没有把顾客整合到整个营销决策过程中,其实质是将厂商利润凌驾于满足消费者需求之上,这种理论在大规模工业化大生产的卖方市场上是可行的,但在向买方垄断演变的网络上却注定要以失败而告终。

以舒尔兹教授为首的一批营销学者从顾客需求的角度出发研究市场营销理论,提出所谓的 4C 组合:Customer(顾客的需求和期望);Cost(顾客的费用);Convenience(顾客购买的方便性);Communication(顾客与企业的沟通)。

菲利浦·科特勒归纳说:"4P 反映的是销售者关于能影响购买者的营销工具的观点;从购买者的观点来看,每一种营销工具都是为了传递顾客利益。"他还认为 4P 与 4C 有着一一对应的关系(即 Product-Customer,Price-Cost,Place-convenience,Promotion-Communication),那么,按科特勒的观点,4P 应向顾客提供的价值就是相应的 4C。

根据这种经典论述,我们认为网络营销的整合模式是通过企业和顾客的不断交互,清楚地了解每个顾客个性化的 4C 需求后,从这个前提出发,作出相应的使企业利润最大化的 4P 策略决策。我们认为不宜孤立地看待 4C 和 4P(孤立地看至多是一种营销的组合策略,而不是整合策略),不是 4C 代替 4P,而是 4C 前提下的 4P 决策,企业最终的操作还是 4P,只是在整合营销模式下的 4P 已经包含了 4C 的信息。只有如此,网络营销才能实现满足消费者个性化需求和利润最大化两个目标。而且由于消费者个性化需求的良好满足,及对企业的产品、服务形成良好的印象,那么在第二次需求该类产品时,就会对公司的产品产生偏好，优先选择原来的产品。随着第二轮的交互，产品和服务可以更好地满足其需求，如此重复。一方面，顾客的个性化需求不断地得到越来越多的满足，建立起对公司产品的忠诚意识；另一方面，由于这种满足是针对差异性很强的个性化需求，这就使其他企业的进入壁垒变得很高，即其他生产者即使生产类似的产品也不能同样程度地满足消费者的个性化消费需求。这样，企业和顾客之间的关系就会变得非常紧密，甚至牢不可破，从而形成所谓的"一对一"营销关系。

由此我们可以看到，个性消费的复归促使顾客必须和企业对话，使其了解自己的个性需求，而企业必须把顾客整合到传统营销的过程中才能实现企业目标。这样，个性化复归的直接结果就是需要整合营销模式；而网络的即时交互为实现这种模式提供了物质基础。所以，在这两者的作用下使整合营销成为网络营销的第一个理论基础。

2. 网络营销是一种"软营销"

这是因为，首先网络发展之初是杜绝商业行为的，网上居民对网上赤裸裸的商业行为有一种与生俱来的反感心理。其次，在网上提供信息必须遵循一定的规则，不允许类似传统营销的强势广告。这就要遵循"网络礼仪"(Eliquelle)，网络礼仪有其自身的系统，但最重要的基本原则是不请自到的信息不受欢迎(Unsolicited information is unwelcome)。"软营销"的特征主要体现在遵守网络礼仪的同时，通过对网络礼仪的巧妙运用以获得一种微妙的营销效果。软营销和强势营销的根本区别就在于软营销的主动方是消费者，而强势营销的主动方是企业。个性化消费需求的回归使消费者在心理上要求自己成为主动方，而网络的互动特性又使其实现主动方地位成为可能。他们虽不欢迎不请自到的广告，但他们会在某种个性化需求的驱动之下自己到网上寻找相关信息和广告。此时的情形是企业在那儿静静地等待消费者的寻觅，一旦消费者找到你了，你就应该使出浑身解数把他留住，设法取得他的忠诚。

3. 仅从销售的角度来看，网络营销是一种"直复营销"

我们都知道，直复营销中的"直"(其实是"直接"，Direct 的缩写)是指直接通过媒体连接企业和消费者，利用网络进行销售，顾客可以通过网络直接向企业订单付款；直复营销中的"复"(其实是"回复"，Response 的缩写)是指企业与顾客之间的交互，顾客对这种营销努力有一个明确的回复(是买还是不买)，企业可以统计到这种明确回复的数据，由此对以往的营销努力作出评价。网络上销售最大的特点是企业和顾客的交互，不仅可以订单为测试基础，还可获得顾客的其他数据甚至建议，所以，我们认为，仅从网上销售来看，网络营销是一类典型的直复营销。

网络营销的这个理论基础的关键作用是说明网络营销是可测试、可度量和可评价的。有了及时的营销效果评价，就可以及时改进以往的营销策略，以获得更满意的结果。所以，在网络营销中，营销测试是应着重强调的一个核心内容。

四、网络市场调查

(一)网络市场调查的原则

利用互联网进行市场调查是一种非常有效的方式,如许多企业在网站上设置在线调查表,用以收集用户反馈的信息。在线调查常用于产品调查、消费者行为调查、顾客意见、品牌形象调查等方面,是获得第一手调研资料的有效工具。但是如何提高在线调研结果的质量是开展网上市场调查过程的关键,因此,应遵循以下几方面原则。

1) 认真设计在线调查表

在线调查表应该主题明确、简洁明了,所提问题便于被调查者正确理解和回答,且便于调查结果的处理,这是所有问卷设计的基本原则。

2) 吸引尽可能多的人参与调查

参与者的数量对调查结果的可信度至关重要,问卷设计内容中应体现出"你的意见对我们很重要",让被调查者觉得,填写好调查表就好像帮助自己或所关心的人,这样往往有助于提高问卷回收率。当然,也离不开有力的宣传推广,网上调查与适当的鼓励措施相结合有明显的作用,必要时还应该和访问量大的网站合作以增加参与者数量。

3) 尽量减少无效问卷

提醒被调查者对遗漏的项目或者明显超出正常范围的内容进行完善。

4) 公布保护个人信息声明

无论哪个国家的人,对个人信息都有不同程度的自我保护意识,让用户了解调研目的并确信个人信息不会被公开或者用于其他任务场合。

5) 避免滥用市场调查功能

市场调查信息也会向用户透露出企业的某些动态,使市场调查具备了一定的营销功能,但应该将市场调查与营销严格区别开来,如果以市场调查为名义收集用户个人信息,开展所谓的数据库营销或者个性化营销,不仅将严重损害企业在消费者中的声誉,同时也将损害合法的市场调查。

6) 尽量消除样本分布不均衡的影响

样本分布不均衡表现在用户的年龄、职业、受教育程度、用户地理分布以及不同网站的特定用户群体等方面,因此,在进行市场调研时要对网站用户结构有一定的了解,尤其在样本数量不是很大的前提下。

7) 奖项设置合理

为了激发参与者的积极性,问卷调查机构一般会制定一定的奖励措施,这样一来,同一个用户多次填写调查表的现象时有发生,及使在技术上给予一定的限制也很难杜绝,合理设置奖项有助于减少不真实的问卷。

8) 多种网上调研手段相结合

在网上设置在线调查问卷是最基本的调查方式,但不仅限于这种方式,常用的网上调查手段除了在线调查表之外,还有电子邮件调查、对访问者的随机抽样调查、固定样本调查等。根据调查目的和预算采用多种调查手段相结合的方法，能够以最小的投入取得尽可能多的有价值的信息。

(二)网络调查的特点

网上市场调查的实施可以充分利用 Internet 作为信息沟通渠道的开放性、自由性、平等性、广泛性和直接性的特性，使网上市场调查具有传统的市场调查手段和方法所不具备的一些独特的特点和优势。

1. 及时性

网上调查是开放性的，任何网民都可以进行投票和查看结果，而且在投票信息经过统计分析软件初步自动处理后，可以马上查看到阶段性的调查结果。

2. 低费用

实施网上调查可以节省传统调查中耗费的大量人力和物力。

3. 交互性

网络的最大的优势是其交互性，因此在网上调查时，被调查对象可以及时就问卷相关问题提出自己的更多看法和建议，可减少因问卷设计不合理导致调查结论产生偏差。

4. 客观性

实施网上调查，被调查者是在完全自愿的原则下参与调查，调查的针对性更强，因此问卷填写信息可靠、调查结论客观。

5. 突破时空性

网上市场调查是 24 小时全天候的调查，这就与受区域制约和时间制约的传统调研方式有很大的不同。

6. 可控制性

利用 Internet 进行网上调查收集信息，可以有效地对采集信息的质量实施系统的检验和控制。

(三)网络市场调查方案

1. 项目背景

委托方是在什么背景下要求实施该项目。开展本项市场调研有何意义？

衣食住行是人的基本需求，大学生思想活跃，充满活力，但大学城位于离城区较远的一个偏僻小岛上，交通不便。即便是大学城内各高校之间的交往，也需合适的交通工具，但就目前的公交和自行车难以满足这些需求，预计电动车在大学城有较大的市场空间。如图 4-13 所示。

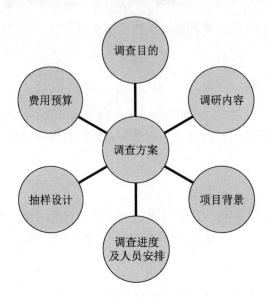

图 4-13 网络市场调查方案

2. 调查目的

突出重点，突出委托方需重点解决的问题。措辞鲜明，不含糊。例如，通过本调研可以获得的预期结果或结论是什么？

确定电动车在大学城的市场潜力，对电动车在大学城销售进行价格定位和产品定位，并研究其促销策略、选址及渠道策略。

3. 抽样设计

抽样设计的三大要素如图 4-14 所示。

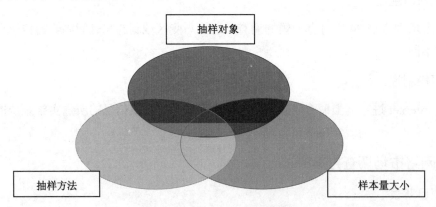

图 4-14 抽样设计的构成要素

本调查的研究总体是在大学城就读的大学生，根据可能购买电动车的大学生的特征分析，抽样应考虑他们所在大学、性别及专业性质。

1) 抽样对象
- 确定研究的总体。
- 分析研究总体的特征。

- 形成抽样框。

2) 抽样方法

(1) 简单随机抽样。

- 按完全随机原则,从总体中不作任何分类,直接抽取样本。
- 特点:每个样本被抽中的概率相等。
- 当总体规模很大时,使用此法难度较大。

(2) 分层抽样。

- 将总体分成若干层(Stratum),分别从各层中按随机原则抽取必要数目样本。
- 关键:分层的标准要科学。
- 当总体内类别较复杂时,此法尤为适用。

(3) 整群抽样。

- 将总体分成若干子群(Cluster),以子群为单位抽取必要数目子群。
- 特点:一个子群内部各样本的同质度较高。

3) 样本量大小

参考前人同类研究的样本量。

- 可参考美国民意调查样本量 1200,一般取 800~1500 比较适宜(简单随机抽样)。
- 可通过统计方法来计算样本量。
- 应尽量保证总体的各明细类群样本数达 30 人以上。
- 样本量的确定还受成本、人力财力、时间、研究要求、总体的异质程度等因素的影响使样本具有较高的代表性。

4. 调研内容

- 应考虑自变量与因变量两个系列的内容。
- 调研内容应与调研目的、指标体系相对应。
- 内容的设计往往是为验证研究假设。
- 研究大学城学生打算购买电动车的购买量,研究电动车的产品、价格、促销、渠道、选址如何定位,才能激发购买欲,研究大学城电动车购买者的特征。

5. 调研进度及人员安排如图 4-15 所示

- 第一周(2.23~3.1):项目主题确定
- 第二周(3.2~3.9):调研方案的设计
- 第三周(3.10~3.16):问卷设计
- 第四周(3.17~3.23):预调研及问卷确定
- 第五周(3.24~3.30):访问员培训、现场调查
- 第六周(3.31~4.6):现场调查

图 4-15 调研进度表

6. 费用预算如图 4-16 所示

- 现场调查，入户访问：80元/样本 ×200样本=12000
- 座谈会，8000元/场
- 问卷设计及印刷：8000元/套
- 数据清理、录入、统计分析报告：5000元
- 研究报告：15000元
- 其他：2000元

合计，约**5**万元整

图 4-16　费用预算表

(四)问卷制作

设计问卷需注意的问题如下所述。

1) 问卷由三部分构成，即引语、正文、结尾

卷首应包含内容。

[例子]

××同学：

您好！我是××学校营销调研课题组的访问员，我们正在进行一项有关动漫产品方面的调查研究。想请教您一些关于这方面的问题，对您进行一次简短的访问，好吗？如图 4-17 所示。

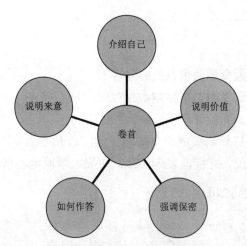

图 4-17　卷首包含的内容

2) 问卷一道问题由两部分组成：问题和选项

设计问题应注意以下几点。

一个问题中不能包含两个概念或事件。

避免引导性(leading)和隐喻性(loaded)问题。

要顾虑受访者的面子或隐私。

避免使用含混不清的字词，如经常、通常、时常……

尽量使用简单句。

问题尽量简短，如表4-3所示。

表4-3 问题和选项

- **Q1**：您今年几岁？
  □20~30岁　□30~40岁　□40~50岁　□50~60岁
- **Q2**：请问您多久逛一次百货公司？
  □不曾　　□偶尔　　□不常去　　□常常去
- **Q3**：请问您打算在今年买车吗？
  A)一定会买　　B)可能会买　　C)不会买
- **Q4**：您对这次旅行感到满意吗？
  □很满意　□比较满意　□一般　□比较不满意　□很不满意

(1) 问卷的选项。

所列举的选项要完整，不能交叉、重复。

避免含混不清的措辞。

确定选项时要有利于量化统计与分析。如表4-4所示。

表4-4 问卷选项

Q4：您对这次旅行感到满意吗？
□很满意　□比较满意　□一般　□比较不满意　□很不满意

问题的排列。

最佳的问题顺序为一般问题在前，特定问题在后；简单问题在前，复杂问题在后；敏感性问题、开放式问题在后。

按时间顺序排列。

问题顺序要有逻辑性，以消除受访者的困惑。

问题分隔要清楚。

主题转接要流畅。如表4-5所示。

跳问，也称相倚问题(contingency questions)，是只适用一部分调查对象的问题。某个调查对象是否要回答这个问题，常依据其对前面某一问题(称为过滤问题)的回答结果而定。如表4-6所示。

(2) 甄别问题。

通过甄别问题，找到访问的目标对象，筛选掉不符合条件的对象。如表4-7所示。

防伪题。如表4-8所示。

表 4-5　问题排列

- 封闭式问题(closed-ended question)

Q1：您对这次旅行感到满意吗？
☐很满意　☐比较满意　☐一般　☐比较不满意　☐很不满意
（包括单选题和多选题）

- 半封闭式问题(Half-closed-ended question)

Q2：您通常使用的洗发水品牌有:(可多选，最多三个)
☐飘柔　☐潘婷　☐奥妮　☐海飞丝
☐力士　☐花王　☐沙宣　☐其他＿＿＿＿

- 开放式问题(open-ended question)

Q3：您对××专业双语教学改革的建议是：

表 4-6　跳问

➢ Q1：最近一个月内，您去电影院看过电影吗？
　A）是　　B）否　　(若否，跳至问题 4)
➢ Q2：若是，请问在最近三个月内平均每个月您去电影院看过几次电影。　次数：＿＿＿＿
➢ Q3：请回想一下，最近三个月您都看过哪些电影？
　＿＿＿＿＿＿＿＿＿＿＿＿＿＿＿＿＿
➢ Q4：……

表 4-7　甄别问题

➢ **S1**：请问您在本市居住/工作了多长时间？
　A) 不到 1 年……….终止访问
　B) 1 年以上……….继续访问
➢ **S2**：请问您的年龄是：
　A) 20 岁以下…………终止访问
　B) 20～29……………继续访问
　C) 30～39……………继续访问
　D) 40～49……………继续访问
　E) 50～59……………继续访问
　F) 60 岁以上…………终止访问
➢ **S3**：请问您在最近半年内是否购买或服用过任何具有清热、解毒、消炎功效的中成药。
　A) 没有………………终止访问
　B) 有…………………继续访问

表 4-8　防伪题

- A9：您对本专业实行双语教学改革是否赞成？
    A) 赞成　　　B) 不赞成
- C12：您认为是否应该取消双语教学？
    A) 应该　　　B) 不应该

问卷的结束。
- 表示感谢。
- 补填受访者的个人信息，明确该卷属何类别分组。
- 审阅问卷。
    - 有无漏答。
    - 防伪题。

(五)网络市场调研

1. 数据分析

数据分析有以下三种分析法。

1) 回归分析法

在回归分析的过程中，当研究的因果关系只涉及因变量和一个自变量时，叫作一元回归分析；当研究的因果关系涉及因变量和两个或两个以上自变量时，叫作多元回归分析。此外，回归分析中，又依据描述自变量与因变量之间因果关系的函数表达式是线性的还是非线性的，分为线性回归分析和非线性回归分析。回归分析法预测是利用回归分析方法，根据一个或一组自变量的变动情况预测与其有相关关系的某随机变量的未来值。进行回归分析需要建立描述变量间相关关系的回归方程。根据自变量的个数，可以是一元回归，也可以是多元回归。根据所研究问题的性质，可以是线性回归，也可以是非线性回归。非线性回归方程一般可以通过数学方法对线性回归方程进行处理。

2) 相关分析法

相关分析(correlation analysis)是研究现象之间是否存在某种依存关系，并对具体有依存关系的现象探讨其相关方向以及相关程度，是研究随机变量之间的相关关系的一种统计方法。

应用相关分析法与回归分析法要注意两个问题：①在资料方面，相关分析要求两个变量都必须是随机的；而回归分析则要求因变量必须是随机的，自变量则不能是随机的，而是规定的值，这与在回归方程中用给定的自变量值估计平均的因变量值是一致的。②防止虚假相关和虚假回归。在对两个时间数列进行相关分析和回归分析时，常因各期指标值受时间因素的强烈影响而损伤了所需要的随机性；也有时两个时间数列表面上似有同升同降的变动，实际上并无本质联系。对这类资料求出的高度相关系数或回归联系，往往是一种假象。为此，在用相关分析法研究复杂的社会经济现象时，需要有科学的理论指导和正确的判断。

3) 时间序列分析法

时间序列是按时间前后顺序排列而形成的一组数字序列。时间序列分析就是利用这组数列，应用数理统计方法加以处理，以预测未来事物的发展。时间序列分析是定量预测方法之一，其基本原理体现在两方面：一是承认事物发展的延续性。应用过去数据，就能推测事物的发展趋势。二是应考虑到事物发展的随机性。任何事物发展都可能受偶然因素影响，为此要利用统计分析中加权平均法对历史数据进行处理。该方法简单易行，便于掌握，但准确性差，一般只适用于短期预测。时间序列预测一般反映三种实际变化规律，即趋势变化、周期性变化和随机性变化。

2. 常用分析图表

常用分析图表有以下三种。

1) 圆饼图

以圆的整体面积代表被研究现象的总体，按各构成部分占比重的大小，把圆面积分割成若干扇形来表示部分与总体的比例关系。如图 4-18 所示。

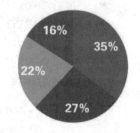

图 4-18　圆饼图分析法

2) 曲线图

曲线图是利用线段的升降说明现象的变动情况，主要用于表现现象在时间上的变化趋势、现象的分配情况和两个现象之间的依存关系。曲线图可以分为简单曲线图和复合曲线图。简单曲线图用于描述一段时间内单个变量的历史状况及发展趋势，复合曲线图用于描述两个或两个以上变量一段时间内单个变量的历史状况及发展趋势。

3) 柱形图

柱形图利用相同宽度的条形的长短或高低来表现数据的大小与变动。柱形图可以清楚地表现各种不同数值资料相互对比的结果，其可以分为简单柱形图和复合柱形图。简单柱形图适用于说明一段时间内一个变量的变化情况，复合柱形图适合于说明两个或两个以上变量的对比关系。如图 4-19 所示。

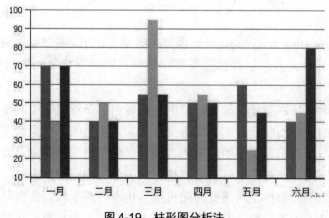

图 4-19　柱形图分析法

(六)撰写网络调查报告

一份完整的市场调查报告应包含题目、目录、概要、正文、结论、建议和附件等几个部分。

1. 题目

一份市场调查报告必须有一个题目,标题一般有名称标题、叙述标题、立意标题、感叹标题、对比标题等类型,选用哪一种,一般根据报告的内容和表达的需要确定,从形式上看,题目可分为两类,即单行标题和双行标题。实际上,市场调研报告题目的确定比较灵活多样,通常从调查对象/时限/范围/方法/结论等诸多要素中提出几个要素组合命题,如"中国青少年上网行为分析调查报告",或由其中一个要素单独命题,但调研对象这一要素是必不可少的,它是标题的核心。

2. 目录

目录要写明报告各部分内容的名称,包括题目,大标题/小标题/附件及各部分内容所在的页码,通过目录,可以看到报告的各组成部分,使读者对报告的整体框架有一个整体的了解。

3. 概要

概要部分主要是简明扼要地写出调查时间/地点/对象/范围/目的,说明调查的宗旨和采用的调查方法,还可以介绍全文的主要内容和取得的主要成果,交代调查背景或主要结论。

4. 正文

正文是市场调查报告的核心部分,这部分内容应通过获取的资料和数据反映市场情况,预测出今后市场的发展趋势,正文一般包含以下几个部分。

1) 现状部分

现状是指成为事实的客观情况,这部分内容利用资料和数据,通过横向和纵向相比较,对调研对象的历史和现状进行简要地回顾和说明。撰写时应根据预测对象和预测目的的需要,抓住主要矛盾,突出事物特点,精心筛选典型资料和数据,并加以系统、简明地陈述。在写法上应富于变化,一般情况下应采用叙述的方法。具体情况也可用数字/图表/图像加以说明。对于重要的资料要详细说明,用具体的数据和事实,进行分析、比较、综合、归纳,力求客观地展示事物本质和规律,为下一步具体分析和计算提供依据。

2) 预测部分

这部分的任务是通过对现状部分资料数据的具体分析和计算,预测出经济活动发展的趋势和规律,这部分内容是报告的重点所在,要反映出预测的过程和结果,即通过对情况和数据的综合研究和计算,进行定性和定量分析,运用各种预测手段排除不确定性因素,作出客观的推论,语言发展前景,测出未来趋势,分析要做到具体、科学、有说服力,判断要客观、准确、有逻辑性。具体写法由于预测对象和方法的不同而有所不同,但一般多数采用并列式,即从不同角度、不同侧面作出趋势分析。

5. 结论

这部分内容主要依据正文的情况介绍和预测分析，得出调查结果。

6. 建议

建议也是根据前面分析和计算的结果，提出符合实际的建议和设想，供决策者参考。这部分内容是市场调查报告的最终目的和落脚点。所以，要尽量提出如何扬长避短/充分发挥优势的建议，促成矛盾转化，向预期的目标进发。建议要做到针对性强、突破性大、发人深思，而且具体、可行、力求周密。

7. 附件

在市场调查报告成文的过程中，可能涉及一些较为重要的原始资料和为了得到调查资料而设计的调查问卷，以及国家有关的政策法规，预测方法的介绍等，为了不破坏报告的整体性，应将这些材料附在报告后，作为市场调查报告依据可靠、结论正确、建议可行的佐证。这部分内容也是一份完整的市场调查报告所必不可少的。

扩展阅读

小米在米聊论坛建成了一个"荣誉开发组"，从几万人的论坛中抽一批活跃度相当高的用户，大概200～300人，他们会和小米内部同步拿到软件更新的版本。最后，内部和外部的人一起同步测试，发现问题随时修改。这样一来，小米就很好地把复杂的测试问题很好地解决了。同时，通过MIUI论坛、微博、论坛等进行营销，对发烧友级别的用户单点突破，成功实现口碑营销，避免了电视广告、路牌广告等"烧钱"式营销。小米的微信账号拥有众多粉丝，属于企业微信账号中的超级大号。小米自己开发了微信操作后台，通过微信联系的米粉极大地提升了对小米的品牌忠诚度。"我们是把微信服务当成一个产品来运营。"小米分管营销的副总裁黎万强表示。小米手机每周会有一次开放购买活动，每次活动的时候就会在官网上放微信的推广链接以及微信二维码。据了解，通过官网发展粉丝效果非常之好，最多的时候一天可以发展3万～4万个粉丝。

(资料来源：http://www.tui18.com/a/201308/0640793.shtml 整理)

同步测试

一、单项选择题

(1) 4P 是指( )。
   A. 价格 渠道 促销 地理位置　　B. 价格 促销 渠道 产品
   C. 整合 促销 渠道 地理位置　　D. 供销 价格 促销 渠道

(2) 4C 是指沟通，便利( )和顾客。
   A. 价格　　　　B. 成本　　　　C. 产品　　　　D. 整合
(3) 广义的网络营销是指( )。
   A. 企业利用一切计算机网络进行营销活动
   B. 指互联网营销。就是指组织或个人基于开发便捷的互联网络，对产品、服务所做的一系列经营活动，从而达到满足组织或个人需求的全过程
   C. 把市场营销搬上网络进行的营销活动
   D. 市场营销的另一种说法
(4) 截至 2020 年 12 月，我国网民规模达( )亿。
   A. 3.8　　　　B. 9.89　　　　C. 5.57　　　　D. 13
(5) 在互联网上则可通过流量统计系统精确地统计出每则广告被多少个用户看过，以及这些用户查阅的时间分布和地域分布，借助分析工具可准确计量广告行为收益，帮助广告主正确评估广告效果，审定营销策略，这属于网络营销( )的特点。
   A. 媒介的多维性　　　　　　　　B. 市场的全球性
   C. 效果的可监测性　　　　　　　D. 投放的针对性

二、多项选择题

(1) 常用的分析图表有( )。
   A. 圆饼图　　　　B. 柱形图　　　　C. 缺陷图　　　　D. 拓扑图
(2) 常用的数据分析方法有( )。
   A. 时间序列分析　　　　　　　　B. 回归分析法
   C. 相关分析法　　　　　　　　　D. 数据分析
(3) 在网络营销中，产品的整合概念可分为( )，有形产品层次，( )、( )和潜在产品层次 5 个层次。
   A. 顾客期待商品　　　　　　　　B. 形式商品
   C. 附加商品　　　　　　　　　　D. 外形商品
(4) 网络营销中的成本包括( )。
   A. 买方成本　　　　　　　　　　B. 卖方成本
   C. 中介交易成本　　　　　　　　D. 商品生产成本
(5) 网络营销的特点是( )。
   A. 传播的超时空性　　　　　　　B. 交互的便捷性
   C. 媒介的单一性　　　　　　　　D. 市场的全球性

三、简答题

(1) 试述 4P 和 4C 的异同
(2) 网络营销理论包括哪些内容？
(3) 试述调查报告应包含的部分。
(4) 什么是回归分析法？
(5) 简述网络调查的特点。

四、案例分析题

可乐歌词瓶

可口可乐推出"歌词瓶"。从周杰伦到五月天,歌词瓶上的歌词大多出自人们耳熟能详的歌曲。此外,消费者扫描瓶上的二维码,便可观看小段音乐动画,并在社交平台上分享。让年轻人通过瓶上的歌词或音乐来表达自己的心情。

经过"昵称瓶"后,可口可乐对"歌词瓶"的推广更显轻车熟路。先是在类似于潘石屹、任志强等 KOL 的微博进行定制化产品投放,利用其名人效应让更多消费者熟知。而后,在自身的微博上发布与歌词相关的内容,与产品相配合。于是,未出多久,我们便看到不少朋友在自身的社交平台上也晒起了有意思的歌词瓶。

(资料来源:百度文库)

问题:试点评可口可乐作为世界上最有生命力的一大快消品,如何获得年轻人的喜爱,并进行自主传播?

项 目 实 训

实训项目:网络市场调研知识认识

随着计算机的普及和上网人数的不断增加,人们对于网上购物的热情也一再膨胀。当代大学生作为网络最敏感的人群,对网上购物更容易接受,并且网上购物已经在大学生中建立起了稳定的市场。为了更加清楚地了解大学生网上购物的现状,我们展开了这次有关大学生网上购物情况的调查研究,并且以学院为主体进行了调查、分析。

【实训目的】

了解调查问卷制作方法,能掌握网络调查的发布方法,能做好数据统计分析,形成完整的调查报告。

【实训内容】

(1) 有多少大学生热衷于或者正在进行网上购物行为,在未来,网上购物在大学生中的潜力如何?

(2) 大学生网上购物的原因是什么?

(3) 大学生对网上购物的态度和看法。

(4) 大学生网上购物经常会在哪些网站购买？

(5) 大学生网上购物时，觉得还有哪些不足之处？

【实训要求】

训练项目	训练要求	备 注
问卷制作	1. 问卷制作题目≥20 题 2. 问卷制作应包含 5 种题型 3. 题目提问应当简明扼要 4. 题目答案应当具体明确	
问卷发布	1. 选择一个免费的问卷发布平台 2. 问卷调查样本应达到 200 份 3. 做好数据统计及数据分析 4. 形成调查报告	

第五章　电子商务物流

【学习目的与要求】

- 掌握电子商务与物流之间的关系
- 了解电子商务物流发展过程存在的问题
- 掌握电子商务物流运营的解决方案

【引导案例】

苏宁易购是建立在苏宁电器强大后台基础上的电子商务平台，作为实体零售的辅助，苏宁易购旨在利用苏宁的既有优势，通过自主采购、独立运营，将虚拟经济和实体销售模式相结合，配合苏宁电器集团打造虚实结合的新型家电连锁模式。苏宁易购借助于强大的物流体系、售后服务及信息化支持，使苏宁易购成为国内 B2C 平台之一。

在苏宁易购购买的产品，由苏宁自己的物流统一配送。物流是苏宁电器的核心竞争力之一，目前已有 80 多个物流配送中心。苏宁电器建立了区域配送中心、城市配送中心、转配点三级物流网络，依托 WMS、TMS 等先进信息系统，实现了长途配送、短途调拨与零售配送到户一体化运作，平均配送半径 80~300km，日最大配送能力 17 万台套，实现 24 小时送货到户。

目前，苏宁雨花物流基地拥有立体存储、语音拣选、电子标签拣选、自动包装等技术，可以满足 300 万件货品的存储需求，每小时处理 5000 个订单，可满足 350 家门店调拨，实现方圆 200km 的 24 小时送货。

根据苏宁易购发布的未来物流十年规划，到 2020 年，苏宁易购的自动化中心仓将达到 18~20 家，配送点 3000 家，日处理订单最高达 1500 万件，届时，苏宁易购产品半日达配送范围将扩大到 2000 左右县级以上城市，毛细物流渗透到全国所有城市和 90%以上乡镇市场，逐步推行 2 小时配送服务标准。

(资料来源：http://www.docin.com/p-465316240.html)

思考：

1. 苏宁易购物流优势体现在哪些方面？
2. 苏宁易购物流配送是什么模式？
3. 苏宁易购的物流模式如何？

【知识要点】

一、电子商务物流概述

(一)电子商务

电子商务作为一种新的数字化商务方式，代表着未来的贸易、消费和服务方式。因此，要完善整体商务环境，就需要打破原有工业的传统体系，发展建立以商品代理和配送为主要特征，物流、商流、信息流有机结合的社会化物流配送体系。电子商务物流的概念是伴随电子商务技术和社会需求的发展而出现的，是电子商务真正的经济价值实现不可或缺的重要组成部分。

联合国欧洲委员会 1997 年将电子商务(Electronic Commerce，EC)定义为"以电子方式进行的商务交易"。电子商务包含两部分内容：一是电子金融，如网上银行、网上保险、网上证券和个人理财产品等；二是电子交易，即我们熟悉的 B2B(企业与企业之间)、B2C(商业零售)、C2C(消费者对消费者)、B2G(电子政务)、O2O(线上到线下)等。

【同步阅读】

安居客移动战略

安居客于 2007 年正式创立，以"人人信赖的生活服务平台"为企业宗旨。2011 年 4 月，安居客集团第一款无线产品"安居客二手房"面世，上线 18 个月即在二手房找房 APP 市场占据了 87%的市场份额。截至目前，安居客二手房 APP 的使用用户已突破 500 万规模。"安居客二手房"至今已更新逾 20 个版本，其以友好的操作界面、覆盖 95%的二手房源、多种简易搜索方式、一键拨通经纪人、贴心房贷计算器等特色功能深受用户喜爱。同年 10 月，安居客集团旗下专业租房 APP"好租租房"、专业新房 APP"爱房"(现已更新为"安居客租房""安居客新房")相继问世，访问用户及下载量逐日攀升，为不同领域的找房用户提供最佳移动找房服务。

2012 年 3 月，"安居客二手房"荣获 APP STORE 生活类专业房产软件排名第一的佳绩，正在实践安居客集团大踏步转型移动互联网公司的战略目标。

2019 年 9 月 25 日，安居客将推出一键装修以及"安选"装修等服务。帮助购房者预先展示房屋装修，还可根据不同风格选择、风格套装设计，让用户在线上获得极致真实、如实地看房般的选房体验。

(资料来源：https://baike.baidu.com/item/%E5%AE%89%E5%B1%85%E5%AE%A2/221304?fr=aladdin 整理)

(二)物流

什么是物流？不同的历史时期不同的经济发展阶段各有诠释，这恰恰突出了物流在不断进化和不断完善的特征。

中华人民共和国国家标准《物流术语》(GB/T18354—2006)对物流(logistics)的定义是：

"物品从供应地向接收地的实体流动过程。根据实际需要,将运输、储存、装卸、搬运、包装、流通加工、配送、信息处理等基本功能实施有机结合"。

物流,也有人理解为是物流企业的电子商务化。其实,可以从更广义的角度理解这一个概念,既可以理解为"电子商务时代的物流",即电子商务对物流管理提出的新要求;也可以理解为"物流管理电子化",即利用电子商务技术(主要是计算机技术和信息技术)对传统物流管理模式的改造。因此,有人称其为虚拟物流(Virtual Logistics),即以计算机网络技术进行物流运作与管理,实现企业间物流资源共享和优化配置的物流方式。

1. 美国的物流发展

1915年美国学者阿奇·萧在《市场分销中的若干问题》一书中,首次提出了"Physical Distribution"(P.D)的概念,翻译为"物的流通"。第二次世界大战期间,美国在对军火、战略物资、药品等供应中进行统筹安排、优化调度,形成了"后勤管理"的学科。"二战"后,"后勤管理"的相关理论被引用到很多经济领域中,并逐渐从PD向Logistics转化,20世纪80年代,准时制生产(JIT)、电子数据交换(EDI)、全球定位系统(GPS)和电子商务等先进技术的导入,使美国物流发展成为供应链一体化系统。

2. 日本的物流发展

日本在"二战"后,曾经一度因为流通落后的问题,生产发展受到严重阻碍。后来在政府政策的正确引导和大力扶持下,日本开始重视物流的作用,并在欧美物流理论的基础上,提出物流冰山说、第三利润源、敏捷制造和精益生产等先进物流理念。人们利用系统论的观点运作物流,不断整合物流各功能要素,在筹建物流中心和"物流园"的同时,还积极推行"共同配送制度"。到20世纪80年代,物流已成为企业经营总体战略的重要环节。

3. 我国的物流发展

我国在20世纪70年代引进了现代物流理念,在政府的推动下,国内进行现代物流探索和初期实践的领域,均取得了经验和教训;大量的非正式意义的物流企业由原来的运输企业和仓储企业转型而来。到了21世纪,各大高校开始了物流以及物流有关专业的设置,确立了物流学科,造就了一批专业物流人才。物流的理论研究和实践都向跨领域发展,物流服务水平不断提高,一些新型的物流服务方式陆续出现。

(三)电子商务与物流之间的关系

有人说,电子商务正在引发一场"按需定制"的生产革命、"线上销售"的销售模式革命、"创业式"的就业模式革命、"货比三家"的消费模式革命、"无领式"的生活模式革命。与此同时,物流也正在发生一系列的变化,企业内外部之间的物流运作实行一体化的供应链管理,由"信息管理"代替"库存管理",实现零库存生产以及物流配送的全球化、服务的多功能化和社会化等。由此可见,电子商务和物流两者是相互影响的。

1. 物流对电子商务的影响

1) 物流是电子商务不可或缺的组成部分

一次完整的商务活动,主要由信息流、商流、资金流和物流四个部分组成。从根本上来说,物流是电子商务全过程中的关键环节,是信息流、商流、资金流最终发挥作用的根本保证,缺少了完善的物流系统,电子商务就无法真正实现。

2) 物流促进了电子商务的快速发展

在网络交易中,有超过 3/4 的订单是需要物流来处理完成的,许多网上商店因为解决了物流问题,不再限制发货范围,使电子商务的跨地域优势更加突显。随着电子商务的不断扩大和发展,对物流的需求越来越高,而作为实体流动的物流活动发展相对滞后,其发展壮大对电子商务的快速发展起到重要的支撑作用。

3) 物流配送效率是影响客户电子商务满意度评价的重要因素

在评价电子商务服务的过程中,有几项内容是最重要的,如商品描述、服务态度、售后及物流等因素。在很多商家的买家评价中,很多客户都表明对货物或服务挺满意的,就是物流太差,有些直接建议商家更换物流服务商。所以,真正让客户满意的物流服务,才能让电子商务为用户创造应有的价值。

2. 电子商务对物流的促进

1) 电子商务促进了物流基础设施和物流技术的改善与进步

良好的交通运输网络、通信网络等基础设施是实现电子商务高效率和全球性服务的最基本保证,物流技术水平的高低则是实现物流效率高低的一个重要因素。因此,条码技术(BarCode)、数据库技术(Database)、电子订货系统(ElectronicOrderingSystem,EOS)、电子数据交换(ElectronicDataInterchange,EDI)、快速反应(QuickResponse,QR)及有效的客户反映(EffectiveCustomerResponse,ECR)、企业资源计划(EnterpriseResourcePlanning,ERP)等技术与观念在中国的物流中将会得到普遍的应用。如图 5-1 所示。

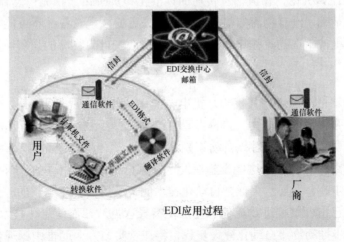

图 5-1 电子数据交换

2) 电子商务改变了物流企业的组织和管理方式

在传统的物流渠道中，产品从生产企业到达消费者手中要经过多层批发商、分销商和零售商，现在电子商务企业可以通过网络与客户直接沟通，不再需要设置多层的实体分销体系，而是通过各种组合方式，寻求物流的合理化，使商品实体在实际的运动过程中，达到效率最高、费用最省、距离最短、时间最少的目的。

3) 电子商务改变了物流企业的供应链运作方式

在传统的供应链中，供应商难以得到准确、及时的销售信息，多采用"计划+经验"的方式进行存货管理，由于无法与销售同步，导致经常发生缺货或库存的积压。在电子商务时代，供应链实现了一体化，产品销售信息和顾客动态反馈可以通过网络即时传送回来，供应商就能马上作出反应，进行相应的生产订单修改或供货配送计划修改。

(四) 电子商务物流的特点

电子商务下的物流，是指物流配送企业采用网络化的计算机技术和现代化的硬件设备、软件系统及先进的管理手段，针对社会需求，严格地、守信用地按用户的订货要求，进行一系列分类、编配、整理、分工、配货等理货工作，定时、定点、定量地交给没有范围限度的各类用户，满足其对商品的需求。电子商务时代的来临，给全球物流带来了新的发展机遇，使物流具备了一系列新特点。

1. 信息化

当今时代是数据信息的年代，物流信息化是时代的必然要求，在供应链方面，物流需要有效的沟通，双方以及多方进行频繁的信息交换，以达到整条供应链的各个部分能够紧密地结合。在交易中，将以贸易单据为主进行的交易方式转变为数字化的电子交易方式来进行贸易活动。在库存方面，利用信息化管理仓库货物，能够及时了解仓库的储存情况和运转周期。

物流信息化表现为物流信息的商品化、物流信息收集的数据库化和代码化、物流信息处理的电子化和计算机化、物流信息传递的标准化和实时化、物流信息存储的数字化等。信息化是物流的基础，没有物流的信息化，任何先进的技术设备都不可能应用于物流领域，信息技术及计算机技术在物流领域的应用将会彻底改变世界物流的面貌。如图 5-2 所示。

2. 自动化

自动化的基础是信息化，其核心是机电一体化，外在表现是无人化，效果是省力化。另外，还可以增强物流作业能力、提高劳动生产率、减少物流作业的差错等。物流自动化的设施非常多，如条码/语音/射频自动识别系统、自动分拣系统、自动存取系统、自动导向车、货物自动跟踪系统等。这些设施在发达国家已普遍应用于物流作业流程中，而在中国由于物流业起步晚，发展水平低，自动化技术的普及还需要相当长的时间。

如今，国内已出台《推进物流信息化工作指导意见》，而信息化技术在物流领域的全面应用，将进一步推动物流自动化建设步伐，将在软实力方面助推中国现代物流产业发展。从现阶段来看，"电商-物流"的发展模式还将被捆绑很长一段时间，实现物流自动化，现实意义明显。从现阶段而言，自动化主要是实现仓储及分拣自动化。

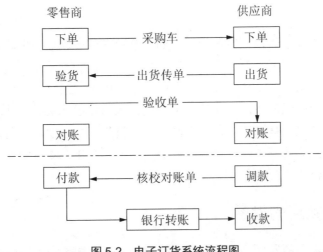

图 5-2　电子订货系统流程图

3. 网络化

如今是被互联网覆盖的时代，为网络物流营造了良好的外部环境，提供了先进的管理技术及网络资源。物流信息化离不开网络，否则物流信息化只能在内部运转，信息传输与共享变得不可实现，整条供应链各个环节之间的沟通也变得难以进行。当今世界 Internet 等全球网络资源的可用性及网络技术的普及为物流的网络化提供了良好的外部环境，物流网络化不可阻挡。

物流领域网络化的基础也是信息化，是电子商务下物流活动的主要特征之一。这里指的网络化有两层含义：一是物流配送系统的计算机通信网络，包括物流配送中心与供应商或制造商的联系要通过计算机网络，而与下游顾客之间的联系也要通过计算机网络通信；二是组织的网络化，即所谓的企业内部网(Intranet)。

物流电子商务化是以互联网的形式提供物流行业相关信息、包括货运信息、空运信息、陆运信息、海运信息以及物流行业资讯和物流知识、法律法规等，还可提供物流行业企业库，供货源方查找，货源方也可以通过物流网发布货源信息，以供物流企业选择。

4. 智能化

智能化是建立在信息化和网络化基础之上的，可以说是一种高层次的应用。物流作业中频繁的、复杂的大数据作业的运筹和决策，需要借助计算机精密的计算和智能功能才能得以解决。实现物流业的智能化，能使物流工作效率达到高峰，整条供应链能够根据客户需求灵活地安排供销，减少"牛鞭效应"，真正实现低库存、高效率。

这是物流自动化、信息化的一种高层次应用，物流作业过程大量的运筹和决策，如库存水平的确定、运输(搬运)路径的选择、自动导向车的运行轨迹和作业控制、自动分拣机的运行、物流配送中心经营管理的决策支持等问题都需要借助于大量的知识才能解决。在物流自动化的进程中，物流智能化是不可回避的技术难题。好在专家系统、机器人等相关技术在国际上已经有比较成熟的研究成果。为了提高物流现代化的水平，物流的智能化已成为电子商务下物流发展的一种新趋势。

5. 柔性化

柔性化本来是为实现"以顾客为中心"的理念而在生产领域提出的,以便使企业能根据消费者的需求变化来灵活调节生产和工艺。但要真正做到柔性化,即真正地能根据消费者需求的变化灵活调节生产工艺,没有配套的柔性化的物流系统是不可能达到目的的。因此,柔性化的物流正是适应生产、流通与消费的需求而发展起来的一种新型物流模式。这就要求物流配送中心要根据消费需求"多品种、小批量、多批次、短周期"的特色,灵活组织和实施物流作业。另外,物流设施、商品包装的标准化,物流的社会化、共同化也都是电子商务下物流模式的新特点。

二、电子商务物流的发展

随着我国电子商务的发展,尤其是网络购物的爆发式增长极大地促进了电子商务物流服务业,尤其是快递服务业的发展,使其成为社会商品流通的重要渠道。据统计,与淘宝网合作密切的圆通、申通等快递企业,其6成以上的业务量都来自网络购物。

(一)电子商务物流的政府支持

"十一五"期间,国家和政府层面出台了一系列相关法律法规和政策。如国务院发布的《物流业调整和振兴规划》《长江三角洲地区快递服务发展规划(2009—2013年)》和《珠江三角洲地区快递服务发展规划》《快递业务经营许可管理办法》《关于促进运输企业发展综合物流的若干意见》、新《邮政法》等。这些法律法规和标准对于规范我国电子商务物流市场、推动我国电子商务物流行业的健康发展具有十分重要的意义。

(二)电子商务物流的发展前景

1. 网络购物使快递市场呈现快速发展趋势

随着我国电子商务的迅速发展和网上购物的人数逐渐增多,快递市场呈现出爆发式的发展。近十年来中国社会物流总额持续增长,网络购物市场保持较快发展。根据CNNIC发布的《中国互联网络发展状况统计报告》显示,网络购物市场提供了新的增长动能。网络购物用户数量的快速增长,带来快递业务量的迅猛增长。电子商务正在深刻地改变着传统零售行业的格局,尤其是近年来随着移动互联网的发展,全球范围内网络购物正在快速上升,我国更是其中翘楚。

2. 我国电子商务物流服务业并购整合逐渐成熟

我国快递业进入门槛较低,快递企业数量急剧扩张,使快递市场十分混乱。电子商务配送需求分散,物流市场竞争激烈,导致物流运营单位成本过高,若总量未上一个新台阶,配送只能和电子商务"赔本赚吆喝"。快递业具有明显的规模经济特征,这就决定了快递业必须通过扩大快递网络,并购整合来提高市场集中度,扩大市场覆盖范围。从实践中可以看出，快递价格由几年前的几十元降到今天的十几元甚至几元，物流公司仍有利可图，这说明并购整合是可取之法。

3. 电子商务企业纷纷自建物流

季节性的快递企业"爆仓"问题以及频繁涨价等问题，使大多数具有先行优势的电子商务企业在物流相关领域进行了巨大的投入，如京东商城。京东商城正在努力改进其供应链管理水平，采取折中的办法，即提供快递、普邮、EMS、中铁快运等配送方式，在北京、上海和广州地区设立配送仓库和网点，自建配送体系，其他地区外包给第三方物流公司。另外，还在部分地区设立货物自提点以及在一些高校招收校园代理以解决由于学校安全管理而进校难的问题。

4. 快递物流企业的 E 发展

众多快递物流企业已经开始通过自身配送网络的优势搭建电子商务平台，为下游提供优质高效的物流服务，有些甚至开始跨界经营。2012 年 5 月 31 日，快递业的鼻祖顺丰开通了网上商城顺丰 E 商圈和顺丰优选，商品囊括了数码、母婴用品、商务礼品等。顺丰长期办理国内网购高端用户市场的配送业务，拥有庞大的客户群体系，这在很大程度上便于推广并节约资金和时间。良好的专业、安全、快捷的服务口碑，得到了客户的高度信赖。

(三)电子商务物流的瓶颈——电子商务物流需求与供给差距

物流一直是电子商务发展的"瓶颈"，起步晚，无行业标准。随着电子商务在近几年爆发式的发展，更使两者之间的差距加大。据相关数据统计，国内电子商务的发展速度是200%～300%，物流增速只有40%。大部分物流企业为了达到快速扩展的目的，多采用加盟的模式经营，管理非常混乱，物流公司分拨点一夜关门，负责人卷款潜逃的新闻时有发生。再加上无标准恶性竞争，各物流公司采取低价策略，价格的恶性竞争导致物流服务水平不高，出现到货慢、货物丢失、商品损毁、送货不到位等服务问题，这些问题已成为消费者主要的投诉对象之一。

1. 观念

就目前的情况来看，我国真正的第三方物流服务提供商不多，大部分物流企业都是由传统的运输企业或仓储企业转型过来的，没有树立起正确的观念，物流管理内容先进性与电子商务有很大的差距，通常仅仅把电子商务配送理解成具体作业——送货，管理水平普遍低于电子商务，需努力提高。

2. 费用

如同传统商务一样，电子商务中的任何一笔交易，都几乎包含着物流的成分。除了物流的速度、丢失率、货损率、服务态度等基本影响因素以外，物流本身的成本支出也是影响电子商务交易的重要因素。假设需要在网站上购买一本书，价格是 20 元，邮费却得支付10 元，物流费用居然是货物价格的 50%。因此，客户通常就可能会放弃购买，而选择另一家包邮或者邮费较便宜的网店。

3. 人员

曾经有人这样说过，中国的电子商务是用最原始的工具去送通过最先进的方式购买的商品。确实，我们在不断培养着商务网站建设工程师、电子商务运营师、电子商务项目管理师等高端人才，而实际上很多不论年龄、学历、专业的人都可以进入快递行业，他们每天骑着自行车或者三轮车在大街小巷中穿行派送货物。从表 5-1 的对比中，我们不难发现，物流和电子商务的发展仍存在很大差距。如图 5-3 所示。

表 5-1 物流和电子商务的区别

	物 流	电子商务
组成	管理+工人	管理+工程师
教育	不较高	较高
收入	较低	较高
来源	传统	新型

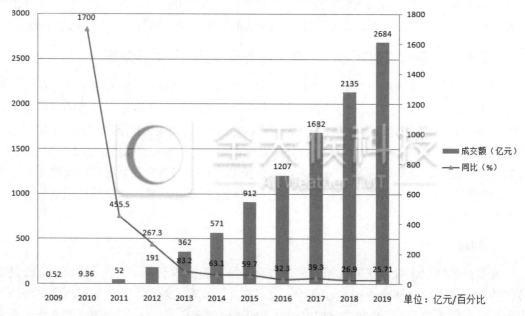

图 5-3 天猫"双十一"成交数据对比图

(四)常用模式

电子商务物流就是基于互联网技术，旨在创造性地推动物流行业发展的新商业模式。通过互联网，物流公司能够被更大范围内的货主客户主动找到，能够在全国乃至世界范围内拓展业务，贸易公司和工厂能够更加快捷地找到性价比最适合的物流公司，网上物流致力于把世界范围内最大数量的有物流需求的货主企业和提供物流服务的物流公司都吸引到一起，提供中立、诚信、自由的网上物流交易市场，帮助物流供需双方高效达成交易。目前，已经有越来越多的客户通过网上物流交易市场找到了客户，找到了合作伙伴及海外代理。网上物流提供的最大价值，就是更多的机会。

1. 自营物流

自营物流是在电子商务刚刚萌芽时期，那时的电子商务企业规模不大，从事电子商务的企业多选用自营物流的方式。企业自营物流模式意味着电子商务企业自行组建物流配送系统，经营管理企业的整个物流运作过程。在这种方式下，企业也会向仓储企业购买仓储服务，向运输企业购买运输服务，但是这些服务都只限于一次或一系列分散的物流业务，而且是临时性的纯市场交易的服务，物流公司并不按照企业独特的业务流程提供独特的服务，即物流服务与企业价值链的松散的联系。如果企业有很高的顾客服务需求标准，物流成本占总成本的比重较大，而企业自身的物流管理能力较强时，企业一般应采用自营方式。由于中国物流公司大多是由传统的储运公司转变而来的，还不能满足电子商务的物流需求，因此，很多企业借助于他们开展电子商务的优势也开始承揽物流业务，即电子商务企业自身经营物流。目前，在中国采取自营模式的电子商务企业主要有两类：第一类是资金实力雄厚且业务规模较大的电子商务公司。电子商务在中国兴起的时候，国内第三方物流的服务水平远不能满足电子商务公司的要求。第二类是传统的大型制造企业或批发企业经营的电子商务网站，由于其自身在长期的传统商务中已经建立起初具规模的营销网络和物流配送体系，在开展电子商务时只需将其加以改进和完善，即可满足电子商务条件下对物流配送的要求。选用自营物流，可以使企业对物流环节有较强的控制能力，易与其他环节密切配合，全力专门地服务于该企业的运营管理，使企业的供应链更好地保持协调、简洁与稳定。此外，自营物流能够保证供货的准确性和及时性，保证顾客服务的质量，维护企业和顾客间的长期关系。但自营物流所需的投入非常大，建成后对规模的要求很高，只有大规模才能降低成本，否则将会长期处于不盈利的境地。而且投资成本较大、时间较长，对于企业柔性有不利影响。另外，自建庞大的物流体系，需要占用大量的流动资金。更重要的是自营物流需要较强的物流管理能力，建成之后需要工作人员具有专业化的物流管理能力。

2. 物流联盟

物流联盟是制造业、销售企业、物流企业基于正式的相互协议而建立的一种物流合作关系，参加联盟的企业汇集、交换或统一物流资源以谋取共同利益。同时，合作企业仍保持各自的独立性。物流联盟为了获得比单独从事物流活动更好的效果，在企业间形成了相互信任、共担风险、共享收益的物流伙伴关系。企业间不完全采取导致自身利益最大化的行为，也不完全采取导致共同利益最大化的行为，只是在物流方面通过契约形成优势互补、要素双向或多向流动的中间组织。联盟是动态的，只要合同结束，双方又变成追求自身利益最大化的单独个体。选择物流联盟伙伴时，要注意物流服务提供商的种类及其经营策略。一般可以根据物流企业服务的范围大小和物流功能的整合程度这两个标准，确定物流企业的类型。物流服务的范围主要是指业务服务区域的广度、运送方式的多样性、保管和流通加工等附加服务的广度。物流功能的整合程度是指企业自身所拥有的提供物流服务所必需的物流功能的多少。必需的物流功能是指包括基本的运输功能在内的经营管理、集配、配送、流通加工、信息、企划、战术、战略等各种功能。一般来说，组成物流联盟的企业之间具有很强的依赖性，物流联盟的各个组成企业明确知道自身在整个物流联盟中的优势及扮演的角色，内部的对抗和冲突减少，分工明晰，使供应商把注意力集中在提供客户指定的服务上，最终提高了企业的竞争能力和竞争效率，满足企业跨地区、全方位物流服务的要求。如图5-4所示。

图5-4 物流联盟

3. 第三方物流

第三方物流(Third-Party Logistics，3PL或TPL)是指独立于买卖之外的专业化物流公司，长期以合同或契约的形式承接供应链上相邻组织委托的部分或全部物流功能，因地制宜地为特定企业提供个性化的全方位物流解决方案，实现特定企业的产品或劳务快捷地向市场移动，在信息共享的基础上，实现优势互补，从而降低物流成本，提高经济效益。它是由相对"第一方"发货人和"第二方"收货人而言的第三方专业企业来办理企业物流业务的一种物流形态。第三方物流公司通过与第一方或第二方的合作提供其专业化的物流服务，不拥有商品，不参与商品买卖，而是为顾客提供以合同约束、以结盟为基础的、系列化、个性化、信息化的物流代理服务。服务内容包括设计物流系统、EDI能力、报表管理、货物集运、选择承运人、货代人、海关代理、信息管理、仓储、咨询、运费支付和谈判等。在国内，ECVV商业服务网是提供第三方物流服务的物流公司。第三方物流企业一般都是具有一定规模物流设施设备(库房、站台、车辆等)及专业经验、技能的批发、储运或其他物流业务经营企业。第三方物流是物流专业化的重要形式，其发展过程体现了一个国家物流产业发展的整体水平。第三方物流是一个新兴的领域，企业采用第三方物流模式对于提高企业经营效率具有重要作用。首先，企业可以将自己的非核心业务外包给从事该业务的专业公司去做；其次，第三方物流企业作为专门从事物流工作的企业，有丰富的专门从事物流运作的专家，有利于确保企业的专业化生产，降低费用，提高企业的物流水平。目前，第三方物流的发展十分迅速，有三个方面是值得我们关注的：第一，物流业务的范围不断扩大。一方面，商业机构和各大公司面对日趋激烈的竞争，不得不将主要精力放在核心业务方面，将运输、仓储等相关业务环节交由更专业的物流企业进行操作，以求节约和高效；另一方面，物流企业为提高服务质量，也在不断拓宽业务范围，提供配套服务。第二，很多成功的物流企业根据第一方、第二方的谈判条款，分析比较自理的操作成本和代理费用，灵活运用自理和代理两种方式，提供客户定制的物流服务。第三，物流产业发展潜力巨大，具有广阔的发展前景。

4. 第四方物流

第四方物流主要是指由咨询公司提供的物流咨询服务，但咨询公司并不等于第四方物流公司。目前，第四方物流在中国还停留在仅是"概念化"的阶段，南方的一些物流公司、咨询公司甚至软件公司纷纷宣称自己的公司就是从事"第四方物流"服务的公司。这些公司将没有车队、没有仓库当成一种时髦；号称拥有信息技术，其实却缺乏供应链设计能力；只是将第四方物流当作一种商业炒作模式。第四方物流公司应物流公司的要求为其提供物流系统的分析和诊断，或提供物流系统优化和设计方案等。所以，第四方物流公司以其知识、智力、信息和经验为资本，为物流客户提供一整套的物流系统咨询服务。其从事物流咨询服务就必须具备良好的物流行业背景和相关经验，但并不需要从事具体的物流活动，更不用建设物流基础设施，只是对于整个供应链提供整合方案。第四方物流的关键在于为顾客提供最佳的增值服务，即迅速、高效、低成本和个性化服务等。第四方物流有众多的优势：第一，对整个供应链及物流系统进行整合规划。第三方物流的优势在于运输、储存、包装、装卸、配送、流通加工等实际的物流业务操作能力，在综合技能、集成技术、战略规划、区域及全球拓展能力等方面存在明显的局限性，特别是缺乏对整个供应链及物流系统进行整合规划的能力。而第四方物流的核心竞争力就在于具有对整个供应链及物流系统进行整合规划的能力，也是降低客户企业物流成本的根本所在。第二，具有对供应链服务商进行资源整合的优势。第四方物流公司作为有领导力量的物流服务提供商，可以通过其影响整个供应链的能力，整合最优秀的第三方物流服务商、管理咨询服务商、信息技术服务商和电子商务服务商等，为客户企业提供个性化、多样化的供应链解决方案，为其创造超额价值。第三，具有信息及服务网络优势。第四方物流公司的运作主要依靠信息与网络，其强大的信息技术支持能力和广泛的服务网络覆盖支持能力是客户企业开拓国内外市场、降低物流成本所极为看重的，也是取得客户的信赖，获得大额长期订单的优势所在。第四，具有人才优势。第四方物流公司拥有大量高素质国际化的物流和供应链管理专业人才和团队，可以为客户企业提供全面的、卓越的供应链管理与运作，提供个性化、多样化的供应链解决方案，在解决物流实际业务的同时实施与公司战略相适应的物流发展战略。发展第四方物流可以减少物流资本投入、降低资金占用。通过第四方物流，企业可以大大减少在物流设施(如仓库、配送中心、车队、物流服务网点等)方面的资本投入，降低资金占用，提高资金周转速度，减少投资风险，降低库存管理及仓储成本。第四方物流公司通过其卓越的供应链管理和运作能力可以实现供应链"零库存"的目标，为供应链上的所有企业降低仓储成本。同时，第四方物流极大地提高了客户企业的库存管理水平，从而降低了库存管理成本。发展第四方物流还可以改善物流服务质量，提升企业形象。

5. 物流一体化

物流一体化是指以物流系统为核心,由生产企业、物流企业、销售企业直至消费者的供应链整体化和系统化。它是在第三方物流的基础上发展起来的新的物流模式。20 世纪 90 年代,西方发达国家如美、法、德等国提出物流一体化现代理论,并应用和指导其物流发展,取得了明显效果。在这种模式下,物流企业通过与生产企业建立广泛的代理或买断关系,使产品在有效的供应链内迅速移动,使参与各方的企业都能获益,使整个社会获得明显的经济效益。这种模式还表现为用户之间的广泛交流供应信息,从而起到调剂余缺、合理利用、共享资源的作用。在电子商务时代,这是一种比较完整意义上的物流配送模式,是物流业发展的高级和成熟的阶段。物流一体化的发展可进一步分为三个层次,即物流自身一体化、微观物流一体化和宏观物流一体化。物流自身一体化是指物流系统的观念逐渐确立,运输、仓储和其他物流要素趋于完备,子系统协调运作,系统化发展。微观物流一体化是指市场主体企业将物流提高到企业战略的地位,并且出现了以物流战略作为纽带的企业联盟。宏观物流一体化是指物流业发展到以下水平,即物流业占到国家国民生产总值的一定比例,处于社会经济生活的主导地位,使跨国公司从内部职能专业化和国际分工程度的提高中获得规模经济效益。物流一体化是物流产业化的发展形势,必须以第三方物流充分发育和完善为基础。物流一体化的实质是一个物流管理的问题,即专业化物流管理人员和技术人员,充分利用专业化物流设备、设施,发挥专业化物流运作的管理经验,以求取得整体最佳的效果。同时,物流一体化的趋势为第三方物流的发展提供了良好的发展环境和巨大的市场需求。

三、电子商务物流的解决方案

(一)发挥自身优势,提供差异化服务

纵观目前的物流市场,各大龙头快递企业都有其各自的竞争优势,下面将进行具体分析。

1. 外资物流企业的收购兼并和可持续发展策略

世界知名的物流企业有美国的联邦快递 (Fedex)、德国的敦豪(DHL)、荷兰的天地快运(TNT)、美国的联合包裹(UPS)和中国香港的高保物流(GLEX)。前四个企业就是大家公认的四大快递巨头。这些物流企业经验丰富、资金雄厚,拥有发达的国家网络、专业性非常高。尽管战略联盟的策略有助于四大快递巨头打入中国市场,弥补资源的不足,但合资公司中的外方由于受到各种因素的制约,不能像独资公司那样更直接地了解顾客所需,从而调整竞争策略。因此,除 DHL 外,其他三大快递巨头最后都与中外运结束合资关系,走向独资。独资后的 Fedex 和 TNT 为了继续利用中资快递公司现有的资源扩充网络,加强在国际和中国国内快递市场的竞争和部署,都采取了收购兼并的策略。

另外,对于外资快递巨头来说,资金非常雄厚,为了增强其快递货品的地面处理能力,在竞争日益激烈的中国国际快递市场保持竞争优势,就必须建立必要的基础设施。中外运敦豪在广州、上海、深圳、北京、杭州等口岸建立了口岸作业中心,UPS 也将在上海建

成首个国际航空运转中心。有了这些运转中心，外资快递巨头可以不经过国外的运作中心，直接把货物更快、更便捷地运往全球，在减少营运成本的同时也能更容易地网罗全球跨国公司客户。除了基础设施，DHL 使用了全球电子查询和追踪系统，TNT 也启用了能大幅节约物流成本的第二代 RFID 技术，帮助客户以最低的成本和最快的速度把货物送达目的地，并使货品在运输过程中的信息更透明，成为国内首家向世界宣布启用该技术的快递企业。如图 5-5 所示。

图 5-5　路易斯维尔机场——UPS 世界港

2. 国有快递企业的体制改革和战略联盟战略

国有快递企业中最有代表性的物流企业是中国邮政(EMS)、民航快递(CAE)和中铁快运(CRE)，他们都有优势的背景、完善的国内网络并且安全性很高。尤其是中国邮政，全国性的物流体系遍布城乡，现成体系非常完善。

在面临外资巨头取得国际快递业务的半壁江山之际，EMS 虽然拥有资金和覆盖全国城乡 3 万多个网点，并与世界 200 多个国家和地区建立业务联系这些得天独厚的优势，但由于多年垄断经营造成的体制上的弊端以及由于体制所导致的经营观念和方式的落后，其竞争力不断削弱，因此必须通过内部改革，使政企分离。根据《邮政体制改革方案》，国家重新组建国家邮政局，作为整个行业的监督机构，原来邮政信函、快递物流等业务将归属于中国邮政集团公司。这样一来，EMS 将更具有市场活力，并将以灵活的策略、先进的管理水平和外资巨头争夺市场。

在竞争处于劣势的情况下，EMS 一方面不断加大资源投入，分别在上海、北京和广州设立邮政速递处理中心，大大提高 EMS 在京津地区、长三角和珠三角的航空快递业务处理能力；另一方面，与外资巨头组成战略联盟来吸收各种资源和先进管理经验。EMS 早于 2000 年就在国际快递业务上与 TNT 展开合作，借助 TNT 在全球丰富的网络资源，将发往尚未与 EMS 建立国际和中国邮政提供咨询和培训。

3. 民营快递企业的价格优惠和战略互补策略

在中国，发展得最好的民营快递企业就是有"四通一达"之称的申通、中通、圆通、汇通、韵达，还有以专注和速度著称的顺丰和发展快速的宅急送，这些物流企业都逐渐地由局部向全国扩张。这些民营快递企业通常都很小型，规模小、经营灵活、管理混乱，但是尤其擅长处理特定区域同城快递和省内快递，而且价格低，中间环节处理速度非常快。

民营快递普遍采用价格优惠策略进行竞争，根据《广州日报》报道，最近在一些民营快递的报价中，一份广州到北京的快件只需要 15 元，而广州到上海的 12 元就可办妥了，就连 EMS 从广州到北京的一件普通快件也要 20 元，而某外资快递的价格甚至更高，多达 100 多元。所以，在国内快递业竞争方面，目前民营快递的价格低廉为其带来国营和外资不可比拟的优势。

相对于外资和国营快递企业来说，民营快递缺乏充足的资金。因此，除了自建服务网点外，在部分快递业务量比较小的城市，委托他人代理业务。目前，宅急送委托代理网点已经达到 490 多个，外网除了代理派送货物、收取派送费用外，还可以利用宅急送的网络优势揽货并搭乘宅急送的物流班车。这样一来，宅急送可迅速占领市场，传播品牌又不会因此套牢太多资金。对于规模较小的加盟快递企业来说，通过大型快递企业可以增加业务量，获得更多客户和资金来源，从而得以在激烈的竞争中继续生存和发展。

(二)资源整合

未来，电子商务产业链进入整合期，将构建以客户为中心，建立"制造-营销-消费"，配以支付、物流、信用、数据等基础服务的电子商务综合生态体系。从"拓荒期"到进入"快车道"电子商务正走向融合创新的新阶段。因此，物流企业也应相应作出改变。

产生于卖方、计划经济条件下的中国传统商业物流，在买方、市场经济条件下表现出了企业资源分散、经营管理手段落后、政府服务与监管职能滞后等诸多缺点。以电子商务平台为媒介，对中国传统商业物流的管理理念、物流相关企业资源、电子商务与电子政务、结算资源与安全技术、网络资源进行整合，可以强化集团竞争力和团队协作优势，提高企业的核心能力，使企业实现规模经济，使整个园区实现集聚经济。

1. 整合客户资源

在现代物流活动中，将客户资源集中在一个系统中进行统一设计和运用，根据客户价值为其提供差异化的产品和服务，可以提高客户的满意度，并把满意的客户转变成为忠诚客户，建立起长期合作的战略伙伴关系，从而实现客户服务成本最低化、客户服务效率和效益最大化的目标。物流企业必须依据系统优化和供应链管理思想，采用各种客户资源整合的方法，对客户资源进行持续整合，从而形成规模化、集成化和个性化的客户服务模式。

2. 整合物流企业的能力资源

我国物流资源多，庞大的计算机(Internet)网络覆盖，成熟的铁路、公路、水运、航空和仓储货运体系等配送设施网，电子商务也越来越快速发展，随着销售品种、包装、质量、数量、价格、保管、运输、存储、安装、使用等越来越多样化，物流资源就越发需要整合资源，结合"两网"把"四流"(商流、物流、信息流、资金流)做好，在配送细节上发挥优势。提高电子商务总量，降低单位物流费用，对于电子商务、物流、消费者三者来说都比较好。

首先，仓库数目将减少，库存集中化。配送与 JIT 的运用已使某些企业实现了零库存生产，将来由于物流业会成为制造业的仓库与用户的实物供应者，工厂、商场等都会实现零库存，自然也不会再设仓库了。配送中心的库存将取代社会上千家万户的零散库存。

其次，将来物流节点的主要形式是配送中心。在未来的电子商务环境下，物流管理将以时间为基础，货物流转更快，制造业都将实现"零库存"，仓库又可为第三方物流企业所经营，这些都决定了"保管仓库"将进一步减少，而"流通仓库"将发展为配送中心。物流中心已成为城市功能的有机组成部分，一般来说，其选址应处于市区边缘和交通枢纽节点。

最后，综合物流中心将与大型配送中心合二为一。物流中心被认为是由各种不同运输方式的货站、货场、仓库、转运站等演变和进化而成的一种物流节点，主要功能是衔接不同运输方式。综合物流中心一般设于大城市，数目极少，而且主要衔接铁路与公路运输。配送中心是集集货、分货、集散和流通加工等功能为一体的物流节点。物流节点的设置与运输的关系是密切的。目前在实践中，城市综合物流中心的筹建已经开始，是上述变化的一种具体体现。城市综合物流中心将铁路货运站、铁路编组站和公路货运站、配送、仓储、信息设施集约在一起，实现各城市综合物流中心之间的直达货物列车运行，又可以利用公路运输实行货物的集散，还可以实现配送中心的公用化、社会化，并使库存集中化。

3. 整合物流企业的信息资源

现代物流的信息资源整合实际上是以流程变革为主线索的跨越物流企业连接顾客与供应商的系统集成过程。整合的目标是紧紧围绕系统的战略目标，从整体利益出发，利用价值链的思想合理化系统内业务开展的流程，借助 IT 技术，实现信息在系统内快速、安全、畅通地流动，带动物流和资金流在系统内的快速运动，并利用现有的数据建立合理的数据模型，为系统的决策提供科学合理的依据。通过信息共享，我们可以实时了解物流运作的全过程，从而更好地控制物流服务的每一个环节，这样就能保证物流系统输出的一致性和产品的可得性，以致顾客满意。

由此可见，信息资源整合的关键就在于建立跨企业边界的信息共享机制。由于现代物流系统具有功能上的集成完整性、成员上的多元性、地域上的分散性和组织上的非永久性等显著特征。因而信息共享机制就成为现代物流企业与顾客和供应商之间建立相互信任、相互依赖、长期合作、共同发展关系的基石。因此，在一个多利益群体中，只有当建立了信息共享合同制，成员间有了更多的信息时，决策就不得不照顾各方的利益，此时的决策便更为理性，更能利于实现合作。

4. 物流企业的物流流程整合

物流流程整合是指将经过创新、自动化、清除和简化的流程重新整合，保证整个物流流程顺畅、连贯，更好地满足顾客需求。物流系统从生产、分配、销售到顾客的运作过程不是孤立的行为，是一环扣一环、相互制约、相辅相成的。

由于现代物流技术的广泛应用，使过去需要多人才能完成的工作可以由一个人来完成，从而大大加快组织内的物流和信息流的速度，减少发生错误的概率。根据完成任务流程的特点，也可以采用团队形式，以完成单个成员无法完成的系列活动。成员空间距离的拉近意味着很多问题不再出现，一旦出现问题也能迅速得到解决。与供应商结成更为紧密的依存关系，其关键是信任和伙伴关系。这就要求从供应链的整体出发，从物流的全过程出发，通过信息共享，改善企业及供应商之间的协作关系和运作模式，消除各合作方之间一些不必要的、烦琐的官僚手续，以提高系统效率。与顾客结成更为紧密的依存关系，通过实现物流信息的共享和交流，加大物流流程的透明度，建立起以顾客为导向的物流流程，可以为实时控制物流过程提供条件，从而实现过程同步、交货准时、响应敏捷，并最终使客户感到满意。

5. 物流企业的组织资源整合

各物流企业均有行政职能，通过有效整合组织资源可以提高物流企业运行效率。组织资源整合要围绕提高工作效率完善管理机制，实现物流企业分工合理，有效协作，统一管理，高效运作进行。

第一，要着眼于提高组织管理效率，增强组织管理权威，降低组织管理成本，建立纵横协调、信息畅达、运转有序的组织管理机制。第二，要打破目前组织工作条块分割、资源浪费或效能发挥不足的现状，不断提高组织部门调配各类资源的权威性和合理性。第三，注意推动部门之间的横向协作，通过建立部门联席会议等机制协调解决工作中的部门冲突和矛盾，减少人为损耗，形成部门合力。第四，要发挥基层组织开展工作的优势，从创新工作载体入手，引导职工关心维护客户利益，及时反映客户诉求，适时调整组织工作的重点和方向。

(三) 大数据的助力

在大数据时代，物流业的应用特点与大数据技术有较高的契合度，在主客观条件上也有较高的应用可能性，是未来大数据时代赢家的选择。因此，物流企业特别是电子商务物流企业要高度关注大数据时代的机遇。通过互联网技术和商业模式的改变，可以实现从生产者直接到顾客的供应渠道的改变。这样的改变，从时间和空间两个维度都为物流业创造新价值奠定了很好的基础。可以看到，通过互联网技术的变化，可以让全国物流业的布局相应地发生一系列调整。从过去生产者全国配送中心，逐步演化成个性化订单，从顾客的需求向上推移，促使整个配送模式的改变。过去是供给决定需求，今后越来越多地将从需求开始倒推，按照需求的模式重新设计相应的供给点的安排，这些都是因为大数据时代到来所产生的变革。

通过运用大数据，电商物流中心将得到大幅优化。仓储运输的空间将被系统化布置。将在物流节点公司上进行整合，对过去单一物流企业搭建起桥梁。物流车辆行车路径也将被最短化、最畅化定制。此外，企业信息系统将全面整合与优化。

要发展大数据时代的电商物流，第一，要高效率的信息管理，搭建网络平台、简化所有单证手续，节省时间和成本，提高效率。第二，引进电子数据交换系统，实现无纸化。建立交易商、货运代理商、政府机构之间贸易文件、航空运单、托运单等的电子化链接。第三，发布物流系统电子数据交换标准，规范辅助各方面的电子联系，如有必要，给予企业资助以实现电子交换系统的可获得性。第四，为仓库和配送中心配套自动存储和回复系统，仓储管理系统提升运营。

(四)物流创新与优化

物流创新是指在物流活动中，引入新的经营管理理念，实施新的经营管理方法，运用新的科学技术手段，对物流管理和物流运营过程进行改造和革新，从而全面提高物流活动的效率，取得最大化的企业经济效益和社会效益的创新活动实践。从"快"转向"准"，建立高效物流的新理念。国内传统电商物流的竞争，都集中在以快为目的的客户体验上，但这并不符合顾客的真实需求模式，应该转向个性化的"准"，即在快速响应的基础上，提供偏好选择，实现"精准"。以特定时间点为标准，系统后台根据顾客下单结算的时间和地址计算出时间标准，并提供几种精准物流配送方式备选，合理引导顾客预期，以提高顾客满意度。

1. 终端社区配送模式创新

终端社区配送即"最后一公里"，既是顾客能够直接感知和参与的物流环节，也是B2C电商客户满意提升的关键一环。近年来，国内电商尝试了多种模式，包括京东商城校园营业厅、淘宝网阿里小邮局、天猫社区服务站、苏果与DHL的便利店——快递、圆通与万科的物业快递代办点、部分高校的快递超市、放置在社区或便利店或地铁的自提柜等。

2. 逆向(退货)物流模式创新

在线购物自身特点导致电商商品退换货比重较高，处理程序较复杂，有较大不确定性，造成逆向物流预测和规划困难，顾客投诉和不满上升。电商逆向物流一般包括退货物流和回收物流两类，涉及退货申请、检验、分类、维修、更换、退款，或者回收、再利用、残次品处理等一系列问题。

3. 电商物流体系优化

要落实精准和高效物流的理念，提升竞争能力，实现顾客承诺，必须做到了解消费者行为、高效处理订单、完善物流信息系统、优化仓库拣选、运输无缝对接、专业终端配送与优质售后等，所有这些都离不开电商物流体系的持续优化。

首先，物流组织的优化，包括网络各节点企业优化，即提升物流能力、市场能力、信息能力和管理能力等能力体系建设。其次，物流基础设施网络优化，包括①物流节点的优化，即运用先进的选址模型优化物流中心和配送中心选址决策。②物流线路优化，即以实现最小运输成本目标的商品物流配送路径模型设计及其优化求解。③物流配送方式优化，既要实现具有规模经济的物流运输，又要兼顾多样化的物流产品分拨。再次，物流信息网络的优化也是物流配送优化的重要内容，包括电商门户网站、运营与物流信息的动态集成、物流业务流程的监控与管理，优化方向是接口系统的设计与优化、订单系统的高效化和GIS地理信息系统的完善优化。最后，电商物流数据挖掘是关键，如基于大数据的消费分析、库存控制技术等，通过合理的算法和模型来分析预测未来的潜在需求，可以避免或降低牛鞭效应的影响。如图 5-6 所示。

行业应用

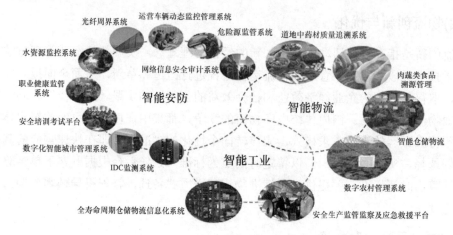

图 5-6　四川省物联网技术工程中心

扩 展 阅 读

7-11 的物流管理模式

　　每一个成功的零售企业背后都有一个完善的配送系统支撑，7-11 从一开始采用的就是在特定区域高密度集中开店的策略，在物流管理上也采用集中的物流配送方案，这一方案每年大概能为 7-11 节约相当于商品原价 10% 的费用。

　　7-11 的物流管理模式先后经历了三个阶段三种方式的变革。起初，7-11 并没有自己的配送中心，其货物配送是依靠批发商来完成的。渐渐地，这种分散化的由各个批发商分别送货的方式无法再满足规模日渐扩大的 7-11 便利店的需要，7-11 开始和批发商及合作生产商构建统一的集约化的配送和进货系统。在这种系统之下，7-11 改变了以往由多家批发商分别向各个便利店送货的方式，改由一家在一定区域内的特定批发商统一管理该区域内的同类供应商，然后向 7-11 统一配货，这种方式称为集约化配送。集约化配送有效地降低了批发商的数量，减少了配送环节，为 7-11 节省了物流费用。后来特定批发商（又称为窗口批发商）提醒了 7-11，何不自己建一个配送中心？7-11 的物流共同配送系统就这样浮出水面，共同配送中心代替了特定批发商，分别在不同的区域统一集货、统一配送。配送中心有一个计算机网络配送系统，分别与供应商及 7-11 店铺相连。为了保证不断货，配送中心一般会根据以往的经验保留 4 天左右的库存，同时，中心的计算机系统每天都会定期收到各个店铺发来的库存报告和要货报告，配送中心把这些报告集中分析，最后形成一张张向不同供应商发出的订单，由计算机网络传给供应商，而供应商则会在预定时间之内向中心派送货物。7-11 配送中心在收到所有货物后，对各个店铺所需要的货物分别打包，等待发送。第二天一早，派送车就会从配送中心鱼贯而出，择路向自己区域内的店铺送货。整个配送过程就这样每天循环往复，为 7-11 连锁店的顺利运行铺石铺路。

配送中心的优点在于7-11从批发商手上夺回了配送的主动权,7-11能随时掌握在途商品、库存货物等数据,对财务信息和供应商的其他信息也能握于股掌之中,对于一个零售企业来说,这些数据都是至关重要的。有了自己的配送中心,7-11就能和供应商谈价格了。7-11和供应商之间定期会有一次定价谈判,以确定未来一定时间内大部分商品的价格,其中包括供应商的运费和其他费用。一旦确定价格,7-11就减少了每次和供应商讨价还价这一环节,少了口舌之争,多了平稳运行,7-11为自己节省了时间也节省了费用。

配送的细化随着店铺的扩大和商品的增多,7-11的物流配送越来越复杂,配送时间和配送种类的细分势在必行。除了配送设备,不同食品对配送时间和频率也会有不同要求。对于有特殊要求的食品如冰激凌,7-11会绕过配送中心,由配送车早中晚三次直接从生产商门口拉到各个店铺。对于一般的商品,7-11实行的是一日三次的配送制度,早上3点到7点配送前一天晚上生产的一般食品,早上8点到11点配送前一天晚上生产的特殊食品如牛奶,新鲜蔬菜也属于其中,下午3点到6点配送当天上午生产的食品,这样一日三次的配送频率在保证了商店不缺货的同时,也保证了食品的新鲜度。为了确保各店铺供货的万无一失,配送中心还有一套特别配送制度来和一日三次的配送相结合。每个店铺都会随时碰到一些特殊情况造成缺货,这时只能向配送中心打电话告急,配送中心则会用安全库存对店铺紧急配送,如果安全库存也已告罄,中心就转而向供应商紧急要货,并且在第一时间送到缺货的店铺手中。

同 步 测 试

一、单项选择题

(1) O2O 是指(　　)。
　　A. 线上到线下　　　　　　　　B. 商业零售
　　C. 消费者对消费者　　　　　　D. 企业与企业之间
(2) 在电子商务条件下,物流的运作是以(　　)为中心的。
　　A. 信息　　　B. 商品　　　C. 企业　　　D. 客户
(3) 下面不属于国有快递企业的是(　　)。
　　A. 中国邮政 EMS　　　　　　　B. 民航快递 CAE
　　C. 中铁快运 CRE　　　　　　　D. 联邦快递 Fedex
(4) 电子商务与物流之间是(　　)的关系。
　　A. 互相影响　　　　　　　　　B. 毫不相干
　　C. 电子商务包含物流　　　　　D. 物流包含电子商务
(5) 电子商务的增长速度与物流相比(　　)。
　　A. 更快　　　B. 更慢　　　C. 一样　　　D. 无法比较

二、多项选择题

(1) 电子商务物流模式一般包括(　　)。
　　A. 自营物流　　B. 物流联盟　　C. 第三方物流　　D. 第四方物流

(2) 下面属于民营快递企业的是（　　）。
　　A. 申通　　　　B. 中通　　　　C. 圆通　　　　D. 汇通
(3) 电子商务物流的特点是（　　）。
　　A. 信息化　　　B. 网络化　　　C. 智能化　　　D. 柔性化
(4) 电子商务物流常用的模式有（　　）。
　　A. 第一方物流　B. 第二方物流　C. 第三方物流　D. 第四方物流
(5) 电子商务物流资源的整合包括（　　）。
　　A. 资金　　　　B. 流程　　　　C. 信息　　　　D. 能力

三、简答题

(1) 物流在电子商务中的作用有哪些？
(2) 为什么物流是发展电子商务的瓶颈？
(3) 我国外资快递企业的发展优势是什么？
(4) 大数据对电子商务物流的发展有什么帮助？
(5) 物流的创新可以体现在哪些方面？

四、案例分析题

聚美优品的物流系统管理

聚美优品是国内知名化妆品限时特卖商城。由陈欧、戴雨森和刘辉创立于2010年3月，致力于为消费者提供简单、有趣、值得信赖的化妆品购物体验。能走到今天的地步，成功之处诸多，值得一提的是其仓储物流体系。陈鸥认为聚美优品具有差异性的竞争力，这种竞争优势是物流供应链管理。聚美优品从第一天就是买断模式，自建仓储物流，先买货、验货，然后再进行售卖。化妆品行业供应链很复杂，这样保证了用户体验。虽然这样大大加重了资金压力，但建立了行业门槛。现公司团队从原来的技术团队扩展到偏重采购、物流、仓库等提升用户体验的团队。

聚美有 6 小时闪电发货的口号，白天订单付款成功后 6 小时发出，最短两小时发货，所有订单不超过 12 小时。比其他商家的保证48、72 小时发货真的相距甚远。假如用户 00:00 付款，聚美采用电商界领先的 ERP 和 WNS 系统，订单付款后库房即刻开始处理。0:20 全仓 25 台进口行式打印机，每小时可最高打单 22500 单，精确高效。0:30 全面采用条形周转作业，全仓配备数百个手持终端，确保仓库工作人员迅速在数万货品中迅速准确拣取商品。1:00 条码校验+称重检查+人工 三重校验，配货包装准确率高达 99.993%，大幅领先行业平均水平。1:30 出库，按笼车进行高频提货，直对快递公司，发货升降月台保证包裹不落地，第一时间出库。2:00 快递提货，主流快递驻守，每天 24 小时快递公司不间断提货。

另外聚美优品有自己的仓库与物流系统，已经和包括韵达、申通、圆通等第三方物流公司合作，目前聚美优品拥有自己的采购专家、仓储物流专业人士以及化妆品品质的专业鉴定人员。同时，聚美优品也升级了 ERP 系统，启用新的仓储和呼叫中心，以更多的后端资源来配合销售量增长。

可以预见，随着聚美优品品牌授权旗舰店的全线提速与物流系统的深度优化，将进一步提高用户使用黏性和网购满意度，而其在美妆网购市场上的领先优势必将进一步扩大！

思考题：

1. 聚美优品主要采用哪种物流模式？这种方式对于聚美优品的发展有哪些影响？
2. 针对化妆品，聚美优品在仓储方面应如何做？

项目实训

实训项目：物流对电子商务发展的影响

黄小姐一直在淘宝上经营一家海淘婴幼儿食品店，无论是产品的质量还是价格都深受客户的喜欢，可是店铺的好评率一直都很低。原来很多客户收到货物打开之后，都发现里面商品有损，不是奶粉的纸盒烂了，就是婴儿食品罐头的玻璃瓶子碎了，因而都给了差评。

问题：如果你是黄小姐，你会怎么做？

【实训目的】

熟悉电子商务物流的配送流程。

理解物流环节对电子商务的影响。

【实训内容】

讨论该如何解决货损的问题，具体有哪些可行的办法？

【实训要求】

训练项目	训练要求	备注
货损产生的原因	1. 了解商品在物流配送环节中容易出现的问题 2. 哪些货物最容易出现货损	熟悉物流对电子商务发展的影响
如何有效提高客户满意度	1. 在收到客户投诉或差评应该如何处理 2. 如何尽量杜绝这种问题的发生	培养物流促进电子商务发展的意识

第六章 电子商务相关技术

【学习目的与要求】

- 掌握计算机网络技术的定义、功能、分类、拓扑结构以及网络的组成。
- 掌握 Internet 中的 TCP/IP 协议，IP 地址分类，域名的意义。
- 掌握 Web 服务器与应用程序服务器的职能，了解 Web 前端和后台技术。
- 掌握 EDI 的优点、特点，了解 EDI 标准。
- 了解条形码、RFID、GIS、GPS 在现代物流中的应用。

【引导案例】

华夏旅游网站的功能包括华夏预订系统、个人出游意向发布、旅游线路安排和查询、景点门票查询、膳宿费用查询。

业务范围包括下述几项。

(1) 虚拟主机服务。

华夏可为其他企业，尤其是旅游企业代建网站。主要业务包括域名申请、网站建设、网页设计与制作、空间租用、主机托管和系统开发维护。

(2) 旅游业应用软件的开发。

华夏的旅游软件涵盖了旅游业的各个方面并适用于各种大、中、小型旅行社，具有通用化、标准化特点。现已开发成功并已投入使用的有四个软件系统，即酒店预订系统、外联销售系统、出境游销售系统和游船预订系统。

(3) 在线预订。

网上订房、订国际国内机票、长江游船票、国际游轮票、国际列车票等。

(4) 网上旅游交易会。

网上旅游交易会是目前国内最好的旅游企业网上交易的中介平台。现有约 3000 家旅行社、饭店和游船公司的销售部门已进网交易。

(5) 系统集成服务。

内部网/MIS；互联网/WEB；外部网/电子商务等。

问题：

华夏旅游网站的建设中，会存在哪些问题，应如何解决？

【知识要点】

一、计算机网络技术

(一)计算机网络的定义

计算机网络是一种将地理位置不同的、具有独立功能的计算机通过通信设备和线路连接起来，按照网络协议进行通信以实现信息传递和资源共享的系统。计算机网络的本质是把两台以上具有独立功能的计算机系统互连起来，提供若干个计算机之间的连通性，以达到资源共享和远程通信的目的。如图6-1所示。

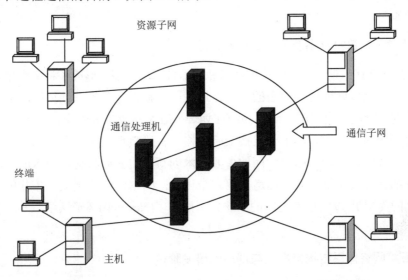

图6-1　计算机网络的构成

　　计算机网络是一个复杂的系统。从逻辑上看，计算机网络被划分为通信子网和资源子网，如图6-1所示。由通信处理机、通信线路和其他通信设备构成的通信子网实现了数据的传输，由主机及与主机相连的终端及其他外设、各种软件资源和信息资源构成的资源子网负责数据处理，为网络用户提供网络服务。通信处理机也称为网络中间节点或网络节点，通常由网络互联设备如路由器等组成。网络中的主机可以是大型机、小型机、服务器、工作站和个人计算机。

(二)计算机网络的发展

　　1946年第一台电子计算机诞生标志着人类开始向信息时代迈进。计算机应用的发展使计算机之间对数据交换、资源共享的要求不断增强，因此互连的计算机—计算机网络出现了。计算机网络从20世纪60年代开始发展，由简单到复杂、由低级到高级，已形成从小型局域网到全球性的广域网的规模。仅在过去的20多年里，计算机技术取得了惊人的发展，处理和传输信息的计算机网络也成为信息社会的基础。在今天，日常生活和工作都离不开计算机网络，比如基于资源共享的科学计算、网络教育、电子商务、电子政务、远程医疗、电子邮件、网上娱乐等。

　　计算机网络的发展主要经历了以下几个阶段。

1. 面向终端的以单计算机为中心的联机系统

　　20世纪60年代初，计算机非常庞大和昂贵。为了共享资源，实现信息采集和处理，相对便宜的远程终端利用通信线路和中央计算机连接起来，形成了面向终端的以单计算机为中心的联机系统。美国航空公司订票系统(SABRE-1)就是一个典型例子。该系统以一台大型计算机作为中央计算机，外联2000多台终端遍布美国各地区。为了中央计算机更好地发挥效率进行数据的处理与计算，通信任务从中央计算机中分离出来，形成了通信处理机或称为前端处理机。

2. 计算机—计算机网络及分组交换网阶段

20世纪60年代末期，随着计算机技术和通信技术的进步，形成了将多个单处理机联机终端网络互连，以多处理机为中心的网络，这种网络称为计算机—计算机网络，简称计算机网络。在这一阶段，由美国国防部高级计划署ARPA建成了分组交换网——ARPANET。该网络横跨美国东西部地区，主要连接政府机构、科研教育及金融财政部门，并通过卫星与其他国家实现网际互联。ARPA网的主要技术创新体现在分组交换技术的应用及连接节点都是独立的计算机系统，而且信道采用宽带传输，网络作用范围大，拓扑结构灵活。另外，在此期间美国贝尔(Bell)实验室的科研人员发明了(Newhall)环形网络，其基本原理被后来的令牌环继承。

3. 计算机网络体系结构标准化与局域网研发阶段

20世纪70年代，各计算机厂商制定了自己的网络技术标准，并最终形成了计算机网络体系结构的国际标准。IBM公司提出了系统网络体系结构SNA(System Network Architecture)标准，DEC公司提出了数字网络体系结构DNA(Digital Network Architecture)标准。随后，国际标准化组织ISO成立了计算机与信息处理标准化委员会(TC97)下的开放系统互连分技术委员会(SC16)，并于1981年制定了"开发系统互联参考模型(OSI/RM)"计算机网络的一系列国际标准。作为国际标准，ISO规定了可以互连的计算机系统之间的通信协议，为计算机网络互连的发展奠定了基础。

4. 局域网标准化和发展阶段

20世纪80年代，个人计算机及通信技术的进步推动了部门和单位内部网络的发展。这样的网络地理范围通常在10km以内，称为局域网。在这一时期，美国3大公司Xerox、DEC和Intel联合公布了局域网的DIX标准，以及规范。美国电子与电气工程师协会(IEEE)计算机学会的802局域网委员会成立，并相继提出了IEEE802.1~802.14等局域网标准，成为局域网国际标准。同时，随着光纤技术的发展以及通信业务的多媒体化，使宽带通信业务得到迅猛发展，出现了光纤分布式数据接口(FDDI)的高速局域网技术，也推动了分布式队列双总线(DQDB)和多兆位数据交换服务(SMDS)等城域网技术的开发。

5. Internet蓬勃发展阶段

20世纪90年代，互联网(internet)是泛指由多个计算机网络互连而成的计算机网络，它使相互连接的计算机用户可以进行通信，即从功能上和逻辑上看，这些机器互连在一起，组成一个网络系统。当前世界最大的、开放的互联网是因特网(Internet)，是由众多网络相互连接而成的特定的计算机网络，采用TCP/IP协议簇。Internet使世界各地的计算机用户通过高速网络可以共享信息资源。

Internet 始于 60 年代，前身是由美国联邦政府开发的 ARPANET 网。1986 年，美国国家科学基金会(NSF)建立了国家基金网(NSFNET)，覆盖了全美主要的大学和研究机构。随着 NSFNET 主干网速率的不断提高，成为 Internet 的主要组成部分。1991 年以来，Internet 不断扩大，各国的大学、研究部门、政府机构、商业组织纷纷接入。尤其英国科学家 Tim Berners-Lee 开发的 WWW(World Wide Web)技术的成熟应用，有力地促进了 Internet 的推广应用。现在 Internet 包括了几十万个全球范围内的局域网，这些局域网通过主干广域网互连起来。在互联网上，每天增加上百万的新网页，成为现实社会最大的信息公告板。与此同时，电子商务、电子政务的发展，进一步促进了信息技术的应用，通信技术的长足发展与网络技术的紧密结合，促使电信网络、电视网络与计算机网络开始向融合统一的方向发展。

(三)计算机网络的功能

1．资源共享

资源包括硬件、软件和数据。硬件为各种处理器、存储设备和输入/输出设备等，可以通过计算机网络实现这些硬件的共享，如打印机、硬盘空间等。软件包括操作系统、应用软件和驱动程序等，可以通过计算机网络实现这些软件的共享，如多用户的网络操作系统、应用程序服务器等。数据包括用户文件、配置文件和数据文件等，可以通过计算机网络实现这些数据的共享，如通过网上邻居复制文件、网络数据库等。通过共享可使资源发挥最大的作用，同时可以节省成本，提高效率。

2．数据传输

这里的数据指的是数字、文字、声音、图像和视频信号等媒体存储信息的计算机表示。在计算机世界里，一切事物都可以用 0 和 1 这两个数字表示出来。计算机网络使各种媒体信息可以通过一条通信线路从甲地传送到乙地。数据传输是计算机网络各种功能的基础，有了数据传输，才会有资源共享，才会有其他各种功能。

3．负载均衡

在有多台计算机的环境中，这些计算机需要处理的任务可能不同，经常有忙闲不均的现象。有了计算机网络，可以通过网络调度来协调工作，把"忙"的计算机上的部分工作交给"闲"的计算机去做。还可以把庞大的科学计算或信息处理题目交给几台联网的计算机协调配合来完成。

4．提供服务

有了计算机网络，才有了现在风靡全球的电子邮件、网上电话、网络会议和电子商务等，它们给人类的生活、学习和娱乐带来了极大的便利。有了网络，使实时控制系统有了备用和安全保证，使军事设施在遭到敌方打击时指挥系统保持畅通无阻。最大的计算机网络(Internet)就是冷战时期的产物，用它能够解决可靠性问题，并为计算机用户带来很大的便利。网络新技术层出不穷，不断有新的服务使人类从中受益。

(四)计算机网络的分类

计算机网络的分类方法很多,通常可以从不同的角度对计算机网络进行分类。

按网络的交换功能进行分类,可以分为电路交换网、报文交换网、分组交换网、帧中继(frame relay)网和 ATM(Asynchronous Transfer Mode,异步传送模式)网。

按网络的拓扑结构进行分类,可以分为星形网、树形网、总线型网、环形网、网状网和混合网等。

按网络的控制方式进行分类,可以分为集中式网络、分散式网络和分布式网络。

按网络的使用性质进行分类,可以分为专用网和公用网。

按网络的使用范围和环境分类,可以分为企业网、校园网等。

按传输介质进行分类,可以分为同轴电缆网(低速)、双绞线网(低速)、光纤网(高速)、微波及卫星网(高速)。

按网络的带宽和传输能力进行分类,可以分为基带(窄带)低速网和宽带高速网等。

虽然网络类型的划分标准各异,但是从地理范围划分是一种大家都认可的通用网络划分标准。按这种标准可以把各种网络类型划分为局域网、城域网、广域网和互联网 4 种类型。局域网一般来说只能是一个较小区域内的网络,城域网是不同地区的网络互连,不过在此要说明的一点就是这里的网络划分并没有严格意义上地理范围的区分,只能是一个定性的概念。下面简要介绍这几种计算机网络。

1. 局域网(Local Area Network;LAN)

"LAN"是指局域网,是我们最常见、应用最广的一种网络。现在局域网随着整个计算机网络技术的发展和提高得到充分的应用和普及,几乎每个单位都有自己的局域网,有的甚至家庭中都有自己的小型局域网。很明显,所谓局域网,即是在局部地区范围内的网络,它所覆盖的地区范围较小。局域网在计算机数量配置上没有太多的限制,少的可以只有两台,多的可达几百台。一般来说,在企业局域网中,工作站的数量在几十到两百台次左右。在网络所涉及的地理距离上来说可以是几 m 至 10km 以内。局域网一般位于一幢建筑物或一个单位内,不存在寻径问题,不包括网络层的应用。

这种网络的特点就是连接范围窄、用户数量少、配置容易、连接速率高。目前局域网最快的速率要算现今的 10G 以太网了。IEEE 的 802 标准委员会定义了多种主要的 LAN 网:以太网(Ethernet)、令牌环网(Token Ring)、光纤分布式接口网络(FDDI)、异步传输模式网(ATM)以及最新的无线局域网(WLAN)。

2. 城域网(Metropolitan Area Network;MAN)

这种网络一般来说是在一个城市,但不在同一地理小区范围内的计算机互连。这种网络的连接距离可以在 10~100km,其采用的是 IEEE802.6 标准。MAN 与 LAN 相比扩展的距离更长,连接的计算机数量更多,在地理范围上可以说是 LAN 网络的延伸。在一个大型城市或都市地区,一个 MAN 网络通常连接着多个 LAN 网。如连接政府机构的 LAN、医院的 LAN、电信的 LAN、公司企业的 LAN 等。由于光纤连接的引入,使 MAN 中高速的 LAN

互连成为可能。

城域网多采用 ATM 技术做骨干网。ATM 是一种用于数据、语音、视频以及多媒体应用程序的高速网络传输方法。ATM 包括一个接口和一个协议,该协议能够在一个常规的传输信道上,在比特率不变及变化的通信量之间进行切换。ATM 也包括硬件、软件以及与 ATM 协议标准一致的介质。ATM 提供了一种可伸缩的主干基础设施,以便能够适应不同规模、速度以及寻址技术的网络。ATM 的最大缺点就是成本太高,所以一般应用在政府城域网中,如邮政、银行、医院等。

3．广域网(Wide Area Network;WAN)

这种网络也称为远程网,所覆盖的范围比城域网(MAN)更广,一般是在不同城市之间的 LAN 或者 MAN 网络互连,地理范围可从几百 km 到几千 km。因为距离较远,信息衰减比较严重,所以这种网络一般需租用专线,通过 IMP(接口信息处理)协议和线路连接起来,构成网状结构,解决循径问题。这种城域网因为所连接的用户较多,总出口带宽有限,所以用户的终端连接速率一般较低,通常为 9.6Kbps~45Mbps,如邮电部的 CHINANET,CHINAPAC 和 CHINADDN 网。

4．互联网(Internet)

互联网因其英文单词"Internet"的谐音,又称为"因特网"。在互联网应用如此发达的今天,它已是我们每天都要与之打交道的一种网络,无论从地理范围,还是从网络规模来讲它都是最大的一种网络,就是我们常说的"Web""WWW"和"万维网"等多种叫法。从地理范围来说,可以是全球计算机的互连,这种网络的最大特点就是不定性,整个网络的计算机时刻随着人们网络的接入在不断地发生变化。当连在互联网上的时候,计算机可以算是互联网的一部分,但一旦断开互联网的连接时,计算机就不属于互联网了。但它的优点也是非常明显的,就是信息量大,传播广,无论你身处何地,只要连上互联网就可以对任何可以连网用户发出你的信函和广告。因为这种网络的复杂性,所以这种网络实现的技术也是非常复杂的,这一点我们可以通过后面要讲的几种互联网接入设备详细地加以了解。

(五)计算机网络的拓扑结构

计算机网络的拓扑(Topology)结构,是指网上计算机或设备与传输媒介形成的节点与线的物理构成模式。网络的节点有两类:一类是转换和交换信息的转接节点,包括节点交换机、集线器和终端控制器等;另一类是访问节点,包括计算机主机和终端等。线则代表各种传输媒介,包括有形的和无形的。

每一种网络结构都由节点、链路和通路等几部分组成。
- 节点。又称为网络单元,是网络系统中的各种数据处理设备、数据通信控制设备和数据终端设备。常见的节点有服务器、工作站、集线路和交换机等设备。
- 链路。即两个节点间的连线,可分为物理链路和逻辑链路两种,前者指实际存在的通信线路,后者指在逻辑上起作用的网络通路。

- 通路。是指从发出信息的节点到接受信息的节点之间的一串节点和链路，即一系列穿越通信网络而建立起的节点到节点的链。

1．星形拓扑

星形拓扑由中央节点和通过点到点通信链路接到中央节点的各个站点组成。中央节点执行集中式通信控制策略，因此中央节点相当复杂，而各个站点的通信处理负担都很小。星形网采用的交换方式有电路交换和报文交换，尤以电路交换更为普遍。这种结构一旦建立了通道连接，就可以无延迟地在连通的两个站点之间传送数据。如图 6-2 所示。

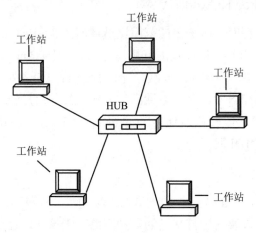

图 6-2　星形拓扑

其优点有以下几点。
(1) 结构简单，连接方便，管理和维护都相对容易，而且扩展性强。
(2) 网络延迟时间较小，传输误差低。
(3) 在同一网段内支持多种传输介质，除非中心节点故障，否则网络不会轻易瘫痪。因此，星形网络拓扑结构是目前应用最广泛的一种网络拓扑结构。

其缺点有以下几点。
(1) 安装和维护的费用较高。
(2) 共享资源的能力较差。
(3) 通信线路利用率不高。
(4) 对中心节点要求相当高，一旦中心节点出现故障，则整个网络将瘫痪。

星形拓扑结构广泛应用于网络的智能集中于中央节点的场合。从目前的趋势来看，计算机的发展已从集中的主机系统发展到大量功能很强的微型机和工作站，在这种形势下，传统的星形拓扑的使用会有所减少。

2．总线拓扑

总线拓扑结构采用一个信道作为传输媒体，所有站点都通过相应的硬件接口直接连到这一公共传输媒体上，该公共传输媒体即称为总线。任何一个站发送的信号都会沿着传输媒体传播，而且能被所有其他站所接收。

因为所有站点共享一条公用的传输信道,所以一次只能由一个设备传输信号。通常采用分布式控制策略来确定哪个站点可以发送。发送时,发送站将报文分成分组,然后逐个依次发送这些分组,有时还要与其他站的分组交替地在媒体上传输。当分组经过各站时,其中的目的站会识别到分组所携带的目的地址,然后复制下这些分组的内容。如图6-3所示。

其优点包括以下几点。

(1) 总线结构所需要的电缆数量少,线缆长度短,易于布线和维护。

(2) 总线结构简单,又是无源工作,有较高的可靠性。传输速率高,可达 1~100Mbps。

(3) 易于扩充,增加或减少用户比较方便,结构简单,组网容易,网络扩展方便。

(4) 多个节点共用一条传输信道,信道利用率高。

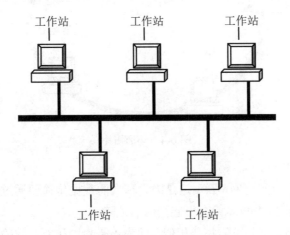

图 6-3 总线拓扑

其缺点包括以下几点。

(1) 总线的传输距离有限,通信范围受到限制。

(2) 故障诊断和隔离较困难。

(3) 分布式协议不能保证信息的及时传送,不具有实时功能。站点必须是智能的,要有媒体访问控制功能,从而增加了站点的硬件和软件开销。

3. 环形拓扑

环形拓扑网络由站点和连接站点的链路组成一个闭合环。每个站点能够接收从一条链路传来的数据,并以同样的速率串行地把该数据沿环送到另一端链路上。这种链路可以是单向的,也可以是双向的。数据以分组形式发送,如图6-4所示,A站希望发送一份报文到C站,就要先把报文分成若干个分组,每个分组除了数据还要加上某些控制信息,其中包括C站的地址。A站依次把每个分组送到环上,开始沿环传输,C站识别到带有其自己地址的分组时,便可将其中的数据复制下来。由于多个设备连接在一个环上,因此需要用分布式控制策略来进行控制。

其优点包括以下几点。

(1) 电缆长度短。环形拓扑网络所需的电缆长度和总线拓扑网络相似,但比星形拓扑网络要短得多。

(2) 增加或减少工作站时，仅需简单的连接操作。

(3) 可使用光纤。光纤的传输速率很高，十分适合于环形拓扑的单方向传输。

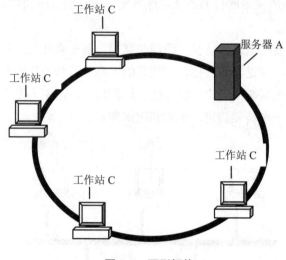

图 6-4　环形拓扑

其缺点包括以下几点。

(1) 节点的故障会引起全网故障。这是因为环上的数据传输要通过接在环上的每一个节点，一旦环中某一节点发生故障就会引起全网的故障。

(2) 故障检测困难。这与总线拓扑相似，因为不是集中控制，故障检测需要在网上各个节点进行，因此相对来说很不容易。

(3) 环形拓扑结构的媒体访问控制协议都采用令牌传递的方式，在负载很轻时，信息利用率相对来说就比较低。

4．树形拓扑

树形拓扑从总线拓扑演变而来，形状像一棵倒置的树，顶端是树根，树根以下带分支，每个分支还可再带子分支，树根接收各站点发送的数据，然后再广播发送到全网。树形拓扑的特点大多与总线拓扑的特点相同，但也有一些特殊之处。

其优点包括以下几点。

(1) 易于扩展。这种结构可以延伸出很多分支和子分支，这些新节点和新分支都能容易地加入网内。

(2) 故障隔离较容易。如果某一分支的节点或线路发生故障，很容易将故障分支与整个系统隔离开来。如图 6-5 所示。

其缺点包括以下几点。

各个节点对根的依赖性太大，如果根发生故障，则全网不能正常工作。从这一点来看，树形拓扑结构的可靠性有点类似于星形拓扑结构。

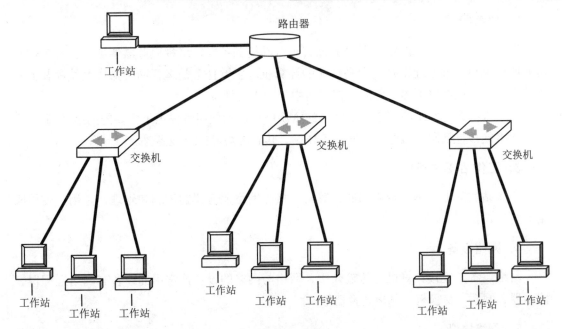

图 6-5 树形拓扑

5．混合形拓扑

将以上某两种单一拓扑结构混合起来，取两者的优点构成的拓扑称为混合形拓扑结构。一种是星形拓扑和环形拓扑混合而成的"星一环"拓扑，另一种是星形拓扑。

拓扑和总线拓扑混合成的"星一总"拓扑。其实，这两种混合形在结构上有相似之处，若将总线结构的两个端点连在一起也就成了环形结构。这种拓扑的配置是由一批接入环中或总线的集中器组成，由集中器再按星形结构连至每个用户站。

其优点包括以下几点。

(1) 故障诊断和隔离较为方便。一旦网络发生故障，只要诊断出哪个集中器有故障，将该集中器和全网隔离即可。

(2) 易于扩展。要扩展用户时，可以加入新的集中器，也可在设计时，在每个集中器上留出一些备用的可插入新的站点的连接口。

(3) 安装方便。网络的主电缆只要连通这些集中器，这种安装和传统的电话系统电缆安装很相似。

其缺点包括以下几点。

(1) 需要选用智能集中器。这是为了实现网络故障自动诊断和故障节点的隔离所必需的。

(2) 像星形拓扑结构一样，集中器到各个站点的电缆安装长度会增加。

(六)计算机网络的组成

1．资源

这里所指资源是指被服务器提供到网络上，供工作站(客户机)使用的软、硬件资源，可以是文件、文件夹、打印机、扫描仪等。

2. 服务器

每个独立的计算机网络中至少应该有一台网络服务器，这种服务器便是一台被工作站访问的计算机，并且通常是一台高性能的计算机。主要任务是运行网络操作系统和其他应用软件，并且在网络上提供资源，在网络中处于中心地位。

网络服务器是网络的核心，是网络的资源所在，为使用者提供了主要的网络资源。

网络硬件包括网络服务器、网络工作站、传输介质和网络设备等。

3. 工作站(客户机)

工作站实际上就是一台入网的计算机，接受网络服务器的控制和管理，是用户使用网络的窗口。

4. 网络设备

网络设备是连接计算机与传输介质、网络与网络的设备，常用的设备有网络适配器、路由器、网桥、交换机、光电转换器等。

5. 网络协议

计算机网络是由多个互连的节点组成的，节点之间需要不断地交换数据与控制信息。要做到有条不紊地交换数据，每个节点都必须遵守一些事先约定好的规则。这些规则明确地规定了所交换数据的格式和时序。这些为网络数据交换而制定的规则、约定与标准被称为网络协议。

网络协议是计算机之间进行通信所必需的。因为各种计算机或相关设备，出自不同厂家，软硬件各不相同，连在同一个计算机网络上，必须采用相互"兼容"的措施，才能互相通信。这需要在信息转换、信息控制和信息管理方面，制定一份共同遵守的协议。

常用的协议有 TCP/IP 协议(传输控制协议/网络协议)、IPX/SPX 协议(国际报交换/顺序报交换)等。

任何一种通信协议都包括 3 个组成部分，即语法、语义和时序。

(1) 语法规定了通信双方"如何讲"，确定用户数据与控制信息的结构与格式。

(2) 语义规定通信双方准备"讲什么"，即需要发出何种控制信息，以及完成的动作与作出的响应。

(3) 时序规定双方"何时进行通信"，即对事件实现顺序的详细说明。

6. 网络操作系统

网络操作系统，是一种能代替操作系统的软件程序，是网络的心脏和灵魂，是向网络计算机提供服务的特殊的操作系统。其借由网络互相传递数据与各种消息，可分为服务器(Server)及客户端(Client)。而服务器的主要功能是管理服务器和网络上的各种资源，网络设备的共用，加以统合并控管流量，避免有瘫痪的可能性，而客户端就是有着能接收服务器所传递的数据来运用的功能，好让客户端可以清楚地搜索所需的资源。

目前，在 LAN 中使用的网络操作系统主要有 4 个分类，即 Windows 类，NetWare 类，

Unix 系统和 Linux 类。

1) Windows 类

对于这类操作系统相信用过计算机的人都不会陌生，这是全球最大的软件开发商——Microsoft(微软)公司开发的。微软公司的 Windows 系统不仅在个人操作系统中占有绝对优势，在网络操作系统中也具有非常强大的优势。这类操作系统配置在整个局域网中是最常见的，但由于它对服务器的硬件要求较高，且稳定性能不是很高，所以微软的网络操作系统一般只是用在中低档服务器中，高端服务器通常采用 UNIX、LINUX 或 Solaris 等非 Windows 操作系统。在局域网中，微软的网络操作系统主要有 Windows NT 4.0 Serve、Windows 2000 Server/Advance Server 以及最新的 Windows 2003 Server/ Advance Server 等，工作站系统可以采用任一款 Windows 或非 Windows 操作系统，包括个人操作系统，如 Windows 9x/ME/XP 等。

在整个 Windows 网络操作系统中最为成功的要数 Windows NT4.0 这一套系统，它几乎成为中、小型企业局域网的标准操作系统，一则是它继承了 Windows 家族统一的界面，使用户学习、使用起来更加容易。再则它的功能也的确比较强大，基本上能满足所有中、小型企业的各项网络需求。虽然相比 Windows 2000/2003 Server 系统来说在功能上要逊色许多，但对服务器的硬件配置要求要低许多，可以在更大程度上满足许多中、小型企业的 PC 服务器配置需求。

2) NetWare 类

NetWare 操作系统虽然远不如早几年那么风光，在局域网中早已失去了当年雄霸一方的气势，但其仍以对网络硬件的要求较低(工作站只要是 286 机就可以了)而受到一些设备比较落后的中、小型企业，特别是学校的青睐。人们一时还忘不了它在无盘工作站组建方面的优势，还忘不了它那毫无过分需求的大度。且因为它兼容 DOS 命令，其应用环境与 DOS 相似，经过长时间的发展，具有相当丰富的应用软件支持，技术完善、可靠。目前常用的版本有 3.11、3.12 和 4.10 、V4.11、V5.0 等中英文版本，NetWare 服务器对无盘站和游戏的支持较好，常用于教学网和游戏厅。目前这种操作系统的市场占有率呈下降趋势，这部分市场主要被 Windows NT/2000 和 Linux 系统所瓜分。

3) Unix 系统

目前常用的 UNIX 系统版本主要有 Unix SUR4.0、HP-UX 11.0，SUN 的 Solaris8.0 等。其支持网络文件系统服务，提供数据等应用，功能强大，由 AT&T 和 SCO 公司联合推出。这种网络操作系统稳定性和安全性能非常好，但由于多数是以命令方式进行操作的，故不容易掌握，特别是初级用户。正因如此，小型局域网基本不使用 Unix 作为网络操作系统，Unix 一般用于大型的网站或大型的企、事业局域网中。Unix 网络操作系统历史悠久，其良好的网络管理功能已为广大网络用户所接受，拥有丰富的应用软件的支持。目前 Unix 网络操作系统的版本有 AT&T 和 SCO 的 UNIXSVR3.2、SVR4.0 和 SVR4.2 等。Unix 本是针对小型机主机环境开发的操作系统，是一种集中式分时多用户体系结构。因其体系结构不够合理，故市场占有率呈下降趋势。

4) Linux

这是一种新型的网络操作系统,其最大特点就是源代码开放,可以免费得到许多应用程序。目前也有中文版本的 Linux,如 REDHAT(红帽子)、红旗 Linux 等。在国内得到了用户充分的肯定,主要体现在其安全性和稳定性方面,它与 Unix 有许多类似之处。但目前这类操作系统仍主要应用于中、高档服务器中。

总体来说,对特定计算环境的支持使每一个操作系统都有适合于自己的工作场合,这就是系统对特定计算环境的支持。例如,Windows 2000 Professional 适用于桌面计算机,Linux 目前较适用于小型的网络,而 Windows 2000 Server 和 Unix 则适用于大型服务器应用程序。因此,对于不同的网络应用,需要我们有目的、有选择地选用网络操作系统。

二、互联网基础知识

Internet 将世界各地大大小小的网络互连起来,这些网络上又各自有许多计算机接入。与 Internet 相连的任何一台计算机,不管是最大型的还是最小型的,都称为主机。为了使用户能够方便快捷地找到互联网上信息的提供者,或信息的目的地,首先必须解决如何识别网上主机的问题。

在网络中,主机的识别依靠地址,所以,Internet 在统一全网的过程中,首先要解决地址统一问题。Internet 采用一种全局通用的地址格式,为全网的每一个网络和每一台主机都分配一个 Internet 地址,IP 协议的一项重要功能就是处理在整个 Internet 网络中使用统一的 IP 地址。

(一)TCP/IP 协议

由于各种网络本身是由计算机公司或大专院校根据各自的需要研制出来的,结构上各不相同,要把各种不同的网络互连并实现网络间通信不是一件容易的事,也就是说互联网络呼唤一种"网际通用语言",这就是 TCP/IP 协议。TCP/IP 协议是互联网络的信息交换、规则、规范的集合体。

(二)IP 地址

IP 地址是网上的通信地址,是计算机、服务器、路由器的端口地址,每一个 IP 地址在全球都是唯一的,是运行 TCP/IP 协议的唯一标识。

IP 地址是 Internet 为每一台主机分配的 32 位二进制数组成的唯一标识符。为了便于记忆,可以将组成 IP 地址的 32 位二进制数分成 4 组,每组 8 位,用小数点将它们隔开,然后把每一组数翻译成相应的十进制数,形如 xxx.xxx.xxx.xxx。例如,中国广告商情网的服务器在 Internet 上的地址是 202.94.1.86,上海热线的 IP 地址是 202.96.209.5 和 202.96.209.133 等。

IP 地址包括两部分内容:一部分为网络标识,另一部分为主机标识。根据网络规模和应用的不同,IP 地址可分为 A～E 类,常用的为 A、B、C 类。其分类和应用如表 6-1 所示。

表 6-1　IP 地址分类

分　类	第一字节数字范围	应　用
A	1～126	大型网络
B	128～192	中等规模网络
C	192～223	校园网
D	224～239	备用
E	240～254	实验用

如果从上网用户的地址角度进行分类，IP 地址又可以分为动态地址和静态地址两类。就像电话号码资源一样，6 位数的电话号码最多只能接纳 999999 个电话用户，32 位的 Internet IP 地址所能容纳的用户数量也是有限的。对于一个网络服务商来说，它所拥有的 IP 地址是有限的，比如说 16 个，或 32 个，或 64 个，或 128 个地址等，这里假定它有 16 个 IP 地址，如果给每个用户一个固定的 IP 地址，那么这时每个用户得到的 IP 地址就是固定的，比如其中一个用户得到的 IP 地址是 202.99.96.97，则每次该用户进入 Internet 都必须使用这个地址(或入口)，这时就称用户所拥有的 IP 地址是静态的 IP 地址。静态 IP 地址的最大优点是对于用户来说，它的 IP 地址是固定不变的，所以其他用户只要知道这个地址就可以访问这个用户，就好像其他人知道你的电话号码就能给你打电话一样。对于信息服务的提供者来说，必须告诉访问者一个唯一的地址。例如上海热线的 IP 地址就是静态地址。一般来讲，只有申请 DDN 专线、X.25 专线的用户，才申请固定的地址。这样的用户除了可以访问 Internet 资源外，还能利用 Internet 发布信息，供全球访问。但是静态 IP 地址最大的缺点是使宝贵的 IP 地址没有得到充分使用，比如 16 个 IP 地址就只能分配给 16 个用户。第 17 个用户要想以 IP 方式入网就没有地址了，这好比电话局只有 16 个电话号码，那么只能分配给 16 个用户一样，怎么办呢？有一个很好的解决方案，那就是动态地分配 IP 地址，即不把 16 个地址分配给 16 个固定用户，而是当某个用户需要上网时才临时将 16 个 IP 地址中的一个随机地分配给他，每一个 IP 地址相当于一个进入 Internet 的入口号码，从这个入口，用户就能将自己的计算机直接连入 Internet，每当这个用户下网后，这个 IP 地址将自动地空出来供其他用户上网使用。如果把静态 IP 地址比作每个用户自己家中的私人电话号码，那么动态 IP 地址就好像公用电话号码，当你使用时它暂时属于你，当你用完后它就将属于下一个使用者，一部公用电话可以让很多人使用，同样动态 IP 地址也可以随时分配给任何想要上网的人。

16 个动态 IP 地址可同时满足 16 个要上网的用户。如果同一时刻已经有 16 个用户正在上了，那么第 17 个用户就得等待，直到有人下网后腾出入网口才能进入。比如，第 8 号入口的用户下网了，第 17 个用户就可以从第 8 号口连入 Internet。因此，每个用户入网所使用的入网口都是随机确定的，哪个口空闲就从哪个口入网，下次这个用户再次上网可能是从另一个口进入的，所以每次分配给用户的 IP 地址都是不同的，这就是动态 IP 地址的概念。动态 IP 地址最大的优点就是能够充分地利用有限的 IP 地址资源，让有限的 IP 地址为更多的入网用户服务。所以一般的拨号上网用户所拥有的都是动态地址。

为了确保 IP 地址在 Internet 网上的唯一性，IP 地址统一由美国的国防数据网络信息中心 DDNNIC 分配。对于美国以外的国家和地区，DDNNIC 又授权给世界各大区的网络信息中心分配。总之，要加入 Internet，就必须申请到合法的 IP 地址。

(三)域名系统

由于记忆数字形式的 IP 地址对普通用户来讲比较困难，因此，Internet 引入域名服务系统 DNS(Domain Name System)。这是一个分层定义和分布式管理的命名系统，其主要功能为两个：一是定义了一套为机器取域名的规则；二是把域名高效率地转换成 IP 地址。

域名采用分层次方法命名，每一层都有一个子域名。子域名之间用点号分隔，自右至左分别为最高层域名、机构名、网络名、主机名。例如，indi.shcnc.ac.cn 域名表示中国(cn)科学院(ac)上海网络中心(shcnc)的一台主机(indi)。

有了域名服务系统，凡域名空间中有定义的域名都可以有效地转换成 IP 地址。反之，IP 地址也可以转换成域名。因此，用户可以等价地使用域名或 IP 地址。部分域名与 IP 地址对照表，如表 6-2 所示。

表 6-2　部分域名与 IP 地址对照表

位置	域名	IP 地址	地址类别
中国教育科研网	cernet.edu.cn	202.112.0.36	C
清华大学	tsinghua.edu.cn	116.111.250.2	B
北京大学	pku.edu.cn	162.105.129.30	B
北京邮电大学	bupt.edu.cn	202.38.184.81	C
华南理工大学	gznet.edu.cn	202.112.17.38	C
上海交通大学	earth.shnet.edu.cn	202.112.26.33	C
华中理工大学	whnet.edu.cn	202.112.20.4	C

请注意，从形式上看，一台主机的域名与 IP 地址之间好像存在某种对应关系，其实域名的每一部分与 IP 地址的每一部分完全没有关系。绝不能把上海交通大学的域名"earth.shnet.edu.cn"与地址 202.112.26.33 之间分别以 earth 对应 202、shnet 对应 112。域名与 IP 之间的关系正如人的名字与他的身份证号码之间没有必然的联系是一样的道理。

Internet 最高域名被授权由 DDNNIC 登记。最高域名在美国用于区分机构，在美国以外用于区分国别或地域。最常见的最高域名的意义，如表 6-3、表 6-4 所示。

表 6-3　以机构区分的域名的例子

域名	意义	域名	意义	域名	意义
com	商业网	edu	教育网	gov	政府机构
mil	军事网	net	网络机构	org	机构网

(四)E-mail 地址

在 Internet 上，人们使用最多的是电子邮件功能。用户拥有的电子邮件地址被称为 E-mail

地址，具有下述统一格式。

表 6-4　以国别或地域区分的域名例子

域　名	含　义	域　名	含　义	域　名	含　义
ag	南极	es	西班牙	lu	卢森堡
cn	中国	us	美国	nz	新西兰
ar	阿根廷	fr	法国	my	马来西亚

用户名@主机域名。

其中，用户名就是你向网管机构注册时获得的用户码。"@"符号后面是你使用的计算机主机域名。例如 Fox@online.sh.cn，就是中国(cn)上海(sh)上海热线(online)主机上的用户 Fox 的 E-mail 地址(用户名区分大小写，主机域名不区分大小写)。同样道理，北京大学的网络管理中心接受用户的 E-mail 注册，其 E-mail 地址形如******@pku.edu.cn。

用户标识与主机域名的联合必须是唯一的。因而，尽管 Internet 上也许可能有不止一个 Fox，但是在名为 online.sh.cn 的主机上却只能有一个。

E-mail 的使用并不要求用户与注册的主机域名在同一地区。这就是为什么许多归国人员仍在使用诸如 haidin@ibm.com、chun_t@www.hotmai.com 这样的 E-mail 地址。

(五)URL 地址和 HTTP

在万维网(WWW)上，每一个信息资源都有统一的且在网络上唯一的地址，该地址就叫作 URL(Uniform Resource Locator)。它是 WWW 的统一资源定位标志。URL 由 3 部分组成，即资源类型、存放资源的主机域名及资源文件名。例如，http://www.tsinghua.edu.cn/top.html，其中 http 表示该资源类型是超文本信息，www.tsinghua.edu.cn 是清华大学的主机域名，top.html 为资源文件名。

http 是超文本传输协议，与其他协议相比，http 协议非常简单，通信速度快，时间开销少，而且允许传输任意类型的数据，包括多媒体文件，因而在 WWW 上可方便地实现多媒体浏览。

此外，URL 还使用 Gopher、Telnet、FTP 等标志表示其他类型的资源。Internet 上的所有资源都可以用 URL 来表示。表 6-5 列出了由 URL 地址表示的各种类型的资源。

表 6-5　URL 地址表示的各类资源

URL 资源名	功　能
http	多媒体资源，由 Web 访问 FTP 与文件服务器连接
FTP	与文件服务器连接
Telnet	与主机建立远程登录连接
WAIS	广域信息服务
News	新闻阅读与专题讨论
Gopher	通过 Gopher 访问

(六)连接因特网

1．Internet 的连接方式

将用户连入 Internet 有很多方法，这些方法都有各自的优点和局限性。对于广大的一般用户只要熟悉其中的一种方式，就是最普遍使用的也是最重要的入网方式，这就是拨号入网方式。当然，目前，用户普遍采用宽带网或专线上网。

根据用户的计算机在 Internet 所处的地位不同，可将进入 Internet 分为三种方式，即终端方式、主机方式和网络方式。

(1) 终端方式入网的计算机只能是网络上某台 Unix 主机的仿真终端，终端用户没有 IP 地址，只能利用主机上提供的软件来享用 Internet 服务。这种方式价格低，对微机的性能要求不高，比如只要能运行 DOS 而无须 Windows 就可以上网了。缺点是由于没有 IP 地址，所以无法使用一些高级的图形界面软件(如 Netscape 导航系统等)。

(2) 采用主机方式入网的计算机必须有一个 NIC(Network Information Center)统一分配的 IP 地址。在这种情况下，用户计算机可以通过自己的软件工具享受 Internet 上的各种服务，如 FTP、Telnet、E-mail、WWW 浏览等，当用户以拨号方式(PPP)上网时，即利用一种叫作点对点协议的软件把用户的计算机和服务商的主机连接起来，用户的计算机借助服务商的主机直接连接到 Internet 上。用户的计算机可以分配到一个临时、独立的 IP 地址，虽然每次入网所看到的 IP 地址可能不同，但毕竟是有了自己的 IP 地址。

(3) 网络方式入网是指用户使用自己的局域网。当用户使用的局域网已经连接到 Internet 主机上时，该局域网络上的所有用户就会得到一个唯一的 IP 地址，局域网连入 Internet 的途径可以是专线，也可以是高速调制解调器。

2．Internet 服务商的选择

大量的用户采用主机方式入网，而且是通过拨号途径连接 Internet 主机的。不管用户打算以何种方式进入 Internet，都必须找到一家 Internet 服务提供商 ISP(Internet Service Provider)，例如"上海热线"与"瀛海威时空"就是 ISP，"金桥网"也是 ISP。ISP 是广大网上用户与 Internet 之间的桥梁。

目前随着 Internet 的不断升温，有大量提供 Internet 入网服务的单位诞生。在我国，从大的方面来说，有邮电部的 Chinanet 网、教委的校园网、中国科学院的科研网以及信息产业部的金桥网。从小的方面来说，还有大大小小的公司承办入网服务。

就像商品一样，入网服务也有质量问题，那么如何选择 ISP 呢？应当考虑哪些因素呢？下面是提供给初次入网的用户的一些建议。

(1) 有良好的信誉。向周围的人打听，得到对入网服务商的评价并不难。

(2) 提供技术服务的时间长。一般按照传统提供服务，正常的时间为每周 40 小时，但对于普遍的 Internet 入网来说，这种技术服务往往不利于用户解决随时可能发生的问题。最好选择能提供全天 24 小时在线服务的服务商。

(3) 能提供本地入网。入网后使用 Internet 最便宜的方法是选择从本地入网。因为 Internet 网络的费用是网络使用费＋电话费。如果当地的 Internet 还没有开通，请选择距离你居住地

最近的城市入网。

(4) 允许创建个人 WWW 文档页。有些提供者允许用户在其系统中创建自己的 WWW 文档页，这有助于用户在网络上宣传自己。

(5) 合理的价格。随着 Internet 在我国的不断发展，收费标准变化很快，需要经常询问。

(6) 提供电子邮件服务器。该服务器允许用户在 Internet 上收取 E-mail 邮件。由于电子服务是最基本的服务，所以绝大多数入网服务商都提供邮件服务器。

(7) IP 地址容量。当你连接到服务提供者的服务器时，没有什么比总是碰到忙音更使人着急上火了。所以，你得打听该服务商能同时提供多少人上网，比如是 64 人、128 人还是 256 人甚至更多。

(8) 高性能。如果服务提供者的服务器很忙，它就不能很快地给用户传送信息，那么即使用户使用高速调制解调器也没有任何意义。

选择 ISP 后，我们将从 ISP 处获得入网用户名、注册密码等信息，并有专门的技术人员上门安装测试线路。

完成这些步骤之后，就可以开始在 Internet 上开始冲浪了。

三、Web 应用技术

(一)Web 简介

Web 这个 Internet 上最热门的应用架构(B/S)是由 Tim Berners-Lee 发明的。Web 的前身是 1980 年 Tim Berners-Lee 负责的 Enquire(Enquire Within Upon Everything 的简称)项目。

1990 年 11 月，第一个 Web 服务器 nxoc01.cern.ch 开始运行，Tim Berners-Lee 在自己编写的图形化 Web 浏览器"World Wide Web"上看到了最早的 Web 页面。

1991 年，CERN(European Particle Physics Laboratory)正式发布了 Web 技术标准。

目前，与 Web 相关的各种技术标准都由著名的 W3C 组织(World Wide Web Consortium)管理和维护。

(二)Web 发展及趋势

1. Web1.0

用户和浏览器之间没有交互，使用纯静态 Html 页面进行数据展现，用户只能浏览静态的数据。

2. Web2.0

动态网页技术开始变得成熟，用户与浏览器之间的交互开始变得更加丰富。各种图像和声音媒体也开始支持。用户可以在 Web 上创造属于自己的数据。

3. Web3.0

人机之间的交互更加丰厚，云计算等新技术的使用可以使 Web 服务器根据个人用户的使用习惯和历史数据计算出用户可能所需的服务，即 Web Service。如图 6-6 所示。

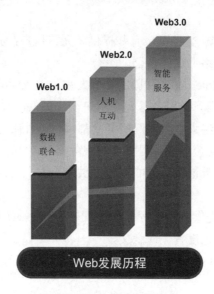

图 6-6　Web 的发展及趋势

(三)Web 应用程序服务器

1. 应用服务器和 Web 服务器的区别

通俗地讲，Web 服务器传送页面使浏览器可以浏览，然而应用程序服务器提供的是客户端应用程序可以调用的方法。确切地说，Web 服务器专门处理 HTTP 请求，但是应用程序服务器是通过很多协议来为应用程序提供商业逻辑。

1) Web 服务器(Web Server)

Web 服务器可以解析 HTTP 协议。当 Web 服务器接收到一个 HTTP 请求，会返回一个 HTTP 响应，例如送回一个 HTML 页面。为了处理一个请求，Web 服务器可以响应一个静态页面或图片，进行页面跳转，或者把动态响应的产生委托给一些其他的程序，如 CGI 脚本，JSP(Java Server Pages)脚本，servlets，ASP(Active Server Pages)脚本，服务器端 JavaScript，或者一些其他服务器端技术。无论这些脚本的目的如何，这些服务器端的程序通常产生一个 HTML 的响应来让浏览器可以浏览。

因为 Web 服务器的代理模型非常简单，当一个请求被送到 Web 服务器时，它只单纯地把请求传递给可以很好地处理请求的服务器端脚本。Web 服务器仅仅提供一个可以执行服务器端程序和返回程序所产生的响应的环境，而不会超出职能范围。服务器端程序通常具有事务处理、数据库连接和消息等功能。

虽然 Web 服务器不支持事务处理或数据库连接池，但其可以通过各种配置实现容错性和可扩展性，如负载平衡，缓冲。集群特征经常被误认为仅仅是应用程序服务器专有的特征。

简单来讲，Web 服务器类似一个容器，具有以下 4 个主要功能。

- 解析 Web 程序并运行，将结果输出给浏览器。
- 浏览器解释并执行页面脚本。

- Web 服务器处理客户端 Http 请求。
- 解析页面做数据展现。

2) 应用程序服务器(The Application Server)

根据我们的定义，作为应用程序服务器，它通过各种协议，可以包括 HTTP，把业务逻辑暴露给客户端应用程序。Web 服务器主要是处理向浏览器发送 HTML 以供浏览，而应用程序服务器提供访问业务逻辑的途径以供客户端应用程序使用。

应用程序服务器的客户端可能会运行在一台 PC、一个 Web 服务器甚至其他的应用程序服务器上。在应用程序服务器与其客户端之间来回穿梭的信息不仅仅局限于简单地显示标记。相反，这种信息就是程序逻辑。 正是由于这种逻辑具有数据和方法调用的形式而不是静态 HTML，所以客户端才可以随心所欲地使用这种被暴露的业务逻辑。

在大多数情形下，应用程序服务器是通过组件的应用程序接口把业务逻辑暴露的，例如基于 J2EE(Java 2 Platform，Enterprise Edition)应用程序服务器的 EJB(Enterprise Java Bean)组件模型。此外，应用程序服务器可以管理自己的资源，如看大门的工作包括安全、事务处理、资源池和消息。就像 Web 服务器一样，应用程序服务器配置了多种可扩展性和容错技术。

2．常见 Web Server(App Server)

1) WebSphere

WebSphere Application Server 是一种功能完善、开放的 Web 应用程序服务器，是 IBM 电子商务计划的核心部分，是基于 Java 的应用环境，用于建立、部署和管理 Internet 及 Intranet Web 的应用程序。

关键词：大型系统、高并发量、海量数据。

2) IIS

Microsoft 的 Web 服务器产品为 Internet Information Server (IIS)， IIS 是允许在公共 Intranet 或 Internet 上发布信息的 Web 服务器。IIS 是目前最流行的 Web 服务器产品之一。

关键词：简单、易用、有 GUI 界面。

3) Apache

Apache 仍然是世界上用得最多的 Web 服务器，其市场占有率达 60%左右。其优点在于源代码开放、有一支开放的开发队伍、支持跨平台的应用(可以运行在几乎所有的 Unix、Windows、Linux 系统平台上)以及可移植性等方面。

关键词：开源、轻巧、开发调试首选。

4) WebLogic

WebLogic 是美国 BEA 公司出品的一个 application server，确切地说是一个基于 JavaEE 架构的中间件，BEA WebLogic 是用于开发、集成、部署和管理大型分布式 Web 应用、网络应用和数据库应用的 Java 应用服务器。其将 Java 的动态功能和 Java Enterprise 标准的安全性引入大型网络应用的开发、集成、部署和管理之中。

5) 金蝶 Apusic

该服务器是国内第一个通过 J2EE 测试认证的应用服务器，是全球第四家获得 JavaEE

5.0 认证授权的产品。它完全实现了 J2EE 等企业计算相关的工业规范及标准，代码简洁优化，具备了数据持久性、事务完整性、消息传输的可靠性、集群功能的高可用性以及跨平台的支持性等特点。

6) JBoss

JBoss 是全世界开发者共同努力的成果，是一个基于 J2EE 的开放源代码的应用服务器。2006 年，Jboss 公司被 Redhat 公司收购。JBoss 是一个管理 EJB 的容器和服务器，支持 EJB 1.1、EJB 2.0 和 EJB3.0 的规范。但 JBoss 的核心服务不包括支持 servlet/JSP 的 WEB 容器，一般与轻量级的 Tomcat 或 Jetty 绑定使用。

7) Jetty

Jetty 是一个开源的 servlet 容器，它为基于 Java 的 web 内容，如 JSP 和 servlet 提供运行环境。Jetty 是使用 Java 语言编写的，其 API 以一组 JAR 包的形式发布。开发人员可以将 Jetty 容器实例化成一个对象，可以迅速为一些独立运行(stand-alone)的 Java 应用提供网络和 Web 连接。

(四)Web 前端技术

Web 前端也即视图层，主要做与业务逻辑无关的数据展现。其可分为三个层面，即内容(HTML)、表现(CSS)和行为(JavaScript)。Web 前端开发是从网页制作演变而来的，前端开发的入门门槛比较低，与服务器端语言先慢后快的学习曲线相比，前端开发的学习曲线是先快后慢，需要一定的美工基础。

1．内容(HTML)

使用 XHTML 1.0 或 HTML5 规范的代码，网页最终是由浏览器来解析的，而浏览器又是根据 Web 规范来解析网页的，所以，遵守规范可以确保在各种浏览器中都能正确解析。

2．表现(CSS)

级联样式表(Cascading Style Sheet)，通常又称为"风格样式表"(Style Sheet)，是用来进行网页风格设计的。比如，如果想让链接字未点击时是蓝色的，当鼠标移上去后字变成红色的且有下划线，这就是一种风格。通过设立样式表，可以统一控制 HTML 中各标志的显示属性。级联样式表可以使人更能有效地控制网页外观。使用级联样式表，可以扩充精确指定网页元素位置，外观以及创建特殊效果的能力。

3．行为(JavaScript)

JavaScript 语言的前身叫作 LiveScript。自从 Sun 公司推出著名的 Java 语言之后，Netscape 公司引进了与 Sun 公司有关 Java 的程序概念，将自己原有的 LiveScript 重新进行设计，并改名为 JavaScript。JavaScript 是一种基于对象和事件驱动并具有安全性能的脚本语言，有了 JavaScript，可使网页变得生动。使用它的目的是与 HTML 超文本标识语言、Java 脚本语言一起实现在一个网页中连接多个对象，与网络客户交互作用，从而可以开发客户端的应用程序，它是通过嵌入或调入在标准的 HTML 语言中实现的。

JavaScript 脚本语言具有下述几种特点。

1) 脚本语言

JavaScript 是一种解释型的脚本语言，C、C++等语言先编译后执行，而 JavaScript 是在程序的运行过程中逐行进行解释。

2) 基于对象

JavaScript 是一种基于对象的脚本语言，不仅可以创建对象，也能使用现有的对象。

3) 简单

JavaScript 语言中采用的是弱类型的变量类型，对使用的数据类型未作出严格的要求，是基于 Java 基本语句和控制的脚本语言，其设计简单紧凑。

4) 动态性

JavaScript 是一种采用事件驱动的脚本语言，无须经过 Web 服务器就可以对用户的输入作出响应。在访问一个网页时，鼠标在网页中进行鼠标点击或上下移、窗口移动等操作 JavaScript 都可直接对这些事件给出相应的响应。

5) 跨平台性

JavaScript 脚本语言不依赖于操作系统，仅需要浏览器的支持。因此，一个 JavaScript 脚本在编写后可以带到任意机器上使用，前提上机器上的浏览器支持 JavaScript 脚本语言，目前 JavaScript 已被大多数的浏览器所支持。

(五)Web 后台技术

Web 后台技术的分类和特征，如表 6-6 所示。

表 6-6　常用服务器端技术的比较

平台技术	语言类型	优　点	缺　点	应用范围
JavaEE(Jsp)	半编译半解释	稳定、效率高跨平台、开源	学习培养的成本高	大中型企业级架构(银行、电信等)
.Net(Asp)	从 JavaEE 发展而来	简单易学组件丰富	全嵌在页面里代码容易混乱	中小企业的 Web 应用和桌面程序开发
Php	解释型、内嵌式服务器端脚本	开源、效率高，强大的数据库支持	代码全嵌在页面里导致容易混乱	中小型项目的快速开发
Ruby	解释型服务器端脚本	完全面向对象、简单易学、特性多	相关资料少、服务器对其的支持	中小型项目的快速开发

四、电子数据交换技术(EDI)

EDI 是 Electronic Data Interchange 的缩写，即电子数据交换，EDI 不是用户之间简单的数据交换，EDI 用户需要按照国际通用的消息格式发送信息，接收方也需要按国际统一规定的语法规则，对消息进行处理，并引起其他相关系统的 EDI 综合处理。整个过程都是自动完成的，无须人工干预，减少了差错，提高了效率。

(一)EDI 技术的优点

EDI 技术的优点包括下述几项。

1．迅速准确

在国际、国内贸易活动中使用 EDI 技术，以电子文件交换取代了传统的纸面贸易文件(如订单、发货票、发票)，双方使用统一的国际标准格式编制文件资料，利用电子方式将贸易资料准确迅速地由一方传递到另一方，是发达国家普遍采用的"无纸贸易手段"，也是世贸组织成员国将来必须使用和推广的标准贸易方式。

2．方便高效

采用 EDI 技术可以将原材料采购与生产制造、订货与库存、市场需求与销售，以及金融、保险、运输、海关等业务有机地结合起来，集先进技术与科学管理为一体，极大地提高工作效率，为实现"金关"工程奠定基础。安全可靠在 EDI 系统中每个环节都建立了责任的概念，每个环节上信息的出入都有明确的签收、证实要求，以便于为责任的审计、跟踪、检测提供可靠的保证。在 EDI 的安全保密系统中广泛应用了密码加密技术，以提供防止流量分析、防假冒、防否认等安全服务。

减少了许多重复劳动，提高了工作效率。如果没有 EDI 系统，即使是高度计算机化的公司，也需要经常将外来的资料重新输入本公司的计算机。调查表明，从一部计算机输出的资料有多达 70%的数据需要再输入其他计算机，既费时又容易出错。EDI 使贸易双方能够以更迅速有效的方式进行贸易，极大地简化了订货或存货的过程，使双方能及时、充分地利用各自的人力和物力资源。美国 DEC 公司应用了 EDI 后，使存货期由 5 天缩短为 3 天，每笔订单费用从 125 美元降到 32 美元。通过 EDI 可以改善贸易双方的关系，厂商可以准确地预计日后商品的寻求量，货运代理商可以简化大量的出口文书工作，商户可以提高存货的效率，极大地提高他们的竞争能力。

3．降低成本

EDI 系统规范了信息处理程序，信息传递过程中无须人工干预，在提高了信息可靠性的同时，大大降低了成本。香港对 EDI 的效益进行过统计，使用 EDI 可提高商业文件传送速度 81%，降低文件成本 44%，减少错漏造成的商业损失 41%，降低文件处理成本 38%。

降低了纸张的消费。根据联合国组织的一次调查，进行一次进出口贸易，双方约需交换近 200 份文件和表格，其纸张、行文、打印及差错可能引起的总开销等大约为货物价格的 7%。据统计，美国通用汽车公司采用 EDI 后，每生产一辆汽车可节约成本 250 美元，按每年生产 500 万辆计算，可以产生 12.5 亿美元的经济效益。

(二)EDI 技术的特点

EDI 技术具有下述几种特点：

1．单证格式化

EDI 传输的是企业间格式化的数据，如定购单、报价单、发票、货运单、装箱单、报关单等，这些信息都具有固定的格式与行业通用性。而信函、公函等非格式化的文件不属于 EDI 处理的范畴。

2．报文标准化

EDI 传输的报文符合国际标准或行业标准，这是计算机能自动处理的前提条件。目前最为广泛使用的 EDI 标准是 UN/EDIFACT(联合国标准 EDI 规则，适用于行政管理、商贸、交通运输)和 ANSI X.12(美国国家标准局特命标准化委员会第 12 工作组制定)。

3．软件结构化

EDI 功能软件主要由 5 个模块组成，即用户界面模块、内部 EDP 接口模块、报文生成与处理模块、标准报文格式转换模块、通信模块

4．处理自动化

EDI 信息传递的路径是计算机到数据通信网络，再到商业伙伴的计算机，信息的最终用户是计算机应用系统，自动处理传递来的信息。因此，这种数据交换是计算机——计算机，应用——应用，完全不需要人工干预。

5．运作规范化

EDI 以报文的方式交换信息有其深刻的商贸背景，EDI 报文是目前商业化应用中最成熟、最有效、最规范的电子凭证之一，EDI 单证报文具有法律效力。

(三)EDI 标准简介

1．UN/EDIFACT 标准

EDI 实现了商业文件、单证的互通和自动处理，因此文件结构、格式和语法规则等方面的标准化是实现 EDI 的关键。

在这些标准中，最首要的是实现单证标准化，包括单证格式的标准化、所记载信息标准化以及信息描述的标准化。

目前国际上流行的 EDI 标准是由联合国欧洲经济委员会(UN/ECE)制定颁布的《行政、商业和运输用电子数据交换规则》(UN/EDIFACT)。EDIFACT 标准于 1987 年获得国际认可后，已经有许多使用者在国际贸易数据交换中使用该标准。1990 年联合国正式推出 EDI 标准——UN/EDIFACT。UN/EDIFACT 的活动由两个国际组织负责：国际标准组织(ISO)负责研制语法规则和数据手册；联合国欧洲经济委员会(UN/ECE)负责研制单证标准。

UN/EDIFACT 标准包括 10 部分。

- EDIFACT 语法规则(ISO 9735)。
- 报文设计指南(MDG)。
- 语法应用指南。

- 数据元目录(EDED)。
- 代码表(EDCL)。
- 复合数据元目录(EDCD)。
- 段目录(EDSD)。
- 标准报文格式(EDMD)。
- 贸易数据交换格式构成总览(UNCID)。
- 适当的说明解释。

2. 国内的 EDI 标准

我国 EDI 标准化组织建设工作主要是针对 UN/ECE 和 ISO/IEC 两大组织的情况并结合我国国情开展的。通过开展 UN/EDIFACT 和 ISO/IEC 相关标准的引进、本地化、EDI 标准的维护机制建设,结合我国国情开发出自己的报文标准。

五、现代物流信息技术

(一)条形码技术

1. 什么是条形码

条形码(barcode)是将宽度不等的多个黑条和空白,按照一定的编码规则排列,用以表达一组信息的图形标识符。常见的条形码是由反射率相差很大的黑条(简称条)和白条(简称空)排成的平行线图案。条形码可以标出物品的生产国、制造厂家、商品名称、生产日期、图书分类号、邮件起止地点、类别、日期等许多信息。

通用商品条形码一般由前缀部分、制造厂商代码、商品代码和校验码组成。商品条形码中的前缀码是用来标识国家或地区的代码,赋码权在国际物品编码协会,如 00-09 代表美国、加拿大;45、49 代表日本;69 代表中国大陆,471 代表中国台湾地区,489 代表中国香港特区。制造厂商代码由各个国家或地区的物品编码组织赋权,中国由国家物品编码中心赋予制造厂商代码。商品代码是用来标识商品的代码,赋码权由产品生产企业自己行使。商品条形码最后用 1 位校验码来校验商品条形码中左起第 1~12 数字代码的正确性。商品条形码是指由一组规则排列的条、空及其对应字符组成的标识,用以表示一定的商品信息的符号。其中条为深色、空为浅色,用于条形码识读设备的扫描识读。其对应字符由一组阿拉伯数字组成,供人们直接识读或通过键盘向计算机输入数据使用。这一组条空和相应的字符所表示的信息是相同的。

2. 一维条形码

一维条形码只是在一个方向(一般是水平方向)表达信息,而在垂直方向则不表达任何信息,其一定的高度通常是为了便于阅读器的扫描。

一维条形码的应用可以提高信息录入的速度,减少差错率,但是一维条形码也存在一些不足之处。

- 数据容量较小，仅有30个字符左右。
- 只能包含字母和数字。
- 条形码尺寸相对较大(空间利用率较低)。
- 条形码遭到损坏后便不能阅读。

3．二维条码

二维条码自出现以来，得到了人们的普遍关注，发展速度十分迅速。它的使用，极大地提高了数据采集和信息处理的速度，提高了工作效率，并为管理的科学化和现代化作出了很大贡献。

由于受信息容量的限制，一维条码仅仅是对"物品"的标识，而不是对"物品"的描述。故一维条码的使用，不得不依赖数据库的存在。在没有数据库和不便联网的地方，一维条码的使用受到了较大的限制，有时甚至变得毫无意义。

另外，在要用一维条码表示汉字的场合，显得十分不方便，且效率很低。现代高新技术的发展，迫切要求用条码在有限的几何空间内表示更多的信息，从而满足千变万化的信息表示的需要。

二维条码正是为了解决一维条码无法解决的问题而产生的。因为它具有高密度、高可靠性等特点，所以可以用它表示数据文件(包括汉字文件)、图像等。二维条码是大容量、高可靠性信息实现存储、携带并自动识读的最理想的方法。

- 输入速度快。与键盘输入相比，条码输入的速度是键盘输入的5倍，并且能实现"即时数据输入"。
- 可靠性高。键盘输入数据出错率为三百分之一，利用光学字符识别技术出错率为万分之一，而采用条码技术误码率低于百万分之一。
- 采集信息量大。利用传统的一维条码一次可采集几十位字符的信息，二维条码更可以携带数千个字符的信息，并有一定的自动纠错能力。
- 灵活实用。条码标识既可以作为一种识别手段单独使用，也可以和有关识别设备组成一个系统实现自动化识别，还可以和其他控制设备连接起来实现自动化管理。

另外，条码标签易于制作，对设备和材料没有特殊要求，识别设备操作容易，不需要特殊培训，且设备也相对比较便宜。

(二)RFID 技术

1．RFID 的定义

射频识别(RFID)技术是一种无线电通信技术，可以通过无线电信号识别特定目标并读写相关数据，而无须识别系统与特定目标之间发生机械或者光学接触。

无线电的信号是通过调成无线电频率的电磁场，把数据从附着在物品上的标签上传送出去，以自动辨识与追踪该物品。某些标签在识别时从识别器发出的电磁场中就可以得到能量，并不需要电池；也有标签本身拥有电源，并可以主动发出无线电波(调成无线电频率的电磁场)。标签包含了电子存储的信息，数米之内都可以识别。与条形码不同的是，射频标签不需要处在识别器视线之内,也可以嵌入被追踪物体之内。

2. RFID 的性能特点

(1) 快速扫描。RFID 辨识器可同时辨识读取数个 RFID 标签。

(2) 体积小型化、形状多样化。RFID 在读取上并不受尺寸大小与形状限制,无须为了读取精确度而讲究纸张的固定尺寸和印刷品质。此外,RFID 标签更可往小型化与多样形态方面发展,以应用于不同产品。

(3) 抗污染能力和耐久性。传统条形码的载体是纸张,因此容易受到污染,但 RFID 对水、油和化学药品等物质具有很强的抵抗性。此外,由于条形码附着于塑料袋或外包装纸箱上,所以特别容易受到折损;RFID 卷标是将数据存在芯片中,因此可以免受污损。

(4) 可重复使用。现今的条形码印刷上去之后就无法更改,RFID 标签则可以重复地新增、修改、删除 RFID 卷标内储存的数据,方便信息的更新。

(5) 穿透性和无屏障阅读。在被覆盖的情况下,RFID 能够穿透纸张、木材和塑料等非金属或非透明的材质,并能够进行穿透性通信。而条形码扫描机必须在近距离而且没有物体阻挡的前提下,才可以辨读条形码。

(6) 数据的记忆容量大。一维条形码的容量是 50Bytes,二维条形码最大的容量可储存 2~3000 字符,RFID 最大的容量则有数 MegaBytes。随着记忆载体的发展,数据容量也有不断扩大的趋势。未来物品所需携带的资料量会越来越大,对卷标所能扩充容量的需求也会相应增加。

(7) 安全性。由于 RFID 承载的是电子式信息,其数据内容可经由密码保护,使其内容不易被伪造及变更。

3. RFID 的技术标准

为使 RFID 能在整个物流供应链领域发挥重要作用,ISO TC 122 包装技术委员会和 ISO TC 104 货运集装箱技术委员会成立联合工作组 JWG,负责制定物流供应链系列标准。工作组按照应用要求、货运集装箱、装载单元、运输单元、产品包装、单品五级物流单元制定了 6 个应用标准。

1) ISO 17358 应用要求

这是供应链 RFID 的应用要求标准,由 TC 122 技术委员会主持,正在制定过程中。该标准可以定义供应链物流单元各个层次的参数,以及环境标识和数据流程。

2) ISO 17363~ISO 17367 系列标准

供应链 RFID 物流单元系列标准分别对货运集装箱、可回收运输单元、运输单元、产品包装、产品标签的 RFID 应用进行了规范。该系列标准内容基本类同,如空中接口协议采用 ISO/IEC 18000 系列标准。在具体规定上存在差异,分别针对不同的使用对象做补充规定,如使用环境条件、标签的尺寸、标签张贴的位置等特性,根据对象的差异要求采用电子标签的载波频率也不同。货运集装箱、可回收运输单元和运输单元使用的电子标签一定是重复使用的,产品包装则要根据实际情况而定,而产品标签通常来说是一次性的。另外还要考虑数据的完整性、可视识读标识等。可回收单元对数据容量、安全性、通信距离要求较高。这个系列标准正在制定过程中。

这里需要注意的是 ISO 10374、ISO 18185 和 ISO 17363 三个标准之间的关系，它们都针对集装箱，但是 ISO 10374 是针对集装箱本身的管理，ISO 18185 是海关为监视集装箱，而 ISO 17363 是针对供应链管理目的而在货运集装箱上使用可读写的 RFID 标识标签和货运标签。

(三)GIS 地理信息系统

地理信息系统(Geographic Information System 或 Geo－Information system，GIS)有时又称为"地学信息系统"。它是一种特定的十分重要的空间信息系统。也是在计算机硬、软件系统支持下，对整个或部分地球表层(包括大气层)空间中的有关地理分布数据进行采集、储存、管理、运算、分析、显示和描述的技术系统。

1．基于 GIS 物流的中心选址

物流中心选址是物流系统中具有战略意义的投资决策问题，对整个系统的物流合理化和商品流通的社会效益有着决定性的影响。但由于受商品资源分布、需求状况、运输条件和自然条件等因素的影响，即使在同一区域内的不同地方建立物流中心，整个物流系统和全社会经济效益也是不同的。

首先，GIS 最大、最显著的特点是通过地图来表现数据。在传统的数据库中，各数据域是平等的，它们按照关系规范化理论组织起来。在 GIS 中，空间信息和属性信息是不可分割的整体，它们分别描述地理实体的两面，以地理实体为主线组织起来，除了具有管理空间数据(如物流节点的位置)外，还具有空间查询与分析功能(如查询设施的属性、分析其周围的环境状况等)。

其次，GIS 具有可视性。利用 GIS 可以以图的形式显示包含区域地理要素背景下的整个物流网络(如现存物流节点、道路、客户等要素)，一般规划者能够直观方便地确定位置或线路，而且 GIS 最终评价是输出图形，既直观又便于理解。

最后，GIS 具有动态交互性。GIS 是一个动态系统，它的强大的数据库系统可以保持持续更新，地理空间上的任何变化 GIS 都可以更新其数据库以备调用，同时，利用 GIS 的空间查询分析功能，在物流中心选址过程中能很好地实现规划者与计算机的动态交互，使选址结果更符合实际所需。

2．GIS 在物流配送中的应用

由于 GIS 强大的数据组织、空间分析与可视化等众多优点，基于 GIS 物流配送系统集成已成为物流配送系统发展的必然趋势。系统集成的目的是利用 GIS 的空间分析功能，在可视化、智能化的信息平台实现高效、便捷的物流配送，使配送企业能最大限度地利用内部人力、物力资源缩短配车计划编制时间，减少车辆的闲置、等候时间，合理安排配送车辆行驶路线，制定合理的配送方案，提高车辆的利用率，优化人员与车辆的调度，使物流配送达到最优，以降低企业的运营成本。

将 GIS 技术应用到物流配送过程中，更容易处理物流配送中货物的运输、仓储、装卸、

送递等问题，对其中涉及的运输路线的选择、仓库位置的选择、仓库的容量设置、合理装卸策略、运输车辆的调度和投递路线的选择等进行有效的管理和决策分析，这样才符合现代物流的要求，有助于物流配送企业有效地利用现有资源，降低消耗，提高效率。

3．GIS 与物流信息系统集成

物流是一种大范围的活动，物流信息贯穿于物流活动的全过程。物流信息具有信息源多、分布广、信息量大、动态性强、信息的价值衰减速度快和及时性要求高等特性。这意味着物流信息的收集、加工和处理要求速度快、难度大。将 GIS 集成应用于物流管理，可以提供分布式的物流信息系统管理平台；电子地图图形化的显示和输出增强了物流系统的可视化管理能力；强大的地理分析和空间分析功能为物流方案的制定提供了科学的方法；基于 GIS 的仿真模拟对物流方案设计提供了准确的判断依据。以 GPS 为代表的定位技术与通信技术的有效集成，不仅可以实现远程的信息交换，而且还可以实现移动目标的实时监控，掌握物流作业的状态信息。将空间信息技术引入现代物流管理技术中并进行有效的集成已成为现代物流发展的必然趋势。

物流系统与 GIS 的集成其实质是实现数据集成或功能集成。数据集成主要包括异构数据集成和同构数据集成，功能集成是根据物流的操作模式实现对其功能的规划和重组。构建集成 GIS 和物流管理技术的物流信息系统，需要做好三方面的工作，即数据集成、功能集成和系统实现。

(四)GPS 全球定位系统

GPS 是英文 Global Positioning System(全球定位系统)的简称。利用 GPS 定位卫星，在全球范围内实时进行定位、导航的系统，称为全球卫星定位系统，简称 GPS。GPS 是由美国国防部研制建立的一种具有全方位、全天候、全时段、高精度的卫星导航系统，能为全球用户提供低成本、高精度的三维位置、速度和精确定时等导航信息，是卫星通信技术在导航领域的应用典范，它极大地提高了全球的信息化水平，有力地推动了数字经济的发展。

在物流管理中，GPS 是非常先进和实用的工具。GPS 技术在物流业中的主要应用有配送车辆的自定位、跟踪调度、陆地救援；内河及远洋轮船的最佳航程和安全航线的测定，航向的实时调度、监测及水上救援；航空的空中交通管理、精密进场着陆、航路导航和监视，等等。尤其是在货物配送领域中，对可能涉及的货物的运输、仓储、装卸、送递等处理环节，对各个环节涉及的问题如运输路线的选择、仓库位置的选择、仓库的容量设置、合理装卸策略、运输车辆的调度和投递路线的选择，都可以通过运用 GPS 技术的导航功能及车辆跟踪、信息查询等功能进行有效的管理和决策分析，这无疑将有助于配送企业有效地利用现有资源、降低消耗、提高效率。

1．用于汽车自定位，跟踪调度

利用 GPS 的计算机管理信息系统，可以通过 GPS 和计算机网络实时收集公路汽车所运货物的动态信息，可实现汽车、货物追踪管理，并及时地进行汽车的调度管理。据丰田汽车公司的统计和预测，日本车载导航系统的市场在 1995—2000 年平均每年增长 35%以上，全世界在车辆导航上的投资将平均每年增长60.8%。因此,车辆导航将成为未来全球卫星定位系统应用的主要领域之一。我国已有数十家公司在开发和销售车载导航系统。

2. 用于铁路运输管理

我国铁路开发的基于GPS的计算机管理信息系统,可以通过GPS和计算机网络实时收集全路列车、机车、车辆、集装箱及所运货物的动态信息,可实现列车、货物追踪管理。只要知道货车的车种、车型、车号,就可以立即从近10万km的铁路网上流动着的几十万辆货车中找到该货车,还能得知这辆货车现在何处运行或停在何处,以及所有的车载货物发货信息。铁路部门运用这项技术可大大提高其路网及其运营的透明度,为货主提供更高质量的服务。

3. 用于物流配送

GPS系统的建立给导航和定位技术带来了巨大的变化,它从根本上解决了人类在地球上的导航和定位问题,可以满足不同用户的需要。目前,GPS技术备受人们关注,其中一个重要的原因是GPS的诸多功能在物流领域的运用已被证明是卓有成效的,尤其是在货物配送领域中。由于货物配送过程是实物的空间位置转移过程,所以对可能涉及的货物的运输、仓储、装卸、送递等处理环节,对各个环节的问题如运输路线的选择、仓库位置的选择、仓库的容量设备、合理装卸策略、运输车辆的调度和投递路线的选择都可以通过运用GPS进行有效的管理和决策分析,这无疑将有助于配送企业有效地利用现有资源、降低消耗、提高效率。

4. 用于军事物流

全球卫星定位系统首先是因为军事目的而建立的,在军事物流中,如后勤装备的保障等方面,应用相当普遍,尤其是在美国,其在世界各地驻扎的大量军队无论是在战时还是在平时都对后勤补给提出很高的要求。在战争中,如果不依赖GPS,美军的后勤补给就会变得混乱不堪。美军在20世纪末的地区冲突中依靠GPS和其他顶尖技术,以强有力的、可见的后勤保障为保卫美国的利益作出了贡献。

同 步 测 试

一、单项选择题

(1) C类地址192.168.1.139的子网广播地址是(　　)。
　　　A. 192.168.255.255　　　　　　B. 255.255.255.255
　　　C. 192.168.1.255
(2) Internet中域名与IP地址之间的翻译是由(　　)来完成的
　　　A. DNS服务器　　B. 代理服务器　　C. FTP服务器　　D. Web服务器
(3) 在地址栏输入的http://zjhk.school.com中,zjhk.school.com是一个(　　)

A. 域名　　　　B. 文件　　　C. 邮箱　　　D. 国家
(4) EDI 是(　　)的简称。
　　A. 企业资源计划　　　　　　B. 客户关系管理
　　C. 服务商　　　　　　　　　D. 电子数据交换
(5) 目前，国际上使用最广泛的 EDI 标准是(　　)
　　A. UN/EDIFACT　　　　　　B. ANSIX.l2
　　C. 欧洲标准　　　　　　　　D. ISO 标准

二、多项选择题

(1) 关于 HTML 文件的特点，正确的说法有(　　)。
　　A. HTML 文件以 ".html" 或者 ".htm" 为扩展名
　　B. HTML 文件是一种纯文本文件
　　C. HTML 是 Web 页面的基础
　　D. HTML 文件可以使用记事本、写字板等文本编辑器来进行编辑
(2) 在物流系统中应用 GPS 技术采集和跟踪信息，其好处是(　　)。
　　A. 实时监控　　　　　　　　B. 动态调控
　　C. 出库入库管理　　　　　　D. 服务客户
(3) 下列哪些技术可以用于动态网页中(　　)
　　A. Javascript　　B. vbscript　　C. css　　　D. layers
(4) 条码编码的规则有(　　)。
　　A. 多样性　　　B. 唯一性　　　C. 无含义　　D. 永久性
(5) 无线射频(RF)系统的分类有以下几种(　　)。
　　A. 电子门禁系统　　　　　　B. PDT
　　C. 固定式 RF 读写器　　　　D. 定位系统

三、简答题

(1) 常见的电子商务物流技术有哪些？
(2) 电子商务物流的现代信息技术在物流哪些环节中得到应用？
(3) EDI 技术的特点有哪几方面？
(4) 简述 RFID 的组成。
(5) RFID 的工作原理是怎样的？

四、案例分析题

　　东方般若公司根据中国人寿的客服流程、操作方式及个性化应用等因素有机地将短信客服系统和中国人寿现有的业务系统连接在一起，构成了"移动 95519"短信客服系统。该系统运行在中国人寿的内部专网中，通过安全的数据接入与中国人寿现有业务系统之间建立信息通信，从而可以快速、自动、准确地提供客户需要的服务信息。"移动 95519"短信客服系统采用先进的软件体系结构设计，可高效地同中国人寿业务系统进行集成，将移动通信技术、网络技术和组件技术有效地结合在一起，构成功能全面、服务模式灵活的无线

数据短信息综合客户服务系统。短信客服系统遵循组件化的设计思想,整个系统的框架先进、灵活、稳定,提供服务管理、短信收发、应用服务、系统管理等多方面的功能,为中国人寿短信客服提供了一个高效的运营支撑平台。

思考题:
(1) 中国人寿的系统改造应用了哪一类电子商务技术?
(2) 中国人寿的系统改造的作用及优势是什么?其实施效果如何?

项 目 实 训

实训项目:Web 站点的运行机制

陈先生最近想把公司的业务向电子商务方向拓展,因此决定斥资制作一个电子商务网站。但由于从来没有过这方面的知识和经验,因此陈先生决定在找网站制作商之前,先自行对电子商务网站进行一定的调研,以便能在跟网站制作商交涉的时候作出正确的选择。

【实训目的】

了解电子商务网站的运行机制。

理解电子商务网站的结构。

【实训内容】

总结电子商务网站的主要组成部分和运作的流程。

【实训要求】

训练项目	训练要求	备 注
网站调研	1. 通过访问现有的电子商务网站,了解访问的流程 2. 从访问流程思考涉及哪些后台运作	熟悉电子商务网站的运作
搜索相关知识	1. 利用搜索引擎印证自己有关网站组成的猜测 2. 搜索 Web 站点所涉及的技术	学会利用网络获取知识

第七章　电子商务安全技术

【学习目的与要求】

- 掌握电子商务安全威胁情况、需求的特性、内容的含义及安全措施的分类。
- 掌握防火墙的含义、功能及分类和防火墙技术的局限性，了解防火墙的新技术和发展趋势。
- 掌握数据加密的含义、分类及各种加密技术的特点，了解各种数据加密技术的应用及特点。
- 掌握 CA 认证技术的含义、本质及基本功能，掌握电子身份认证的分类及特点，掌握认证技术几个应用的步骤及过程。
- 掌握电子商务安全协议的种类及其特点、掌握 SSL 安全套接层协议工作流程与安全性分析、掌握 SET 安全电子交易协议的关键技术及各种技术的特点、了解电子邮件的安全协议的种类及其特点。

【引导案例】

唯品会第三届电商安全峰会圆满举办

秉持着"技术分享、深度探讨、经验交流、前景共望"的初衷，5 月 5 日上午，唯品会举办 2018 "因唯安全，所以信赖——唯与同行，智御未来"第三届唯品会电商安全峰会。此次会议共邀请了 9 位知名互联网企业安全领域负责人，围绕"因唯安全，所以信赖——唯与同行，智御未来"为主题进行主题演讲。

唯品会致力于营造安全健康的特卖平台，还升级上线了全新的安全应急响应中心，作为唯品会与安全研究人员间的交流平台，给广大用户提供向唯品会反馈和提交网络安全风险的途径，帮助唯品会建设更安全可靠的线上购物平台，同时也加强了唯品会信息安全部门与业界同仁间的合作与交流。

唯品会首席技术官黄彦林在此次峰会阐述了成立唯品会 VSRC(Vip Security Response Center)的初衷。VSRC 通过多种即时通信工具、移动社交和通信服务等，满足安全人员沟通、资讯、互动等方面的需求，自中心成立以来，VSRC 平台白帽子人数逐年增长，发现并修复的安全漏洞，有效避免了过亿会员的信息泄露。随后，唯品会信息安全专家朱应龙、唯品会金融大数据部主任卢铮等人分别就风控产品与产品风控、反欺诈等问题进行了经验分享。

唯品会安全应急响应中心联合唯品会公益宣布共同启动"唯爱守护计划"，并向贫困地区中小学现场捐献《唯爱守护——网络安全手册》。这也是为了鼓励"白帽子"们积极反馈平台风险问题，助力青少年网络安全建设。

"因唯安全，所以信赖——唯与同行，智御未来"，2018 唯品会第三届电商安全峰会的

第七章 电子商务安全技术

召开不仅为电商信息安全发展引领了新风向，同时也将指引着一批又一批信息安全人在探索电商安全建设的实践中前行。

(资料来源：https://www.chinaz.com/news/2018/0516/888249.shtml 整理)

【知识要点】

一、电子商务安全概述

(一)电子商务安全威胁

随着电子商务在全球范围内的迅猛发展，电子商务中的网络安全问题日渐突出。根据中国互联网络信息中心(CNNIC)发布的"中国互联网络发展状况统计报告(2000/1)"，在电子商务方面，52.26%的用户最关心的是交易的安全可靠性。由此可见，电子商务中的网络安全和交易安全问题是实现电子商务的关键所在。

1983年10月24日，美国著名的计算机安全专家、AT&T贝尔实验室的计算机科学家Rober Morris在美国众议院科学技术会议运输、航空、材料专业委员会上作了关于计算机安全重要性的报告，从此计算机安全成了国际上研究的热点。现在随着互联网络技术的发展，网络安全成了新的安全研究热点。网络安全就是如何保证网络上存储和传输的信息的安全性。但是由于在互联网络设计之初，只考虑方便性和开放性，使得互联网络非常脆弱，极易受到黑客的攻击或有组织的群体的入侵，也会由于系统内部人员的不规范使用和恶意破坏，使网络信息系统遭到破坏，信息泄露。

电子商务中的安全隐患可以分为以下几类。

1. 信息的截获和窃取

如果没有采用加密技术或加密强度不够，攻击者就可能通过互联网、公共电话网、搭线、电磁波辐射范围内安装截收装置或在数据包通过的网关和路由器上截获数据等方式，获取传输的机密信息，或通过对信息流量和流向、通信频度和长度等参数的分析，推论出有用信息，如消费者的银行账号、密码以及企业的商业机密等。

2. 信息的篡改

当攻击者熟悉了网络信息格式以后，就可以通过各种技术方法和手段对网络传输的信息进行中途修改，并发往目的地，从而破坏信息的完整性。这种破坏手段主要体现在三个方面。

(1) 篡改——改变信息流的次序，更改信息的内容，如购买商品的出货地址。
(2) 删除——删除某条消息或消息的某些部分。
(3) 插入——在消息中插入一些信息，让收方读不懂或接收错误的信息。

3. 信息假冒

当攻击者掌握了网络信息数据规律或解密了商务信息以后，可以假冒合法用户或发送假冒信息来欺骗其他用户,主要有两种方式。一是伪造电子邮件,虚开网站和商店,给用户发送电子邮件,收订货单;伪造大量用户,发电子邮件,耗尽商家资源,使合法用户不能正常访问网络资源,使有严格时间要求的服务不能及时得到响应;伪造用户,发大量的电子邮件,窃取商家的商品信息和用户信用等信息。另外,一种为假冒他人身份,如冒充领导发布命令、调阅密件;冒充他人消费、栽赃;冒充主机欺骗合法主机及合法用户;冒充网络控制程序,套取或修改使用权限、通行字、密钥等信息;接管合法用户,欺骗系统,占用合法用户的资源。

4. 交易抵赖

交易抵赖包括多个方面,如发信者事后否认曾经发送过某条信息或内容;收信者事后否认曾经收到过某条消息或内容;购买者做了订货单不承认;商家卖出的商品因价格差而不承认原有的交易。

【同步阅读】

我国电子商务安全的现状

电子商务是通过信息技术将企业、用户、供应商及其他商贸活动涉及的相关机构结合起来的一种信息技术的应用,是完成信息流、物流和资金流转移的一种行之有效的方法。但由于计算机信息有共享和易于扩散等特性,在处理、存储、传输和使用上有着严重的脆弱性,极易被干扰、滥用、遗漏和丢失,甚至被泄露、窃取、篡改、冒充和破坏,还可能受到计算机病毒感染。几乎所有的网站在建站开始及发展过程中,都似乎朝向便利性、实用性目标,往往忽略网络安全环节,给网络发展埋下了很大的隐患。据公安部的资料,利用计算机网络进行的各类违法行为在中国正以每年 30%的速度递增。黑客的攻击方法已超过计算机病毒的种类,总数达近千种。目前已发现的黑客攻击案约占安全事件总数的 15%,多数事件由于没有造成严重危害或商家不愿透露而未被曝光。另外,也有媒介报道,中国 95%的与 Internet 相连的网络管理中心遭到过境内外黑客的攻击或侵入。其中,银行、金融和证券机构是黑客攻击的重点,金融领域的黑客犯罪案件涉案金额已高达数亿元。

由此可见,随着电子商务的日益普及,网络安全问题显得异常突出,解决安全问题已成为我国电子商务正常发展的当务之急。

(二)电子商务安全需求

电子商务面临的威胁导致了对电子商务安全的需求。真正构建一个安全的电子商务系统所要求做到的各个方面,主要包括机密性、完整性、认证性、不可抵赖性及有效性。如图 7-1 所示。

1. 机密性

电子商务作为贸易的一种手段,其信息直接代表着个人、企业或国家的商业机密。传统的纸面贸易都是通过邮寄封装的信件或通过可靠的通信渠道发送商业报文来达到保守机密的目的。电子商务是建立在一个较为开放的网络环境上的(尤其 Internet 是更为开放的网络)，维护商业机密是电子商务全面推广应用的重要保障。因此，要预防非法的信息存取和信息在传输过程中被非法窃取。机密性一般通过密码技术对传输的信息进行加密处理来实现。

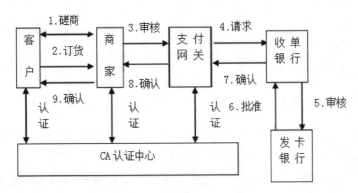

图 7-1　电子商务安全交易过程

2. 完整性

电子商务简化了贸易过程，减少了人为的干预，同时也带来维护贸易各方商业信息的完整、统一的问题。由于数据输入时的意外差错或欺诈行为，可能导致贸易各方信息的差异。此外，数据传输过程中信息的丢失、信息重复或信息传送的次序差异也会导致贸易各方信息的不同。贸易各方信息的完整性将影响到贸易各方的交易和经营策略，保持贸易各方信息的完整性是电子商务应用的基础。因此，要预防对信息的随意生成、修改和删除，同时要防止数据传送过程中信息的丢失和重复并保证信息传送次序的统一。完整性一般可以通过提取信息消息摘要的方式获得。

3. 认证性

由于网络电子商务交易系统的特殊性，企业或个人的交易通常都是在虚拟的网络环境中进行，所以对个人或企业实体进行身份性确认成了电子商务中非常重要的一环。对人或实体的身份进行鉴别，为身份的真实性提供保证，即交易双方能够在相互不见面的情况下确认对方的身份。这意味着当某人或实体声称具有某个特定的身份时，鉴别服务将提供一种方法来验证其声明的正确性，一般是通过证书机构 CA 和证书来实现的。

4. 不可抵赖性

电子商务可能直接关系到贸易双方的商业交易，如何确定要进行交易的贸易方正是进行交易所期望的贸易方这一问题，则是保证电子商务顺利进行的关键。在传统的纸面贸易中，贸易双方通过在交易合同、契约或贸易单据等书面文件上手写签名或印章来鉴别贸易伙伴，确定合同、契约、单据的可靠性并预防抵赖行为的发生。这也就是人们常说的"白纸黑字"。在无纸化的电子商务方式下，通过手写签名和印章进行贸易方的鉴别已是不可能的。因此，要在交易信息的传输过程中为参与交易的个人、企业或国家提供可靠的标识。

不可抵赖性可通过对发送的消息进行数字签名来获取。

5. 有效性

电子商务以电子形式取代了纸张,那么如何保证这种电子形式的贸易信息的有效性则是开展电子商务的前提。电子商务作为贸易的一种形式,其信息的有效性将直接关系到个人、企业或国家的经济利益和声誉。因此,要对网络故障、操作错误、应用程序错误、硬件故障、系统软件错误及计算机病毒所产生的潜在威胁加以控制和预防,以保证贸易数据在确定的时刻、确定的地点是有效的。

(三)电子商务安全内容

电子商务的一个重要技术特征是利用 IT 技术传输和处理商业信息。因此,电子商务安全从整体上可以分为两大部分,即计算机网络安全和商务交易安全。

计算机网络安全的内容包括计算机网络设备安全、计算机网络系统安全、数据库安全等。其特征是针对计算机网络本身可能存在的安全问题,制定网络安全增强方案,以保证计算机网络自身的安全性为目标。

商务交易安全则紧紧围绕传统商务在互联网络上应用时产生的各种安全问题,在计算机网络安全的基础上,保障电子商务过程的顺利进行,即实现电子商务的保密性、完整性、可鉴别性、不可伪造性和不可抵赖性。

计算机网络安全与商务交易安全实际上是密不可分的,两者相辅相成,缺一不可。没有以计算机网络安全作为基础,电子商务交易安全就犹如空中楼阁,无从谈起。没有商务交易安全保障,即使计算机网络本身再安全,仍然无法达到电子商务所特有的安全要求。电子商务的安全框架如图 7-2 所示。

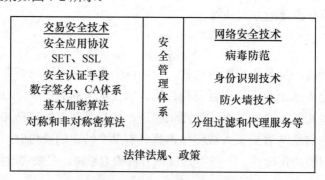

图 7-2　电子商务的安全框架

从图 7-2 可以看出,电子商务的安全性首先依托于法律、法规和相关的政策营造的大环境,这是最根本的基础。对于电子商务活动中的各种角色,包括政府有关部门和相关企业,都需要在这个环境中,运用安全交易技术和网络安全技术建立起完善的安全管理体制,对电子商务实行实时监控,提供实时改变安全策略的能力,对现有的电子商务安全系统的漏洞的检查及安全教育等,从而保证电子商务的安全性。本章也正是从网络安全技术和安全交易技术两个方面论述电子商务安全技术的。

(四)电子商务安全措施

适当设置防护措施可以降低或防止来自现实的威胁。在通信安全、计算机安全、物理安全、人事安全、管理安全和媒体安全方面均可采取一定的措施,整个系统的安全取决于系统中最薄弱环节的安全水平,这就需要从系统设计方面进行全面的考虑,折中选取。电子商务中的安全措施包括以下几类。

1. 保证交易双方身份的真实性

常用的处理技术是身份认证,依赖某个可信赖的机构(CA 认证中心)发放证书,并以此识别对方。目的是保证身份的精确性,分辨参与者身份的真伪,防止伪装攻击。

2. 保证信息的保密性

保护信息不被泄露或被披露给未经授权的人或组织,常用的处理技术是数据加密和解密,其安全性依赖于使用的算法和密钥长度。常见的加密方法有对称式密钥加密技术(如 DES 算法)和公开密钥加密技术(如 RSA 算法)。

3. 保证信息的完整性

常用数据杂凑等技术进行实现。通过散列算法保护数据不被未授权者(非法用户)建立、嵌入、删除、篡改、重放。典型的散列算法为美国国家安全局开发的单向散列算法之一。

4. 保证信息的真实性

常用的处理手段是数字签名技术。目的是解决通信双方相互之间可能发生的欺诈问题,如发送用户对他所发送信息的否认、接收用户对他已收到信息的否认等,而不是对付未知的攻击者,其基础是公开密钥加密技术。目前,可用的数字签名算法较多,如 RSA 数字签名、ELGamal 数字签名等。

5. 保证信息的不可否认性

通常要求引入认证中心(CA)进行管理,由 CA 发放密钥,传输的单证及其签名的备份发至 CA 保存,作为可能争议的仲裁依据。

6. 保证存储信息的安全性

规范内部管理,使用访问控制权限和日志,以及敏感信息的加密存储等。当使用 WWW 服务器支持电子商务活动时,应注意数据的备份和恢复,并采用防火墙技术保护内部网络的安全性。

二、防火墙技术

(一)防火墙的含义

所谓"防火墙",是指一种将内部网和公众访问网(如 Internet)分开的方法,实际上是一种隔离技术。防火墙是在两个网络通信时执行的一种访问控制尺度，能允许你"同意"的人和数据进入你的网络，同时将你"不同意"的人和数据拒之门外，最大限度地阻止网络中的黑客来访问你的网络。换句话说，如果不通过防火墙，公司内部的人就无法访问 Internet，Internet 上的人也无法和公司内部的人进行通信。

(二)防火墙的功能

防火墙表现出以下几方面功能。

1. 防火墙是网络安全的屏障

防火墙(作为阻塞点、控制点)能极大地提高内部网络的安全性，并通过过滤不安全的因素而降低风险。由于只有经过精心选择的应用协议才能通过防火墙，所以网络环境变得更安全。

2. 防火墙可以强化网络安全策略

通过以防火墙为中心的安全方案配置，能将所有安全软件(如口令、加密、身份认证、审计等)配置在防火墙上。

3. 对网络存取和访问进行监控审计

所有的访问都必须经过防火墙过滤，那么，防火墙就能记录下这些访问并作出日志记录，同时也能提供网络使用情况的统计数据。当发生可疑动作时，防火墙就可以适当的报警，并提供网络是否受到监测和攻击的详细信息。

4. 防止内部信息的外泄

通过利用防火墙对内部网络的划分，可以实现内部网重点网段的隔离，从而限制局部重点或网络安全问题对全局网络造成影响。

(三)防火墙的分类

防火墙可分为以下几类。

1. 个人防火墙

个人防火墙是防止计算机中的信息被外部侵袭的一项技术，在您的系统中监控、阻止任何未经授权允许的数据进入或发出到互联网及其他网络系统。个人防火墙产品如著名 Symantec 公司的诺顿、Network Ice 公司的 BlackIce Defender、McAfee 公司的思科及 Zone Lab 的 free ZoneAlarm 等，都能帮助您对系统进行监控及管理，防止特洛伊木马、spy-ware 等病毒程序通过网络进入您的计算机或在您未知的情况下向外部扩散。这些软件都能够独立运行于整个系统中或针对个别程序、项目，所以在使用时非常方便和实用。

2. 网络层防火墙

网络层防火墙可视为一种 IP 封包过滤器，运作在底层的 TCP/IP 协议堆栈上。我们可以以枚举的方式，只允许符合特定规则的封包通过，其余的一概禁止穿越防火墙。这些规则通常可以经由管理员定义或修改，不过某些防火墙设备可能只能套用内置的规则。

3. 应用层防火墙

应用层防火墙是在TCP/IP堆栈的"应用层"上运作，使用浏览器时所产生的数据流或是使用FTP时的数据流都属于这一层。应用层防火墙可以拦截进出某应用程序的所有封包，并且封锁其他的封包(通常是直接将封包丢弃)。理论上，这一类防火墙可以完全阻绝外部的数据流进入受保护的机器里。

(四)防火墙技术的局限性

随着防火墙技术的发展，其在信息安全体系中的地位越来越不可替代，网络安全的严峻形势也对防火墙技术的发展提出了更高、更新的要求。在越来越依赖防火墙技术的情况下，我们也应该清醒地认识到，防火墙并不是"包治百病"的，它对于一些特殊的攻击或其他行为有时也无能为力。所以，我们也应该了解其技术方面的一些局限性，毕竟没有任何一种技术能绝对保证安全。

首先，防火墙技术最突出的缺点在于不能防范跳过防火墙的各种攻击行为。这其中比较典型的就是难以防范来自网络内部的恶意攻击。"堡垒往往容易从内部攻破"这句话用于防火墙再合适不过了。因此，用户在构建好防火墙的同时，不要忘记了防火墙内的安全保障。

其次，防火墙技术的另一个显著不足是无法有效地应对病毒。当网络内的用户在访问外网中的含有病毒的数据时，防火墙无法区分带毒数据与正常数据，内部网络随时都有受到病毒危害的可能，防火墙技术的这个缺点给网络带来很大的隐患。

另外，由于防火墙技术的自身不断发展，其自身问题和漏洞也使其具有局限性。防火墙本身作为一个独立的系统，其软、硬件在发展过程中必然也有其自己的bug和漏洞，所以各种故障和因漏洞所遭受的各种攻击也不可避免。防火墙的技术原理与杀毒软件类似，先出现病毒，杀毒软件获得病毒的特征码，将其加入到病毒库内实现查杀。防火墙的防御、检测策略，也是在发生攻击行为后分析其特征而设置的。如果出现新的未知攻击行为，防火墙也将束手无策。

最后，防火墙的检测机制容易造成拥塞以及溢出现象。由于防火墙需要处理每一个通过它的数据包，所以当数据流量较大时，容易导致数据拥塞，影响整个网络的性能。严重时，如果发生溢出，就像大坝决堤一般，无法阻挡，任何数据都可以来去自由，防火墙也就不再起任何作用。

(五)防火墙的最新技术及发展趋势

因为传统的防火墙设置在网络边界，处于内、外部互联网之间，所以称为"边界防火墙(Perimeter Firewall)"。随着人们对网络安全防护要求的提高，边界防火墙明显感觉到力不从心，因为给网络带来安全威胁的不仅是外部网络，更多的是来自内部网络。但边界防火墙无法对内部网络实现有效的保护，除非为每一台主机都安装防火墙，但这是不可能的。

基于此，一种新型的防火墙技术，分布式防火墙(Distributed Firewalls)技术产生了。由于其优越的安全防护体系，符合未来的发展趋势，所以这一技术一出现便得到许多用户的认可和接受，它具有很好的发展前景。

分布式防火墙的特点：主机驻留、嵌入操作系统内核、类似于个人防火墙、适用于服务器托管。分布式防火墙的功能：Internet 访问控制、应用访问控制、网络状态监控、黑客攻击的防御、日志管理、系统工具。

分布式防火墙的优势如下所述。

1. 增强系统的安全性

增加了针对主机的入侵检测和防护功能，加强了对来自内部攻击的防范，可以实施全方位的安全策略。

2. 提高了系统性能

消除了结构性瓶颈问题，提高了系统性能。

3. 系统的扩展性

分布式防火墙随系统扩充提供了安全防护无限扩充的能力。

4. 实施主机策略

对网络中的各节点可以起到更安全的防护作用。

5. 应用更为广泛，支持 VPN 通信

这种需求随着 VPN 的发展越来越多。

三、数据加密技术

(一)数据加密的含义

所谓数据加密(Data Encryption)技术是指将一则信息(或称明文，plain text)经过加密钥匙(Encryption key)及加密函数转换，变成无意义的密文(cipher text)，而接收方则将此密文经过解密函数、解密钥匙(Decryption key)还原成明文。加密技术是网络安全技术的基石。

数据加密的基本过程就是对原来为明文的文件或数据按某种算法进行处理，使其成为不可读的一段代码，通常称为"密文"，使其只能在输进相应的密钥之后才能显示出本来内容，通过这样的途径来达到保护数据不被非法人窃取、阅读的目的。

该过程的逆过程为解密，即将该编码信息转化为其原来数据的过程。

【同步阅读】

加密技术的由来

加密技术作为保障数据安全的一种方式，不是现在才有的，其产生的历史相当久远，这要追溯于公元前 2000 年(几个世纪了)。固然它不是现在我们所讲的加密技术(甚至不叫加

密),但作为一种加密的概念,确实早在几个世纪前就诞生了。当时埃及人是最先使用特别的象形文字作为信息编码的,随着时间的推移,巴比伦、美索不达米亚和希腊文明都开始使用一些方法来保护他们的书面信息。

近期加密技术主要应用于军事领域,如美国独立战争、美国内战和两次世界大战。最广为人知的编码机器是GermanEnigma机,在第二次世界大战中德国人利用它创建了加密信息。此后,由于AlanTuring和Ultra计划以及其他人的努力,终于对德国人的密码进行了破解。当初,计算机的研究就是为了破解德国人的密码,人们并没有想到计算机会给今天带来信息革命。随着计算机的发展,运算能力的增强,过往的密码都变得十分简单,因而人们又不断地研究出新的数据加密技术,如利用 ROSA 算法产生的私钥和公钥就是在这个基础上产生的。

(二)数据加密技术的分类

加密技术是电子商务采取的主要安全措施,贸易方可以根据需要在信息交换的阶段使用。目前加密技术可分为两类,即对称加密和非对称加密。

1. 对称加密/对称密钥加密/专用密钥加密

在对称加密方法中,对信息的加密和解密都使用相同的密钥。也就是说,一把钥匙开一把锁。使用对称加密方法将简化加密的处理程序,每个贸易方都不必彼此研究和交换专用的加密算法而是采用相同的加密算法并只交换共享的专用密钥。如果进行通信的贸易方能够确保专用密钥在密钥交换阶段未曾泄露,那么机密性和报文完整性就可以通过对称加密方法加密机密信息和通过随报文一起发送报文摘要或报文散列值来实现。对称加密技术存在于通信的贸易方之间确保密钥安全交换的问题。此外,当某一贸易方有"n"个贸易关系,那么他就要维护"n"个专用密钥(即每把密钥对应一贸易方)。对称加密方式存在的另一个问题是无法鉴别贸易发起方或贸易最终方。因为贸易双方共享同一把专用密钥,贸易双方的任何信息都是通过这把密钥加密后传送给对方的。

数据加密标准(des)由美国国家标准局提出,是目前广泛采用的对称加密方式之一,主要应用于银行业中的电子资金转账(eft)领域。des 的密钥长度为 56 位。三重 des 是 des 的一种变形,这种方法使用两个独立的 56 位密钥对交换的信息(如 edi 数据)进行 3 次加密,从而使其有效密钥长度达到 112 位。rc2 和 rc4 方法是 rsa 数据安全公司的对称加密专利算法。rc2 和 rc4 不同于 des,它们均采用可变密钥长度的算法。通过规定不同的密钥长度 rc2 和 rc4 能够提高或降低安全的程度。一些电子邮件产品(如 lotus notes 和 apple 的 opn collaboration environment)已采用了这些算法。

2. 非对称加密/公开密钥加密

在非对称加密体系中,密钥被分解为一对(即一把公开密钥或加密密钥和一把专用密钥或解密密钥)。这对密钥中的任何一把都可以作为公开密钥(加密密钥)通过非保密方式向他人公开,而另一把则作为专用密钥(解密密钥)加以保存。公开密钥用于对机密性的加密,专用密钥则用于对加密信息的解密。专用密钥只能由生成密钥对的贸易方掌握，公开密钥可广泛发布，但它只对应于生成该密钥的贸易方。贸易方利用该方案实现机密信息交换的基本过程是贸易方甲生成一对密钥并将其中的一把作为公开密钥向其他贸易方公开，得到该公开密钥的贸易方乙使用该密钥对机密信息进行加密后再发送给贸易方甲；贸易方甲再用自己保存的另一把专用密钥对加密后的信息进行解密。贸易方甲只能用其专用密钥解密由其公开密钥加密后的任何信息。Rsa(即 rivest, shamiradleman)算法是非对称加密领域内最为著名的算法，但是其存在的主要问题是算法的运算速度较慢。因此，在实际的应用中，通常不采用这一算法对信息量大的信息(如大的 edi 交易)进行加密。对于加密量大的应用，公开密钥加密算法通常用于对称加密方法密钥的加密。

(三)数据加密技术的应用

1. 数字签名

数字签名是公开密钥加密技术的另一类应用。它的主要方式是报文的发送方从报文文本中生成一个 128 位的散列值(或报文摘要)。发送方用自己的专用密钥对这个散列值进行加密来形成发送方的数字签名。然后，这个数字签名将作为报文的附件和报文一起发送给报文的接收方。报文的接收方首先从接收到的原始报文中计算出 128 位的散列值(或报文摘要)。接着再用发送方的公开密钥对报文附加的数字签名进行解密。如果两个散列值相同，那么接收方就能确认该数字签名是发送方的。通过数字签名能够实现对原始报文的鉴别和不可抵赖性。

2. 数字摘要

该方法又称安全 Hash 编码法或 MD5。采用单向 Hash 函数将需要加密的明文"摘要"成一串 128bit 的密文，即数字指纹，其有固定的长度，且将不同的明文摘要成密文，其结果总是不同的，而同样的明文其摘要必定一致。这样一来，摘要便成为验证明文是否"真身"的"指纹"了。

3. 数字时间戳

它是一个经加密后形成的凭证文档，包括三个部分，即需加时间戳的文件的摘要；DTS 收到文件的日期和时间；DTS 的数字签名。

4. 数字凭证

数字凭证又称为数字证书，是利用电子手段证实一个用户的身份和对网络资源的访问的权限。在网上的电子交易中，如双方出示了各自的数字凭证，并用它进行交易操作，那么双方都可不必为对方身份的真伪担心。其主要包含凭证拥有者的姓名；凭证拥有者的公共密钥；公共密钥的有效期；颁发数字凭证的单位；数字凭证的序列号；颁发数字凭证单位的数字签名。

数字凭证有三种类型，即个人凭证、企业(服务器)凭证和软件(开发者)凭证。

【小知识】

恩尼格玛机由德国发明家亚瑟·谢尔比乌斯(如图 7-3 所示)和理查德·里特于 1918 年制造。确切地说,是一种用于加密与解密文件的密码机。大体由三部分组成,即键盘、转子和显示器。由于其性质,谢尔比乌斯将这种电气编码机械取名"恩尼格玛"(ENIGMA,意为哑谜),它来源于英国作曲家爱德华·艾尔加的《谜之变奏曲》。

谢尔比乌斯在 1918 年为"恩尼格玛"密码机申请了专利,于 1920 年开发出产品。如图 7-4 所示。

图 7-3 德国发明家亚瑟·谢尔比乌斯　　　　图 7-4 ENIGMA 机

四、电子商务的认证技术

(一)CA 认证技术

CA 就是认证中心(Certification Authority),是提供身份验证的第三方机构,认证中心通常是企业性的服务机构,主要任务是受理数字凭证的申请、签发及对数字凭证的管理。认证中心依据认证操作规定实施服务操作。CA 的基本功能是生成和保管符合安全认证协议要求的公共和私有密钥、数字证书及其数字签名。

例如,持卡人要与商家通信,其从公开媒体上获得了商家的公开密钥,但无法确定商家不是冒充的(有信誉),因而请求 CA 对商家认证。CA 对商家进行调查、验证和鉴别后,将包含商家 Publickey(公钥)的证书传送给持卡人。同样,商家也可对持卡人进行确定。证书一般包含拥有者的标识名称和公钥,并且由 CA 进行数字签名。

CA 是一个可信的第三方实体,其主要职责是保证用户的真实性。本质上,CA 的作用同政府机关的护照颁发机构类似,用于证实公民是否其所宣称的那样(正确身份),而信任这个国家政府机关护照颁发机构的其他国家,则信任该公民,认为其护照是可信的,这也是第三方信任的一个很好实例。同护照类似,网络用户的电子身份(electronic identity)是由 CA 来发布的,也就是说,他是被 CA 所信任的,该电子身份就成为数字证书。因此,所有信任 CA 的其他用户同样也信任该用户。护照颁发机构和证书机构 CA 都由策略和物理元素构成。在护照颁发机构,有一套由政府制定的政策来判定哪些人可信任为公民以及护照的颁发过程。如图 7-5 所示。一个 CA 系统也可以看成由许多人组成的一个组织,用于制定网络安全策略,并决定组织中的哪些人可以发给一个在网络上使用的电子身份。

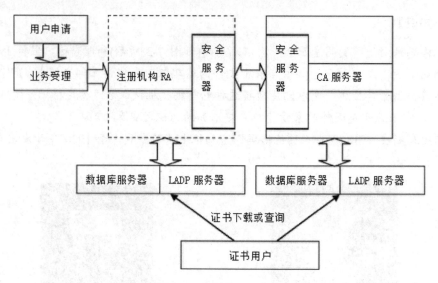

图 7-5　典型的 CA 中心

(二)身份认证的分类

在现实世界，对用户的身份认证基本方法可以分为三种：第一，根据你所知道的信息来证明你的身份(what you know，你知道什么)；第二，根据你所拥有的东西来证明你的身份(what you have，你有什么)；第三，直接根据独一无二的身体特征来证明你的身份(who you are，你是谁)，比如指纹、面貌等。如图 7-6 所示。

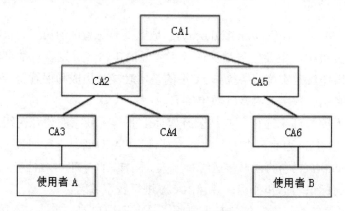

图 7-6　CA 中心分级示意图

在网络世界中与真实世界中的手段一致，为了达到更高的身份认证安全性，某些场景会将上面 3 种挑选两种混合使用，即所谓的双因素认证。以下罗列几种常见的认证形式。

1. 网络身份认证

VIEID 是互联网身份认证的工具之一，也是未来互联网基础设施的基本构成之一。VIEID 即是俗称的网络身份证，互联网络信息世界中标识用户身份的工具，用于在网络通信中识别通信各方的身份及表明身份或某种资格。

2. 动态口令牌身份认证

动态口令牌是客户手持用来生成动态密码的终端,主流是基于时间同步方式的,每 60 秒变换一次动态口令,口令一次有效,它产生 6 位动态数字进行一次加密的方式认证,由于其使用起来非常便捷,85%以上的世界 500 强企业运用它保护登录安全,广泛应用在 VPN、网上银行、电子政务、电子商务等领域。动态口令是应用最广的一种身份识别方式,一般是长度为5~8 的字符串,由数字、字母、特殊字符、控制字符等组成。用户名和口令的方法几十年来一直用于提供所属权和准安全的认证为服务器提供一定程度的保护。当你每天访问自己的电子邮件服务器时,服务器要采用用户名与动态口令对用户进行认证,一般还要提供动态口令更改工具。现在系统(尤其是互联网上新兴的系统)通常还提供用户提醒工具以防忘记口令。如图 7-7 所示。

图 7-7 动态口令牌

3. 智能卡身份认证

智能卡是一种内置集成电路的芯片,芯片中存有与用户身份相关的数据,智能卡由专门的厂商通过专门的设备生产,是不可复制的硬件。智能卡由合法用户随身携带,登录网络时必须将智能卡插入专用的读卡器读取其中的信息,以验证用户的身份。智能卡认证是通过智能卡硬件不可复制来保证用户身份不被仿冒的。然而由于每次从智能卡中读取的数据是静态的,通过内存扫描或网络监听等技术还是很容易截取到用户的身份验证信息,因此仍存在安全隐患。

(三)认证技术的应用

1. 数字信封

数字信封技术结合了秘密密钥加密技术和公开密钥加密技术的优点,可解决秘密密钥加密中秘密密钥分发困难和公开密钥加密中加密时间长的问题,使用两个层次的加密来获得公开密钥技术的灵活性和秘密密钥技术的高效性,以保证信息的安全性。数字信封的具体实现步骤如下所述。

(1) 当发信方需要发送信息时,首先生成一个对称密钥,用该对称密钥加密要发送的报文。
(2) 发信方用收信方的公钥加密上述对称密钥,生成数字信封。
(3) 发信方将第一步和第二步的结果传给收信方。
(4) 收信方使用自己的私钥解密数字信封,得到被加密的对称密钥。
(5) 收信方用得到的对称密钥解密被发信方加密的报文,得到真正的报文。

数字信封技术在外层使用公开密钥加密技术,享受到公开密钥技术的灵活性;由于内层的对称密钥长度通常较短,从而使公开密钥加密的相对低效率被限制在最低限度;而且由于可以在每次传送中使用不同的对称密钥,系统有了额外的安全保证。

2. 数字签名

数字签名可用来保证信息传输过程中信息的完整性和提供信息发送者的身份认证及不

可抵赖性。使用公开密钥算法是实现数字签名的主要技术。使用公开密钥算法实现数字签名技术，类似于公开密钥加密技术。其有两个密钥：一是签名密钥，它必须保持秘密，因此称为私有密钥，简称私钥；二是验证密钥，它是公开的，因此称为公开密钥，简称公钥。公开密钥算法的运算速度比较慢，因此可使用安全的单向散列函数对要签名的信息进行摘要处理，减小使用公开密钥算法的运算量。实现数字签名的过程如下所述。

(1) 信息发送者使用一单向散列函数(Hash 算法)对信息进行摘要。
(2) 信息发送者使用自己的私钥签名信息摘要。
(3) 信息发送者把信息本身和已签名的信息摘要一起发送出去。
(4) 任何接收者通过使用与信息发送者使用的同一个单向散列函数对接收的信息生成新的信息摘要，再使用信息发送者的公钥对信息摘要进行验证，以确认信息发送者的身份和信息是否被修改过。

3. 双重数字签名

双重数字签名是为了保证在事务处理过程中三方安全传输信息的一种技术，用于三方通信时的身份认证和信息完整性、交易防抵赖的保护。为理解双重签名的必要性，可考虑以下情况：A 购买商品，B 为商家，C 为银行，A 的付款账户在 C 处。交易过程中，A 需要给 B 发送购买信息和 A 的付款账户信息(如果 B 接受购买信息后用于转账)，但 A 不愿让 B 看到自己的付款账户信息(即 A 不希望商家看到自己的银行账户信息)，也不愿让处理 A 付款信息的 C 看到订购信息(即 A 不希望银行看到自己的购买商品信息)。此时，A 使用双重签名技术对两种信息做数字签名，即可实现以上功能。双重数字签名的实现步骤如下所述。

(1) 信息发送者 A 对发给 B 的信息 1 生成信息摘要 1。
(2) 信息发送者 A 对发给 C 的信息 2 生成信息摘要 2。
(3) 信息发送者 A 把信息摘要 1 和信息摘要 2 合在一起，对其生成信息摘要 3，并使用自己的私钥签名信息摘要 3。
(4) 信息发送者 A 把信息 1、信息摘要 2 和信息摘要 3 的签名发给 B，B 不能得到信息 2。
(5) 信息发送者 A 把信息 2、信息摘要 1 和信息摘要 3 的签名发给 C，C 不能得到信息 1。
(6) B 接收信息后，对信息 1 生成信息摘要，把这信息摘要和收到的信息摘要 2 合在一起，并对其生成新的信息摘要，同时使用信息发送者 A 的公钥对信息摘要 3 的签名进行验证，以确认信息发送者 A 的身份和信息是否被修改过。
(7) C 接收信息后，对信息 2 生成信息摘要，把这信息摘要和收到的信息摘要 1 合在一起，并对其生成新的信息摘要，同时使用信息发送者 A 的公钥对信息摘要 3 的签名进行验证，以确认信息发送者 A 的身份和信息是否被修改过。

五、安全技术协议

(一)电子商务主要安全协议

1. S-HTTP

安全超文本传输协议，是一种面向安全信息通信的协议，可以和 HTTP 结合起来使用。

S-HTTP 能与 HTTP 信息模型共存并易于与 HTTP 应用程序相整合。该协议向 www 的应用提供可鉴别性、完整性、机密性以及不可否认性等安全措施。

2. iKP

该协议是由 IBM 公司设计的一种全新的安全电子支付协议，可以在网上进行安全的交易。该协议最主要的特征是对数据提供密码保护和对解决争端的检查跟踪，可以对客户、商家和银行的网关三方之间进行仲裁。该协议是基于 RSA 公钥体制的，并能推广到借记卡或电子支票等支付系统中。

3. SSL

安全套接层协议，是 Netscape 公司率先采用的网络安全协议。它是在传输通信协议(TCP/IP)上实现的一种安全协议，采用公开密钥技术。SSL 广泛支持各种类型网络，同时提供三种基本的安全服务。对于电子商务应用来说，安全套接层协议可以保证信息的完整性、保密性和真实性。但是，安全套接层协议不能对应用层的消息进行数字签名，因此不能确定交易的不可否认性，这是安全套协议在电子商务中最大的不足。

4. SET

安全电子交易协议，由 Visa 与 Master card 两大信用卡组织联合 IBM、HP 等公司于 1997 年开发成功，是为了在 Internet 进行线上交易时保证信用卡支付的安全而设立的开放规范。SET 协议在网上购物环境中提供了商家、顾客和银行三者之间的认证，确保了交易数据的安全性、完整性、可靠性和交易的不可否认性，同时还提供了一定的隐私保护，使其获得 IETF 标准的认可，也是电子商务发展的方向。

SSL 和 SET 是当前在电子商务中应用最为广泛的安全协议，在较长时间内 SSL 和 SET 将作为电子商务安全保证的主流协议，在下文中将主要介绍这两种常用协议。

(二)SSL(Secure Socket Layer)安全套接层协议

SSL 协议向基于 TCP/IP 的客户/服务器应用程序提供了客户端和服务器的鉴别、数据完整性及信息机密性等安全技术。

1. SSL 协议工作流程

服务器认证阶段如下所述。

(1) 客户端向服务器发送一则开始信息 "Hello" 以便开始一次新的会话连接。

(2) 服务器根据客户的信息确定是否需要生成新的主密钥，如需要则服务器在响应客户的 "Hello" 信息时将包含生成主密钥所需的信息。

(3) 客户根据收到的服务器响应信息，产生一个主密钥，并用服务器的公开密钥加密后传给服务器。

(4) 服务器恢复该主密钥，并返回给客户一个用主密钥认证的信息，以此让客户认证服务器。

用户认证阶段。

经认证的服务器发送一个提问给客户，客户返回(数字)签名后的提问和其公开密钥，从而向服务器提供认证。

从 SSL 协议所提供的服务及其工作流程可以看出，SSL 协议运行的基础是商家对消费者信息保密的承诺，这就有利于商家而不利于消费者。

2. SSL 协议安全性分析

SSL 协议可提供以下安全保证。

(1) 用户和服务器的合法性认证。用户和服务器都有各自的识别号，采用公钥技术，在握手阶段进行数字认证，可以确保用户的合法性。

(2) 数据加密。采用对称密钥加密传输数据。

(3) 数据的完整性。采用哈希函数等形成数字摘要，保证数据的完整性。

但是，SSL 协议也存在一定的问题，SSL 刚开始并不是为了支持电子商务而设计的。电子商务往往由用户、网站、银行三家协作完成，SSL 协议并不能协调各方面的安全传输和信任关系，并且，SSL 并不支持完善的防抵赖功能。

(三)SET(Secure Electronic Transaction)安全电子交易协议

SET 协议是针对开放网络上安全、有效的银行卡交易，由 Visa 和 Master card 联合研制的一个能保证通过开放网络进行安全资金支付的技术标准。SET 协议采用公开密码体制(PK)和 X509 电子证书标准，通过相应软件、电子证书、数字签名和加密技术能在电子交易环节上提供更大的信任度、更完善的交换信息、更高的安全性和较少的可欺诈性。

SET 协议关键技术。SET 使用多种密钥技术来满足安全交易的要求，其中对称密钥技术、公钥加密技术和 Hash 算法是其核心。综合应用以上三种技术产生了数字签名、数字信封、数字证书等多种加密与认证技术。

1. 数字签名技术

数字签名是实现认证的重要工具，在网络中的密钥分配、电子安全交易等方面都有重要应用，其能提供身份认证、数据完整性、不可抵赖性等安全服务。数字签名可分为签名和认证两部分。

签名过程。首先计算消息 M 的散列值，即利用哈希函数对待发信息形成数据摘要 H(M)。然后利用私钥加密散列值形成签名 S，最后再将消息与签名(M,S)一起发送给接收方。

验证过程。接收方首先要取得发送方的公钥，利用发送方的公钥可以对接收到的签名 S 进行解密，得到 h。计算接收到的明文 M 的散列值，设为 H(M)，假如 h=H(M)，则签名有效，反之则签名无效。

2. 数字信封技术

在数字信封中，信息发送方采用对称密钥技术对信息进行加密处理，然后将此对称密钥用接收方的公开密钥来加密(这部分称数字信封)之后，将它和加密后的信息一起发送给接收方，接收方先用相应的私有密钥打开数字信封，得到对称密钥，然后使用对称密钥解开加密信息。在传递信息时，信息接收方若要解密信息，必须先用自己的私钥解密数字信封，得到对称密码，才能利用对称密码解密所得到的信息。这样一来，就保证了数据传输的真实性和完整性。

3. 双重签名技术

双重签名的目的在于连接两个不同接收者的信息。在这里，消费者想要发送订单信息 OI 到特约商店，且发送支付命令 PI 给银行。特约商店没必要知道消费者的信用卡卡号，而银行也无须知道消费者订单的详细信息。消费者需要将这两个消息分隔开，从而进行额外的隐私保护。在必要的时候，这两则信息必须连接在一起，才可以解决可能的争议和质疑问题。这样消费者可以证明这个支付行为是根据他的订单来执行的，而不是其他货品或服务。

(四)电子邮件的安全协议

1. PEM

该协议是增强 Internet 电子邮件隐秘性的标准草案，它在 Internet 电子邮件的标准格式上增加了加密、鉴别和密钥管理的功能，允许使用公开密钥和专用密钥的加密方式，并能够支持多种加密工具。对于每个电子邮件报文可以在报文头中规定特定的加密算法、数字鉴别算法、散列功能等安全措施。

2. S/MIME

即在 RFC1521 所描述的多功能 Internet 电子邮件扩充报文基础上添加数字签名和加密技术的一种协议，目的是在 MIME 上定义安全服务措施的实施方式。

3. PEM-MIME

PEM-MIME 是将 PEM 和 MIME 两者的特性进行了结合。

扩 展 阅 读

校园网防火墙结构

在网络拓扑结构上校园网可以有两种选择，这主要根据其拥有的网络设备情况而定。如果原来已有边界路由器，则可充分利用原有设备，利用边界路由器的包过滤功能，添加相应的防火墙配置，这样原来的路由器也就具有防火墙功能了。然后再利用防火墙与需要保护的内部网络相连接。对于 DMZ 区中的公共服务器，则可以直接与边界路由器相连，不用经过防火墙，可以只经过路由器的简单防护。在此拓扑结构中，边界路由器与防火墙就一起组成了两道安全防线，并且在这两者之间可以设置一个 DMZ 区，用来放置那些允许外部用户访问的公用服务器设施。如图 7-8 所示。

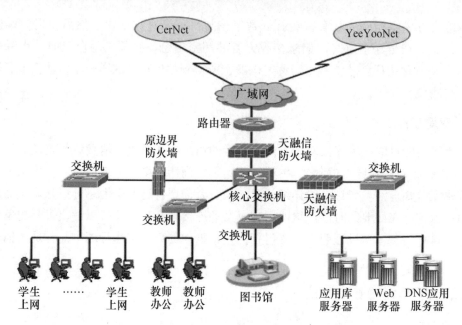

图 7-8 校园网防火墙结构

同 步 测 试

一、单项选择题

(1) 电子商务的安全风险主要来自(　　)。
　　A. 信息传输风险　　　　　　　B. 信用风险
　　C. 管理风险　　　　　　　　　D. 以上全部

(2) 在社会经济领域，网络安全主要是(　　)。
　　A. 党政机关网络安全问题
　　B. 国家经济领域内网络安全问题
　　C. 国防计算机网络安全问题
　　D. 军队计算机网络安全问题

(3) 以下对防火墙的说法错误的是(　　)。
　　A. 只能对两个网络之间的互相访问实行强制性管理的安全系统
　　B. 通过屏蔽未授权的网络访问等手段把内部网络隔离为可信任网络
　　C. 用来把内部可信任网络对外部网络或其他非可信任网的访问限制在规定范围之内
　　D. 防火墙的安全性能是根据系统安全的要求而设置的，因系统的安全级别不同而有所不同

(4) 以下用来保证硬件和软件本身的安全的是(　　)。
　　A. 实体安全　　　B. 运行安全　　　C. 信息安全　　　D. 管理安全

(5) 保护数据在传输过程中的安全的唯一实用方法是(　　)。
　　A. 用保护口令　　B. 数据加密　　C. 专线传输　　D. 数字签名

二、多项选择题

(1) 计算机存取控制的层次可以分为(　　)。
　　A. 身份认证　　　　　　　　B. 存取权限控制
　　C. 数据库保护　　　　　　　D. 密码应用

(2) 联网用户使用防火墙的好处有(　　)。
　　A. 降低子网上主系统的风险　　B. 控制对网点系统的访问
　　C. 降低安全配置成本　　　　　D. 保密

(3) 网络安全主要涉及的领域有(　　)。
　　A. 社会经济领域　　　　　　B. 技术领域
　　C. 电子商务领域　　　　　　D. 电子政务领域

(4) 防火墙的主要功能有(　　)。
　　A. 过滤进出网络的数据包
　　B. 管理进出网络的访问行为
　　C. 记录通过防火墙的信息内容和活动
　　D. 对网络攻击进行检测和警告

(5) 一个标准的 X.509 数字证书包括(　　)。
　　A. 证书的出版信息　　　　　　B. 证书的序列号
　　C. 证书所使用的签名算法　　　D. 证书的发行机构名称

三、简答题

(1) 电子商务的安全需求有哪些？
(2) 网络安全服务包括哪些内容？
(3) 简述防火墙的主要功能及其局限性。
(4) 数据加密技术有哪些应用？
(5) 简述数字签名及其验证过程。

四、案例分析题

互联网的发展及全面普及，给现代商业带来了新的发展机遇，基于互联网的电子商务应运而生，并成为一种新的商务模式。以互联网为基础的这种新的商务模式，也存在着许多亟待解决的问题。调查显示，网络安全、互联网基础设施建设等 9 大问题是阻碍电子商务发展的主要因素。其中，安全问题被调查对象列在首位。人们在享受电子商务带来极大方便的同时，也经常会被安全问题所困扰，安全问题已成为电子商务的核心问题。计算机病毒事件时常发生，如：2006 年 12 月初，我国互联网上大规模爆发"熊猫烧香"病毒，一只憨态可掬，领首敬香的"熊猫"在互联网上"作案"，网络恶意攻击，致使网络被破坏、导致系统瘫痪。由此可见，网络一方面给我们带来方便，但是，来自网络的安全威胁也是实际存在的,网络安全是首先要解决的问题。

(资料来源:https://www.xiexiebang.com/a1/201905124/404380f1a68bda2c.html 整理)

思考题:
谈一谈对电子商务安全的认识

项 目 实 训

实训项目:模拟申请并下载数字证书

【实训目的】

通过申请并下载数字证书,加深对电子商务安全认证的了解,掌握数字证书的申请和使用过程,了解数字证书的工作原理。

【实训内容】

通过登录数字证书认证中心(www.myca.cn)网站,学习数字证书的申请、下载、使用等过程并在 Windows 中对证书进行如导入、导出、删除等管理。

【实训要求】

训练项目	训练要求	备 注
电子商务安全技术认知	了解电子商务安全认证,掌握电子商务安全技术理论知识	
申请并下载数字证书	训练数字证书的申请、下载使用等,以及对证书导入、导出、删除等管理	熟悉电子商务安全技术的理论知识

第八章　客户服务管理

【学习目的与要求】
- 了解客户服务管理的概念，掌握客户服务管理的核心理念。
- 了解客户服务工作的地位、工作人员的职责内容。
- 了解CRM在电子商务中的重要作用，重点掌握电子商务客户服务的衡量。
- 了解客户服务管理系统，重点掌握呼叫中心及客户服务管理系统的主要应用。

【引导案例】

东方饭店的人性化客户服务

泰国的东方饭店的堪称亚洲饭店之最，几乎天天客满，不提前一个月预定是很难有入住机会的，而且客人大都来自西方发达国家。泰国在亚洲算不上特别发达，但为什么会有如此诱人的饭店呢？大家往往会以为泰国是一个旅游国家，而且又有世界上独有的人妖表演，是不是他们在这方面下了功夫。错了，他们靠的是真功夫，是非同寻常的客户服务，也就是现在经常提到的客户服务管理。他们的客户服务到底好到什么程度呢？我们不妨通过一个客户服务管理实例来看一下。

一位朋友因公务经常出差泰国，并下榻在东方饭店，第一次入住时良好的饭店环境和服务就给他留下了深刻的印象，当他第二次入住时几个细节更使他对饭店的好感迅速升级。那天早上，在他走出房门准备去餐厅的时候，楼层服务生恭敬地问道："于先生是要用早餐吗？"于先生高兴地乘电梯下到餐厅所在的楼层，刚刚走出电梯门，餐厅的服务生就说："于先生，里面请"。上餐时餐厅赠送了于先生一碟小菜，由于这种小菜于先生是第一次看到，就问："这是什么？"，服务生后退两步说："这是我们特有的某某小菜"，服务生为什么要先后退两步呢，他是怕自己说话时口水不小心落在客人的食品上，这种细致的服务不要说在一般的酒店，就是美国最好的饭店里于先生都没有见过。这一次早餐给于先生留下了终生难忘的印象。

后来，由于业务调整的原因，于先生有3年的时间没有再到泰国去，在于先生生日的时候突然收到了一封东方饭店发来的生日贺卡，里面还附了一封短信，内容是：亲爱的于先生，您已经有3年没有来过我们这里了，我们全体人员都非常想念您，希望能再次见到您。今天是您的生日，祝您生日愉快。于先生当时激动得热泪盈眶，发誓如果再去泰国，绝对不会到任何其他饭店，一定要住在东方，而且要说服所有的朋友也像他一样选择。于先生看了一下信封，上面贴着一枚六元的邮票。六块钱就这样买到了一颗心，这就是客户服务管理的魔力。

东方饭店非常重视培养忠实的客户，并且建立了一套完善的客户关系管理体系，使客户入住后可以得到无微不至的人性化服务，迄今为止，世界各国的约20万人曾经入住过那里。客户服务管理并非只是一套软件系统，而是以全员服务意识为核心贯穿于所有经营环节的一整套全面完善的服务理念和服务体系，是一种企业文化。东方饭店的做法值得我们很多企业去认真地学习和借鉴。

【知识要点】

一、客户服务管理

(一)客户服务管理概述

客户是指购买产品或服务，满足其某种需要的个人或群体，也就是指跟个人或企业有直接的经济关系的个人或企业。客户关系是指电商主动与客户建立起的各种物质关系和能量关系。包括买卖关系、供应关系、合作关系、情感关系等。客户关系管理是一种旨在改善企业与客户之间关系，提高客户忠诚度和满意度的新型管理机制。

1999年，Gartner Group Inc 公司提出了 CRM 概念(Customer Relationship Management 客户关系管理)。CRM 是 Customer Relationship Management(客户关系管理)的缩写，它是一项综合的 IT 技术，也是一种新的运作模式，它源于"以客户为中心"的新型商业模式，是一种旨在改善企业与客户关系的新型管理机制。CRM 要求以客户为中心的商业哲学和企业文化来支持有效的市场营销、销售与服务流程。如果企业拥有正确的领导、策略和企业文化，CRM 应用将为企业实现有效的客户关系管理。它是一项企业经营战略，企业据此可以赢得客户，并且留住客户，让客户满意。电商客户关系管理(ECRM)是指电商以互联网为平台，加强客户交流，了解客户需求，提高客户满意度，开发客户价值的过程。它既是一种理念，又是一套技术。

(二)客户服务管理的核心理念

客户关系管理——CRM(Customer Relationship Management)，可以有效地改善企业和客户之间的关系，对于提高客户的满意度，满足客户需求有着很大的作用。如图 8-1 所示。

过去很多企业对客户的管理状况并不理想，管理流程不清晰，过程烦琐，效率不高，致使企业的业务处于被动状态，和客户的关系也是处于松散的状态。另一方面，业务员对于客户的接待服务、售后跟进都有固定的模式，缺少有针对性的一对一服务，导致企业的业绩难以提升。而 CRM 系统恰恰就是为了解决这样的问题，帮助企业规范客户管理流程，提高企业效益而存在。

CRM 客户关系管理的核心是客户价值管理，满足不同价值客户的个性化需求，提高客户的忠诚度和保有率，从而全面提升企业盈利能力。在信息网络如此发达的今天，客户掌握着信息获取和商品选择的主动权，企业能否为客户提供一对一服务、个性化服务，满足客户的特殊需求，成为企业的重要竞争力之一，而客户关系管理的理念恰恰是以客户为中心，及时反馈客户遇到的问题，尽最大的努力满足客户的需求。

很多软件公司给出了合理的解决方案——CRM 系统，很多 CRM 系统不但可以用于客户关系管理，还可以用于销售管理。CRM系统改善了许多中小企业的销售流程，为销售活动的成功提供了保障。除此之外，该系统还包含了进销存管理、售后管理等多方面、全方位的管理，为企业对客户资源的精细化、差异化管理提供了极大的帮助。

现代社会中，"顾客就是上帝"是企业界的流行口号。企业能否在现今的电子商务时代，做到"以客户为中心"提高客户满意度，培养、维持客户忠诚度尤为重要。

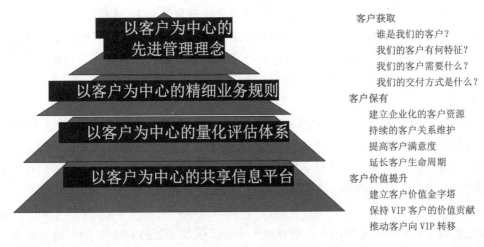

图 8-1　建立以客户为中心的企业

(三)客户服务工作的地位

1) 客户消费行为分析和市场细分

可以根据商品的价格、特点，按照品牌忠诚度、个性、生活形态分析目标购买者，从利益、态度、感觉、偏好等方面分析顾客选择商品的原因，CRM系统进行客户分析，就是了解客户群体的构成、客户消费层次、贡献最大的客户、忠诚度较高的客户、客户的消费习惯、潜在的消费需求等，根据不同的客户消费行为细分不同的消费目标市场，确定相应的市场营销策略和服务水平。如中国移动公司根据不同消费者的通信需求及习惯，推出了许多不同的通信类型。根据学生市场，推出动感地带的特色套餐；根据长期出差人员推出全球通业务，这些业务的推出能够及时地满足各种类型的消费者的需求，增加了客户选择其业务的机会。

2) 识别客户

识别客户主要是客户信息的获取和管理。具体步骤包括定义客户信息；获取客户信息；整合、管理客户信息，以及更新客户信息。现在许多企业都对自身的客户进行信息统计和管理更新，获取客户的基本信息以便更好地从中识别客户的需求。从而帮助企业获取更多的新客户、帮助企业更好地实现与客户的互动和沟通，提升客户满意度，增强客户满意度和对企业的忠诚度。

3) 区分客户

企业可以利用ABC分析法、RFM分析法、CLV分析法来区分客户。如汇丰银行根据客户在汇丰银行的活跃账户、使用频率，以及近期的使用率将客户分为从A~F 6种客户类型，按客户的忠诚度和价值高低来确定客户类型，并针对不同的客户类型推荐不同的产品和服务。为企业不断创造利润和收益。

4) 客户保持与价值提升

客户保持是指企业通过努力来巩固及进一步发展与客户长期、稳定关系的动态工程和战略。吸引一个新客户的所需要的成本是保持一个老客户的 5~10 倍。企业可以通过实施有价值的客户关怀和互动来增加客户对企业的好感。企业需要建立客户投诉管理机制，通过客户的抱怨，企业可以了解自身产品或服务的不足和问题，进而找到改进的办法，还能通过处理客户投诉，增强客户的满意度。制订客户忠诚计划，通过维持客户关系和培养客户忠诚度而形成客户长期需求，并降低其品牌转换率。

5) 挽回客户

在营销手段日益成熟的今天，我们的客户仍然是一个很不稳定的群体，因为他们的市场利益驱动杠杆还是偏向于人、情、理的。如何来提高客户的忠诚度是现代企业营销人员一直在研讨的问题。客户的变动，往往意味着一个市场的变更和调整，会给公司的市场运作带来不利影响。那么，对于流失客户的挽回，则是企业 CRM 的重要工作。

6) CRM 绩效管理

企业通过实施 CRM 绩效管理，能够更好地为企业提供各方面的信息和考核。CRM 的测评方法主要是关键业绩指标法。CRM 绩效测评的关键维度中利用的平衡计分法技术，是综合地衡量企业业绩的绩效考核法。CRM 绩效管理具有独特的优势，即可为企业提供量化的考核办法，提供指标完成情况提示。另外，为了让企业能够实现个性化的绩效管理，CRM 的系统设置了便捷的工作流程，为企业的个性化管理提供帮助。

(四)客户服务人员的职责

客服的主要工作职责是代表店铺与客户沟通，通过推荐或答疑的方式，促成交易。对于电商客服来说，最大的沟通问题在于买卖双方是无法面对面交流的，也无法直接展示产品，所以，客服是一个非常重要的岗位，对于与客户的沟通交流、随机应变、对文字的掌控能力有较高的要求。本文将针对公司客服工作需求进行一些粗略的分析和讲解。其客服基本工作原则如下所述。

1) 有责任心

这种责任心不论是针对自己，还是工作，还是买家，还是公司，都是非常关键的一种素质。为工作负责，要做好自己的本职工作，提高自己的工作效率以及工作经验。对买家负责，客户就是上帝，简单地说客户就是我们的衣食父母，如果我们对于客户的问题处理不好，没有责任感，等于是在摔自己的饭碗。对公司负责，我们的每一个客服都是店铺代言人，所有客服的工作态度和行为就代表我们自己店铺的形象。好的形象会带来好的影响和效益。

2) 有一定的营销技巧

这一点并不是所有的人从开始就会做得很好的，需要具有良好的沟通能力。并且不是所有大众化的方式都适合个人，所以这一点，还是需要大家在工作中慢慢总结整理，找出适合自己的一套方案，掌握个性独立的属于自己的销售方式。

3) 处事不惊的应变能力

在销售过程中，我们会遇到很多突发问题。因此，保持心态平和很关键，如果我们自己先乱了阵脚，则很容易使买家产生怀疑，从而导致交易的失败或者售后的困难，带来中差评。这一条需要我们对于本身销售产品要具有较高的了解和多方面的积累。如果遇到了问题较多比较复杂的买家，首先可以选择请对方说情况，仔细看完，分析之后再进一步沟通，或者提出解决方案。

4) 情绪的自我掌控和调节

跟实体店不同，我们会遇到形形色色的买家。由于"不见面"的缘故，很多买家会出乎我们的意料，可能非常极端，也可能很难以理喻。每当遇到这种问题的时候，相信所有人的情绪都会受到影响。也许早晨你坐在计算机面前，一开始就会遇到一个非常不讲理的买家，这个时候你会觉得你一天的心情都不好了。这对于客服来说并不是一种良好精神状态。首先服务行业要求的是服务态度，如果我们的工作受到的情绪影响，其实是非常不好的。那么就需要掌控自我情绪，并且合理有效地调节。比如同事之间多沟通交流，说一些令自己心情愉悦的笑话，或者把客户的不满说出来。及时宣泄堆积的情绪，对于接下来的工作，其实是有利无害的。

(五)如何做好客户服务管理

1) 理解我们的企业、理解我们的工作、理解我们的客户、理解我们自己

做客户服务工作，对我们而言，最重要的是上面的 4 个理解。理解我们的企业，了解公司的发展方向、长期目标以及短期目标，围绕公司的各种目标来开展我们的工作；理解我们的工作，我们的工作是为所有的客户提供服务，我们的工作是一项长期的、系统的、有意义的工作；理解我们的客户，我们将要面对的是各种各样的客户，这对我们每个人都是一种考验；理解我们自己，做好自己的定位，向着自己的理想和目标前进。

2) 态度和理念

无论是公司还是个人，在对待服务的态度和理念上，都应该有明确的观点；要树立"全面满足、不断超越客户期望"的服务理念；这表示我们在对待客户服务这项工作上的态度是以客户为导向的，是以客户为中心的；作为员工，也应该将公司的服务理念落到实处，于细微处体现公司的理念，给客户一种深刻的记忆。

3) 沟通技巧

在和客户的沟通中，耐心倾听客户诉说，对于客户的一些建议表示认同，对模棱两可的地方进行重复，以确定客户的问题，然后对客户诉说的内容进行简单归纳整理，理出客户的问题所在以及需求。

4) 平息客户抱怨

客户抱怨是难免的。如何在现有资源条件下，平息顾客抱怨是很重要的。

二、电子商务客户服务管理

网络时代的客户价值概念为企业经营者提供了一个指导原则，即增加整体客户价值的同时降低整体客户的成本。只有这样，企业的网站才能吸引并留住更多的网上客户。

(一)电子商务客户服务管理概述

eCRM 的产生和发展归功于网络技术的快速发展和普及。企业关注与客户的及时交互，而 Internet 及电子商务提供了最好的途径，企业可以充分利用基于 Internet 的销售和售后服务渠道，进行实时的、个性化的营销。因特网把客户和合作伙伴的关系管理提高到一个新高度。

与以往只注重吸引新顾客、达成一次性交易的"交易营销"相比，客户关系管理更注重保留客户，建立长期稳定的关系。

(二)客户服务在电子商务中的重要性

营销就是设计出满足顾客需要的产品，而信息技术则可以帮助你更好地满足这些需求。信息技术尤其是互联网技术支持市场营销的最重要方式就是帮助营造一个以顾客为中心的公司环境。在前端，营销必须能够与销售和顾客支持共事知识，使每个人都能获得关于顾客的完整视图；在后端，公司必须对客户需求迅速做出反应并作出销售承诺。尤其是 Internet 电子商务的蓬勃发展，更是促进了公司与客户之间的动态交流。例如，当市场部门能够提出目标明确的促销活动；当销售部门能够适时地提出合适的产品；当服务人员能够建议合适的服务层次契约或是服务时间表。

1) 提高客户忠诚度

吸收新客户的成本要远远超过保留现有客户所用的费用。企业如果通过提供超乎客户期望的可靠服务将争取到的客户转变为长期客户，那么商机无疑会大大增加。对企业而言，长期客户的另一项意义便是降低争取客户的费用以及销售和服务流程的简化。企业便有更灵敏的客户回应能力，这种回应能力必然会增强客户的忠诚度，同时使公司得以吸引新的客户并促进销售的增长。CRM 能够促进企业和客户之间的交流，协调客户服务资源，给客户作出最及时的反应。

2) 共享客户信息

营销人员的工作是去寻找潜在客户，然后不断地向这些潜在客户宣传自己的产品和服务。在传统方式下，由于公司营销人员在不断地变动，客户也在变动，一个营销人员本来已经接触过的客户可能会被其他营销人员当作新客户来对待，而重复上述的销售周期。这种问题的发生，不仅浪费了公司的财力和物力，而且不利于客户关系的维护。在现代市场经济中，CRM 则强调使所有员工能拥有更多的潜力来更有效地利用与客户的交流。

3) 促进企业组织变革

信息技术的突飞猛进在促进企业信息化的同时，也促进了企业内部的重组，企业组织日益扁平化以适应信息系统的应用和发展。从 ERP(企业资源规划)到 CRM，企业组织和流程管理经历了一次次变革,其目的都是为了使信息技术与企业管理紧密结合起来,以提高企业运作效率,增强竞争优势,促进企业发展。现代企业管理系统中财务软件是核心,后端有 ERP 等系统支持生产制造、供应流转,前端就是 CRM 系统改善企业的销售和服务。所有这些要素合起来可以全面提高企业运作能力,迎来全员营销时代。

(三)电子商务客户服务的衡量

企业管理的目标重点是提高客户满意度和提升市场营销水平。同时,在企业战略高度上规划 CRM,实施基于企业的现实需求,重视企业实际应用,培养企业自身的 CRM 管理和开发人员。

现在的顾客需要的是一种特别的待遇和服务,企业如果通过提供超乎客户期望的可靠服务,将争取到的客户转变为长期客户,就可以实现客户的长期价值。我们要树立"客户至上"的观念,与客户建立起一种长久的、稳固的合作信任、互惠互利的关系。因此,随着经济发展水平的提高,居民可随意支配收入的增加,消费者差异化的需求,企业面对复杂的竞争环境和差异化的产品,要实现其产品或服务的价值,即目标利润。必须满足消费者的产品或者服务的使用价值,即需求。所以企业在产品或服务设计、制造、分销等企业管理活动中必须考虑的两个关键指标,即客户的满意度和忠诚度。如何达成企业对客户的满意度和实现客户对企业的忠诚度?

1. 客户满意度

"顾客满意"观念的产生是在 20 世纪 80 年代初。当时的美国市场竞争环境日趋恶劣,美国电话电报(AT&T)公司为了使自己处于有利的竞争优势,开始尝试性地了解顾客对目前企业所提供服务的满意情况,并以此作为服务质量改进的依据,取得了一定的效果。与此同时,日本本田汽车公司也开始应用顾客满意作为自己了解情况的一种手段,并且更加完善了这种经营战略。

在 80 年代中期,美国政府建立了"马尔科姆·鲍德里奇全国质量奖"(Malcolm Baldrige National Quality Award),以鼓励企业树立"顾客满意"的观念。这一奖项的设立大大推动了"顾客满意"的发展。当然,它不只是单纯考核企业顾客满意度最终得分,而是测评企业通过以"顾客满意"为中心所引发的一系列进行全面质量管理的衡量体系。IBM、MOTOROLA、FEDEX、先施等都是这一奖项的获得者,但至今为止,全球每年获得这一奖项的企业没有超过 5 名。

90 年代中期,顾客满意度调查在中国大陆的跨国公司中得到迅速而广泛的应用。原因之一是跨国公司总部要求按照本部的模式定期获得大中国区市场的顾客信息,以应对全球化进程中的计划与挑战;二是在日趋激烈的竞争中,优秀的服务成为企业获得并保持竞争优势的重要诉求;三是主管需要对员工的工作绩效进行量化评估,这需要来自顾客的评价。

1) 概念

自从美国学者 Cardozo 在 1965 年首次将客户满意的观点引入营销领域以后,学术界掀起了研究客户满意的热潮,客户满意也成为颇受西方企业推崇的经营哲学。

其基本要求是企业的整个经营活动要以客户满意度为指针，要从客户的角度、客户的观点出发，而不是企业自身的利益和观点来分析客户的需求，应尽可能全面尊重和维护客户的利益。

(1) 相关学者的观点。

① 菲利普·科特勒：客户满意是指一个人通过对一种产品的可感知的效果与他或她的期望值相比较后，所形成的愉悦或失望的感觉状态。

② Barky：客户满意是指客户使用前的预期与使用后所感知的效果相比较的结果。而客户满意度是客户满意水平的量化。

③ 理查德·奥利弗：满意是客户对于自己愿望的兑现程度的一种反应，是一种判断方式。满意度是一种影响态度的情感反应。

④ 《ISO9000：2000 基础和术语》中，顾客满意被定义为：顾客对其明示的、通常隐含的或必须履行的需求或期望已被满足的程度的感受。

(2) 总结。

① 客户满意是一种心理反应和活动，是客户的需求被满足后形成的愉悦感或状态。

② 客户满意是一个不确定的概念，满意的标准因人而异，因时间而异，不同的人对同一产品或服务的满意程度不一样，即使同一个人在不同的时期对同一类商品的满意状况也不一样。

③ 客户满意度是用来衡量客户满意程度的评价指标。用公式 $C=b/a$ 来表示，即客户满意度是客户的感知与客户期望的比值。

④ 顾客满意包括产品满意、服务满意和社会满意三个层次。

"产品满意"是指企业产品带给顾客的满足状态，包括产品的内在质量、价格、设计、包装、时效等方面的满意。产品的质量满意是构成顾客满意的基础因素。

"服务满意"是指产品售前、售中、售后以及产品生命周期的不同阶段采取的服务措施令顾客满意。这主要是在服务过程的每一个环节上都能设身处地地为顾客着想，做到有利于顾客、方便顾客。

"社会满意"是指顾客在对企业产品和服务的消费过程中所体验到的对社会利益的维护，主要指顾客整体社会满意，它要求企业的经营活动要有利于社会文明进步。

⑤ 客户满意的基础理论是心理学上的差距理论，即客户感知价值与客户预期的差距决定了顾客满意程度。

当客户感知接近客户期望时，客户就会表现为一般或比较满意；当客户感知高于客户期望时，客户就会表现为满意，高出的越多，客户满意度就越高；当客户感知小于客户期望时，客户就会表现为不满意。

所以，客户满意是一种感觉水平，这种水平由客户对企业提供的产品或服务的感知价值和期望价值来决定；感知价值/期望价值=1 时，比较满意；感知价值/期望价值<1 时，不满意；感知价值/期望价值>1 时，非常满意。

(3) 客户满意的意义。

① 是企业取得长期成功的必要条件。

客户满意企业才有稳定的市场,才有稳定的利润源泉,才能长期存活下去。

② 是企业战胜竞争对手的最好手段。

客户满意可以降低企业营销成本,可以稳定客源,能一定程度避免客户的流失。

③ 是实现客户忠诚的基础。

客户满意能产生积极的营销效应,促进顾客重复购买,建立顾客和企业的感情,增加企业产品或服务的销售,增强客户对企业的忠诚度。

(4) 客户满意的蝴蝶效应。

平均每个满意的客户会把他满意的购买经历告诉至少 12 个人以上,在这 12 个人里面在没有其他因素干扰的情况下有超过 10 人表示一定光临。

平均每个不满意的客户会把他不满意的购买经历告诉至少 20 个人以上,而且这些人都表示不愿接受这种恶劣的服务。

(5) 客户满意度。

客户满意度 CSR(Consumer satisfactional research),也叫客户满意指数。

客户满意度是对服务性行业的顾客满意度调查系统的简称,是一个相对的概念,是客户期望值与客户体验的匹配程度。

换言之,就是客户通过对一种产品可感知的效果与其期望值相比较后得出的指数。C=感知价值/期望价值。

2) 客户满意度的影响因素

(1) 核心产品或服务。

企业所提供的基本的产品和服务,是提供给客户的最基本的东西。在当前激烈竞争的市场上,企业必须把核心产品或者服务做好,这一点是毋庸置疑的。

(2) 支持性服务。

外围的和支持性的服务有助于核心产品的提供。这就意味着即使客户对核心产品比较满意,也可能对企业的其他方面表示不满。

这些方面如价格、服务、沟通、和分销等。在以较好的核心产品或者服务为基础取得竞争上的优势是很困难的,甚至是不可能的情况下,企业可以提供与分销和信息相关的支持性和辅助服务,并通过这些服务逐步将他们同竞争对手区别开来并为客户增加价值。

(3) 所承诺服务的表现。

企业能否将核心产品和支持服务做好有关,重点在于我们向客户承诺的服务表现上。客户任何时候都期望交易进展顺利并且企业遵守承诺,如果企业做不到这一点,客户就会产生不满情绪。信守承诺是关系中一个非常重要的因素。

(4) 客户互动的要素。

企业与客户之间面对面的服务过程或者以技术为基础的接触方式进行的互动非常重要,在互动的过程中,客户更看重企业所提供的服务的水平,对他们关注的程度以及服务的速度和质量;也就是说客户很看重他们是如何被服务和接待的。如果企业在这些方面做得不好,即使它提供了高质量的核心产品,客户仍然会感到失望,甚至会去购买竞争企业的产品或服务。

(5) 情感因素。

企业不仅要考虑到与客户互动中的基本因素，还要考虑企业有时候传递给客户的微妙信息，这些信息可以表明他们对企业产生了正面或者负面的感情。

从根本上来说，这意味着企业使他们在与企业进行交往的过程中的感受如何。

从对客户的调查中获得的很多证据说明，相当的一部分客户的满意度与核心产品或者服务的质量并没有关系。实际上，客户甚至可能对他们与企业和它的员工的互动中的大多数方面感到满意。但因为一位员工的某些话或者因为其他的一些小事情没有做好使企业失去了这个客户的业务，而那些事情员工们甚至并没有注意到。

3) 提高客户满意度的措施

企业要使客户全面满意，必须以客户为中心，推行客户满意战略。推行客户满意战略，企业应做好以下几个方面的工作。

(1) 根据客户需求，提供满意的产品或服务。

优质的产品和良好的服务是赢得客户满意的基本条件。因此，企业的营销人员要通过了解客户的个性化需求，才能提供客户真正满意的产品或服务。据美国的一项调查，成功的技术革新和民用新产品中有60%~80%来自用户的建议。

(2) 提供附加利益。

在向客户提供某种产品或服务的基础上，企业若能提供客户需要的各种附加利益，一方面会使客户利益实现最大化，从而赢得客户的好感；另一方面，在产品或服务的特征相近的情况下可使企业形成差别化优势，进一步加深客户的信任。

(3) 提供信息通道。

通过前面的分析可知，客户满意的重要组成部分是信息满意。因此，建立企业与客户之间双向的、畅通的、有效的信息沟通渠道是客户满意的保障之一。

(4) 和客户维护好关系。

对于一个企业来说，客户管理无外乎开发新客户和维护老客户。经验告诉我们，开发一个新客户的成本远高于维护一个老客户的成本，大体上开发客户大约是维护客户成本的5倍，所以，要懂得如何维护客户，和他们处理好关系，不断提高他们的满意度，这样可以大幅度增加企业的利润。

一个企业如果能降低5%的客户流失率，便能增加25%~85%的利润，所以时刻倾听老客户的声音，不断加强和老客户的关系，有利于企业提升老客户的满意度，使企业获得持续的发展能力。

(5) 加强"客户满意工程"的实施。

企业不但要在日常经营管理中注入时刻为客户服务的价值理念，而且要将客户满意管理作为一项工作去落实。以现代管理技术和方法，对客户满意进行建设，实现客户满意工程的实施，并逐渐将它制度化、规范化，作为一项日常的管理工作来做。

企业在实施客户满意工程时，要注意利用企业所有的资源，将企业员工也作为各个环节的客户，促使大家共同履行自己的职责，从而实现全面的客户满意。

企业的客户满意工程要求相关部门要适时地制订符合实际的客户管理计划，及时收集客户信息，做好客户的维护和服务工作，对客户管理适时总结。

4）评价——客户满意模型

KANO 模型是由东京理工大学教授狩野纪昭(Noriaki Kano)提出来的，定义了三个层次的顾客需求，即基本型需求、期望型需求、兴奋型需求。这三种需求根据绩效分类就是基本因素、绩效因素、激励因素。

(1) 基本型需求。

这种需求是顾客对企业提供的产品或服务因素的基本要求，是顾客认为产品或服务"必须有"的属性或功能。当其特性不充足(不满足顾客需求)时，顾客很不满意；当其特性充足(满足顾客需求)时，顾客也可能不会因而表现出满意。

对于基本型需求，即使超过了顾客的期望，但顾客充其量达到满意，不会对此表现出更多的好感。不过只要稍有一丝疏忽，未达到顾客的期望，则顾客满意将一落千丈。对于顾客而言，这些需求是必须满足的，理所当然的。

对于基本型需求，又称为产品或服务必须具备的要素，是客户期望存在的并认为理所当然应该享受的特性，比如，空调要能调节温度，钢笔要能写字，饭要干净健康，衣服质量是好的等。

(2) 期望型需求。

期望型需求是指顾客的满意状况与需求的满足程度呈比例关系的需求。期望型需求没有基本型需求那样苛刻，其要求提供的产品或服务比较优秀，但并不是"必须"的产品属性或服务行为。

企业提供的产品或服务水平超出顾客期望越多，顾客的满意状况越好，在市场调查中，顾客谈论的通常是期望型需求。如果企业对质量投诉处理得越圆满，那么顾客就越满意。

期望型需求一般指可以给客户带来满意的越快、越好、越舒适的因素。客户对于这些因素有一个较大的感觉范围，如果需求达不到预期，会感到失望；如果刚好平衡，客户不会有特别的感觉；如果实际感知的产品或服务的价值高于预期价值，客户会增加满意度。

比如去餐厅吃饭，排队时间长则不舒服，会感到失望，但以后还会吃，如果排队时间短，则会感到高兴。

(3) 魅力型需求。

这种需求是一种不会被顾客过分期望的需求。魅力型需求一旦得到满足，顾客表现出的满意状况是非常高的。

对于魅力型需求，随着满足顾客期望程度的增加，顾客满意度也会急剧上升；反之，即使在期望不满足时，顾客也不会因而表现出明显的不满意。这要求企业提供给顾客一些完全出乎意料的产品属性或服务行为，使顾客产生惊喜。

例如，一些著名品牌的企业能够定时进行产品的质量跟踪和回访，发布最新的产品信息和促销内容，并为顾客提供最便捷的购物方式。对此，即使另一些企业未提供这些服务，顾客也不会由此表现出不满意。

魅力型需求主要来源于产品或服务的相关增值服务，所以，缺少了并不会引起客户的不满，而做好了则会引起客户极大的满意。

① 基本型需求是开发客户的重要因素；
② 期望型需求是维护和保持客户的因素；
③ 魅力型需求是建立忠诚度的重要因素。

这三个层次是相互转化的，基本型需求在特殊条件下可以变成期望型需求和魅力型需求；当魅力型需求和期望型需求在整个行业都满足的时候，这些需求将会变成基本型需求。所以，要不断地发展这三层；如图8-2所示。

图 8-2　客户满意度

(4) KANO 模型的操作性。

在实际操作中，企业首先要全力以赴地满足顾客的基本型需求，保证顾客提出的问题得到认真的解决，重视顾客认为企业有义务做到的事情，尽量为顾客提供方便。以实现顾客最基本的需求满足。

然后，企业应尽力去满足顾客的期望型需求，这是质量的竞争性因素。提供顾客喜爱的额外服务或产品功能，使其产品和服务优于竞争对手并有所不同，加深顾客加强对本企业的良好印象，使顾客达到满意。

最后争取实现顾客的兴奋型需求，为企业建立最忠实的客户群。

三、客户忠诚度

1. 概念

客户忠诚度是衡量客户忠诚的一个维度，虽然没有统一的界定，但是大多数研究成果集中在"某个客户愿意继续购买某企业产品或服务的倾向程度"方面。

所以，从这个角度出发，客户忠诚指的是客户对某一特定产品或服务、品牌、商家、制造商、服务供应商或其他方面有较强的好感，并形成了偏好，进而重复购买的一种情感与态度趋向，最终形成一种行为选择。表现为以下方面。

(1) 客户再购买的意向。指客户对企业产品或服务的未来购买倾向，属于潜在客户。

(2) 实际再购买行为。指将未来购买倾向落实，对企业产品或服务的购买，表现为近期购买、频繁购买、大量购买、固定购买和长期购买。

(3) 从属行为。对产品或服务的再购买和免费宣传。

(4) 排他行为。竞争者。

(5) 超强的信任。过失的容忍。

2. 顾客忠诚度的影响因素分析

1) 顾客忠诚度的层次

顾客忠诚度的层次主要可分为4层，可用金字塔来描述。

(1) 金字塔的最底层是指企业没有忠诚的顾客来支持自身的发展。顾客对于企业发生的一切全然不知，总是随自己的个性来购买产品或服务。

(2) 第二层是顾客对企业提供的产品或服务感到非常符合自己的消费水平和消费习惯，他们的购买行为受到了平时习惯的影响很大。主要原因有两个：一方面，顾客没有较多的时间和精力了解其他产品或服务，故而不会改变购买趋向；另一方面，转换企业成本较高，没有能力去支付。

(3) 第三层则是顾客在挑选某一产品时会对某一企业的商品具有偏好性购买趋势。这种现象的出现与企业的管理和营销理念是相符合的，同时也和顾客的消费经验有关。

(4) 最顶层是顾客忠诚的最高阶段。该类型的顾客往往对企业的忠诚达到了很高的水平，对企业的产品或服务有着很强烈的情感依托和喜爱之情。他们是企业获得利润的主要来源之一，是企业发展道路中不可缺少的一支力量，企业万不可放弃这类顾客。

2) 具体的影响因素

(1) 顾客的满意度。

顾客的满意度指的就是顾客在实施购买活动时，会将自我所期望获得的产品或服务与实际购买过程中所得到的作对比。当期望值高于企业实际提供的服务水平时，顾客就会有可能不满意；当期望值低于企业实际提供的服务水平时，顾客很有可能会因为自己会获得自己所没有预料到的高质量的产品或服务而感到满意；当期望值与企业实际提供的服务水平相差无几时，顾客就有可能满意也有可能不满意。

这也可以理解为顾客满意度指的是顾客对获得的产品或服务所作出的主观方面的评价。它同时也可以是一个可以用来判断顾客是否对企业忠诚的方法或一条途径。有关研究表明，顾客若对该产品很满意，那就会在日后的消费行为中更多地去关注或购买该企业的产品，也就会更久地忠诚于该企业或品牌。顾客忠诚度不会受到该行业中不同企业相互竞争的影响，而会跟随着顾客对商品或服务满意程度发生变动。顾客满意度高，忠诚度也就会高，反之，则忠诚度越低。这也说明顾客满意度是推动顾客忠诚度提高的重要影响要素之一，这样不仅不会购买，还会导致信息的传播劝阻他人也不要购买的后果，从而让企业处于困境之中。

(2) 顾客信任感。

所谓顾客信任感是指消费者对购物的安全性有强烈的要求，并以商品的信任感作为购买和消费商品的主要依据。在信任消费模式下，消费者首先有一种预期的感知，在这种信任预期感的指引下来建立自身的消费体系。凡是符合预期感知的产品就会成为自己所购类别，反之就会被拒绝。这也就说明，在信任消费模式下，信任感是顾客购买和持续忠诚购买该商品的主要影响因素。同时信任和购买的消费者与购买和消费的风险有关，如果顾客购买和消费的风险较小，对顾客的忠诚度影响就更大。

通常来说，顾客在购买下列产品或遇到以下情形时对购买和消费风险影响就大：对于产品的质量和功能顾客不能预先了解，只有在购买后或使用中才能感知到的产品，如服务等无形产品；顾客在消费后也很难感知到产品的实际效果，对产品有一种说不清楚的感觉；如保健品等；价格昂贵且必须大量购买的产品；对顾客安全性要求高的产品，如药品、高压锅、煤气罐等；顾客对该商品及供应商一无所知的产品；受周围环境影响大的，如经常被骗的或销售假冒伪劣产品的。

提高顾客的信任感，首先必须通过各种媒体及时准确地传达产品的质量和服务信息。如企业的历史文化、管理方式、营销理念，先进的生产设备和条件、优良的产品质量保证体系、各种权威机构的认证标志、企业管理者和营销者良好的待客形象、有影响的个人或组织所给予的荣誉称号、老顾客的称赞等；其次向顾客作出积极有效的承诺，积极就是要承诺的标准必须适合企业竞争的需求，从而留住老顾客发展新顾客；有效是要顾客感受到承诺切实给他们带来了好处，维护企业的良好形象；最后就是要百分之百履行企业承诺，兑现诺言。

(3) 顾客购买的便利程度

在市场竞争越来越激烈的今天，替代品种类繁多，如果顾客不能很方便地购买到他所需要的产品时，即使他对以前的购买和消费有很高的评价和信任度也会在他急需时购买其竞争对手的产品，如果对手能满足其所需要且满意度高时，再想挽回顾客是很困难的。

同时顾客在购买任何不便的产品时，都会对自己产生负面影响。在下面 5 种情况下顾客购买不方便时对消费者影响很大：顾客着急购买某一产品或服务；顾客选购的随意性很强；替代品较多，产品的同质化比较高，市场对顾客的需求竞争激烈；购买产品不方便程度高；顾客忠诚度低。

那么怎样提高顾客购买的便利度呢？必须从以下几方面入手：做好物流配送，提高物流效率，保证产品供应的连续性；加强对产品零售的管理，使顾客能够看得到、注意到、很容易够得着；加强网络营销渠道管理，适当提高零售终端分布密度；加大对产品的宣传力度，使消费者能够知晓该产品。

(4) 企业与顾客之间信息和情感的有效沟通。

顾客忠诚度包含行为忠诚和情感忠诚，两者之间密不可分。行为忠诚是情感忠诚的基石，而情感忠诚反过来又可支配行为忠诚。忠诚度越高，情感在其中不可替代的功用越大。例如，在同等条件下人们在选择供应商时，往往会优先考虑与自己有感情并能够双赢的，这其中起重要作用的就是情感。感情在培养和固化忠诚度方面起到了凝固的作用。

在营销过程中要学会利用中国文化这一特殊的情感，因中国文化历经数千年，绵延不绝，在世界文化体系中独一无二。在做好以上工作的同时还应做好以下几方面工作：在全体员工中要真正树立起以顾客为中心的服务意识，想顾客之所想、急顾客之所急，进一步完善服务体系，提高服务质量，让顾客体验到超值服务；保持同顾客的信息交流，随时了解出现的新情况、新问题，并作出真诚的祝福、支持、理解等回答；在不损害企业利益的原则上，加强同顾客中有影响力的组织人员的沟通，增进彼此之间的个人情感。

(5) 企业内外部人员或组织的影响。

消费者在挑选商品时，总会参考其他人或组织的观点或建议。他们在进行消费时，常常会受到不同方面的影响，主要包括企业内部的基层工作人员甚至于高层领导的行为和态度；产品零售商的形象和服务质量；大众媒体的报道；政府机构、相关协会等一些知名人士的观点和态度，这些因素都会或多或少地影响顾客的忠诚购买行为。因此，企业必须进行客户服务意识及员工行为礼仪培训，并实施有效的公关组织计划，从而达到企业与顾客之间有一种和谐的生活环境。

(6) 企业的激励政策。

企业对顾客实施激励政策对于顾客的购买行为具有很强的刺激作用。奖励的方式越新颖、越丰厚，对于提高顾客的忠诚度就越有帮助，但是这种方式会很快地被其他竞争对手复制，致使对顾客的争夺更加激烈，顾客对企业的要求也变得越来越高，进而使企业的成本迅速上升，效仿者大幅下降；如果企业停止实施激励政策，就会降低顾客对企业的忠诚度，进而导致顾客流失。这种激励政策的作用很难准确把控，因此企业不应当把激励政策作为建立和提升顾客忠诚度的主要方法。

(7) 企业文化。

一个成功的企业，它不会只停留在注重营销自身产品上，它还会重视去推广自身的企业文化。与一些只注重产品来吸引消费者关注的企业相比较可以看出，企业会因为拥有一种优秀的企业文化而吸引一些消费者的目光，进而提高顾客的忠诚度。就百事可乐与可口可乐的竞争而言，百事可乐通过营销百事文化，吸引了很多消费者，从而提高了顾客的忠诚度，获得了很多忠诚顾客。

3. 评价

在现今竞争日趋激励的市场中，顾客忠诚度显然已成为企业获得更高利润的关键。企业除了要做好产品和服务以外，还必须更好地与顾客保持情感维系。顾客忠诚度是企业营销产品的中心环节，也是消费者对产品或服务评价的主要方法，同时也反映了消费者从一个品牌到另一个品牌的可能程度。

四、客户服务管理技术及应用

随着市场竞争的日益激烈，无论是哪一个行业，企业对客户关系的重视程度都越来越高，以客户为中心的经营理念被越来越多的企业所接受。客户关系管理正是在这个理念的驱动下形成的一整套的经营策略、方法和技术。

企业开展CRM，应首先从确立以客户为中心理念开始，把客户经营提升到战略层面。同时，实施CRM，硬件和软件的选择尤为重要。日常管理中，企业还要及时处理与客户之间的冲突，不断提高客户满意度和忠诚度，并建立长效机制。

(一)客户服务管理系统

1. 客户关系管理的一般模型

客户关系管理的一般模型如图 8-3 所示。

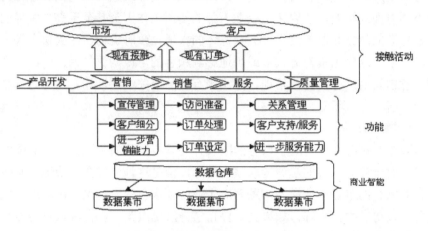

图 8-3　客户关系管理的一般模型

这个模型阐明了 CRM 系统的主要过程是对市场、销售、客户服务三部分业务流程的信息化；与客户沟通所需要的渠道的集成和自动化处理；对上面两部分功能所积累下的信息进行的加工处理，产生客户智能，为企业的战略战术的决策做支持。模型反映了目标客户、主要过程以及任务功能之间的相互关系。产品开发和质量管理过程分别处于 CRM 过程的两端，提供必要的支持。如图 8-4 所示。

图 8-4　CRM 系统

在 CRM 系统中，各种渠道的集成是非常重要的。企业与客户之间要有双向的沟通，因此拥有丰富多样的营销渠道是实现良好沟通的必要条件。

根据 CRM 系统的一般模型，可以将 CRM 系统划分为接触活动、业务功能及商业智能三个组成部分。

1) 接触活动

CRM 系统应当能使企业以各种方式与客户接触，典型的方式有下述几种。

(1) 呼叫中心。

(2) 直接沟通。

(3) 传真。

(4) 移动销售(mobile sales)。

(5) 电子邮件。
(6) 互联网。
(7) 其他营销渠道。

2) 业务功能

CRM 系统主要针对市场营销、销售管理和服务部门提供支持，如图 8-5 所示。

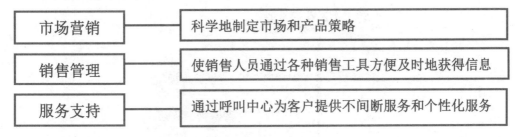

图 8-5　业务功能

3) 商业智能

CRM 系统中商业智能的实现是以数据仓库为基础的。其重要作用体现在以下几方面。

(1) 帮助企业准确地找到目标客户群。
(2) 帮助企业满足客户需求，降低成本，提高效率。
(3) 帮助企业根据客户生命周期价值对现有客户进行划分。
(4) 帮助企业结合最新信息和结果制定出新策略。

2. 客户关系管理系统的主要特征

1) 综合性

CRM 系统为企业提供了综合面对客户的工具。

2) 集成性

努力实现企业级应用软件与企业资源规划、供应链管理等各系统的集成。

3) 智能化和精简性

客户关系管理系统还具有商业智能的决策和分析能力。

4) 高技术特征

客户关系管理系统涉及数据仓库、网络、多媒体等多种信息技术。

3. 客户关系管理系统的创新与作用

1) CRM 系统的创新

(1) 综合企业内部各部门的数据，对每一个客户都有全面的认识。
(2) 企业各部门对用户提供统一的服务和答案。
(3) 企业提供用户个性化的服务，并记录在案。
(4) 企业在与用户交往中得到新的经验并对自身作出某些调整。

2) CRM 系统的作用

(1) 从对外的层面而言，CRM 能及时有效地解决客户抱怨，提高客户满意度。

(2) 从对内的层面而言，CRM 能改善企业内员工的工作环境，提高劳动生产率。

(3) 从 ERP 的层面而言，CRM 能有效地释放 ERP 的潜力。

4. 客户关系管理系统的功能模块

客户关系管理系统的功能模块如图 8-6 所示。

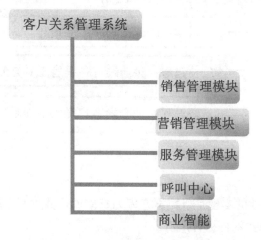

图 8-6　客户关系管理系统的功能模块

呼叫中心模块，随着近年来通信和计算机技术的发展和融合，呼叫中心已被赋予了新的内容：CTI 使计算机网和通信网融为一体；分布式技术的引入使人工座席代表不必再集中于一个地方工作；自动语音应答设备的出现不仅在很大程度上替代了人工座席代表的工作，而且使呼叫中心能 24 小时不间断地运行，Internet 和通信方式的革命更使呼叫中心不仅能处理电话，还能处理传真、电子函件、Web 访问，甚至基于 Internet 的电话和视频会议。因此，现在的呼叫中心已远远超出了过去定义的范围，成为以信息技术为核心，通过多种现代通信手段为客户提供交互式服务的服务系统。

(二)呼叫中心

1. 呼叫中心概况

1) 呼叫中心的定义

呼叫中心(Call Center)是基于 CTI 技术(计算机电话集成)的一种新的综合信息服务系统。现代呼叫中心应该是一种充分利用通信网和计算机网的多项功能集成，与企业各业务渠道连为一体的完整的综合信息服务系统，能有效地为用户提供多种服务。呼叫中心的基本结构如图 8-7 所示。

2) 呼叫中心的发展

第一代：应用计算机的支持、利用电话作为与用户交互联系的媒体，也可叫作"电话中心"。

第二代：建立起交互式的语音应答(IVR)系统，这种系统能把大部分常见问题的应答交给机器即"自动话务员"应答和处理。

第三代：应用了计算机电话集成(CTI)技术，以电话语音为媒介，用户可以通过电话机上的按键来操作呼叫中心的计算机。

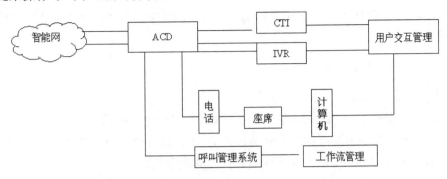

图 8-7　呼叫中心的基本结构

3) 呼叫中心的类型
(1) 互联网呼叫中心。
(2) 多媒体呼叫中心。
(3) 可视化多媒体呼叫中心。
(4) 虚拟呼叫中心。
4) 呼叫中心的作用
(1) 对企事业单位而言。

呼叫中心可以提高服务质量，让客户更加满意，使用户数和营业收入不断增加，并形成良性循环。

降低成本，通过呼叫中心可增加企业直销，降低中间周转，降低库存，改善企业管理体制，减少层次，优化服务结构，提高工作效率。

宣传并改善企业形象，扩大企业影响，提高企业的社会效益。

企业还可以对从客户服务中心收集到的大量信息和数据进行分析，为企业再发展和决策提供依据。是一个经济效益和社会效益的新的增长点。

(2) 对企业的客户而言。

可以通过客户服务中心来处理自己的保险。

可以通过客户服务中心了解商品信息。

可以通过电话银行管理自己的银行账户，实现通过电话缴纳各种费用以及完成股市资金账户和银行账户之间的资金往来等，方便了工作和生活。

2. 呼叫中心的关键技术

1) 自动呼叫分配(Automatic Call Distribution，ACD)

ACD 系统是现代呼叫中心有别于一般热线电话系统和自动应答系统的重要标志，也是决定呼叫中心规模以及系统质量的重要组成部分。

2) 计算机电话集成(Computer Telephone Integration，CTI)

计算机电话集成技术(CTI)通过软件、硬件接口及控制设备把电话通信和计算机信息处理集成在一起,可以实现对话、传真和数据通信的相互控制和综合应用。

3) 交互式语音应答(Interactive Voice Response,IVR)

交互式语音应答(IVR)相当于一个自动话务员,用于繁忙等待或无人值守时完成各种自动化任务。

3. 呼叫中心的建设与管理

1) 呼叫中心的建设

(1) 建立自己的呼叫中心系统有"外包"模式与"独建"模式。

外包:要有一个独立呼叫中心业务运营商,它有自己的、较大的呼叫中心运营规模,并可以将自己的一部分座席或业务承包给有关的其他企业。

"外包型"呼叫中心由专门的呼叫中心服务提供商或称呼叫中心运营商(CSP 一般是第三方公司),投资建立一个大的呼叫中心作为完整的商业智能客户服务平台,这种呼叫中心借鉴了 Internet 服务提供商(ISP)的成功经验,依据"虚拟呼叫中心""商业呼叫中心"的概念,采用向企业租用构造在物理呼叫中心的"虚拟呼叫中心"的服务手段,使每个租用服务的企业拥有一个能够提供企业独特的接入服务的、个性化的客户服务平台。

目前选择外包服务的主要是一些一般性业务的提供商,如旅游、中文电话服务、电视销售等企业,特别是企业开展一些短期的促销或电话销售,信息增值服务。

这些企事业单位往往对保密性要求不太高,企业内部数据与外包服务商之间具有一致性和可交换性。

预计未来会有越来越多的以服务为主要内容的行业或企业采用外包方式。

独建:由企业自己购买硬件设备,并编写有关的业务流程软件,直接为自己的顾客提供服务。

(2) 构建一个呼叫中心系统的具体步骤如图 8-8 所示。

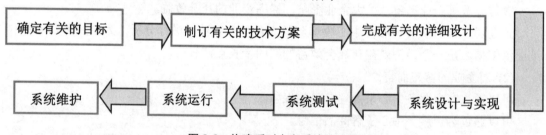

图 8-8 构建呼叫中心系统的步骤

2) 呼叫中心的管理

(1) 战略管理。

(2) 运营管理。

(3) 人员管理。

(4) 绩效管理。

3) 呼叫中心的应用

呼叫中心应用的典型代表是电信客户服务中心,如图 8-9 所示。

| 114 查号台 | 121 天气预报 | 160 声讯业务 |

图 8-9 呼叫中心应用的代表

呼叫中心还广泛应用于银行业和证券公司。

4) 呼叫中心的应用实例

系统硬件结构如图 8-10 所示。

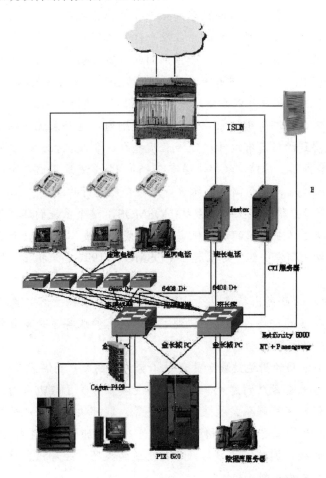

整个系统的物理构成包括程控交换机、交互式语音应答系统、计算机电话集成系统、座席、呼叫管理系统、电话录音留言系统、数据库服务器、WWW 服务器、网络系统

图 8-10 应用系统硬件结构

扩 展 阅 读

美国联邦快递公司的客户服务管理

联邦快递公司是美国物流行业的领先企业,也是世界上物流和配送业的主导企业。其业务范围不仅包括针对一般客户的快递业务,还包括与多家企业合作,担负起配送到工作。比如,联邦快递公司为惠普公司的打印机提供库存和配送,为以直销闻名的戴尔公司提供

在接到顾客的订单后提供物料、组装和配送等业务。

联邦快递公司的业务迅速发展与其一贯秉持的以客户为重点战略，同客户建立良好的互动关系是分不开的。在联邦快递看来，虽然公司的一个客户每个月只带来1500美元的收入，但是如果着眼于将来的话，如果再考虑到口碑效应，一个满意的、愿意和公司建立长期稳定关系的客户给公司带来的收益还要更多。因此，联邦快递加强与所有客户的互动和信息交流。此外，联邦快递还特别强调针对顾客的特定需求如生产线地点、办公地点等，与顾客配合一起制订配送方案。这种以客户为中心的高附加值服务主要还有提供整合式维修运送服务；扮演客户的零件和备料仓库；协助顾客简化、合并业务流程。联邦快递提供的这些服务，与它利用先进的客户信息和服务系统，以及全体员工客户至上的理念和努力是分不开的。联邦快递的客户服务信息系统主要有一系列面向顾客提供的自动运送软件，有3个版本：DOS版的POWER SHIP、视窗版的FEDEX SHIP和网络版的FEDEX INTERNET SHIP。利用这套系统，客户可以方便地安排取货日程、追踪和确认运送路线、列印条码、建立并维护寄送清单、追踪寄送记录。而联邦快递则通过这套系统可以了解顾客打算寄送的货物，这些预先得到的信息有助于运送流程度整合、货舱机位、航班的调派等，从而建立起全球电子化服务网络。目前，联邦快递有2/3的货物量是通过这3个版本的自动运送软件的订单处理、包裹追踪、信息储存和账单寄送等功能进行的。

此外，联邦快递还拥有一个客户服务线上作业系统(COSMOS)，这个系统的建立可追溯到20世纪60年代，当时联邦快递从航空业的计算机定位系统受到启发，从IBM和美国航空公司等处聘请专家成立了自动化研发小组，建立起了COSMOS，1997年又推出了网络业务系统。

联邦快递实施客户服务管理的最突出特点在于它强调了全体员工树立客户至上的理念，认识到员工在客户服务中扮演的重要角色，认识到了良好的客户服务不是单靠技术就能实现的，从而突出地强调员工的主观能动性。

联邦快递主要通过以下三个方面的措施鼓励和管理员工努力提高客户的满意度：

第一，建立呼叫中心，听取来自客户的意见和需求。其主要任务除了接听来自客户的询问电话外，还包括主动打电话与客户联系、收集客户信息等。联邦快递为保证呼叫中心与客户接触的一线员工的素质，对员工进行了严格的培训。呼叫中心的员工要先经过1个月的课堂培训，再接受两个月的操作训练，学习与顾客打交道的技巧，经考核合格后，才能正式参加工作，接听和回应客户的来电。

第二，着力提高一线员工的素质。仍以联邦快递公司为例，为保证与客户接触的运务员符合企业形象和服务要求，联邦快递在招收新员工时要进行心理和性格测验；在入门培训中对新进的员工进行深刻的企业文化灌输，新员工必须先接受两周的课堂训练，再接受服务站的训练，然后让正式的运务员带半个月，最后才能独立作业。

第三，采取有效的激励和奖励措施鼓励员工与客户建立良好的关系。联邦快递认为只有善待员工，才能让员工热爱工作，不仅做好自己的工作，而且主动为客户提供服务。所有这些措施都保证了联邦快递的所有员工，从话务员、运务员到经理，在客户面前都体现出较高的整体素质和以客户为中心的企业理念。

同 步 测 试

一、单项选择题

(1) 在客户服务管理工作中,对于客户价值的分析与评价,常用所谓的"二八原理"(80/20 法则或 Pareto Principle),这个原理指的是( )。

  A. VIP 客户与普通客户通常呈 20∶80 的比例分布

  B. 企业的利润 80%或更高来自 20%的客户,80%的客户给企业带来收益不到 20%

  C. 企业的内部客户与外部客户的分布比例为 20∶80

  D. 企业的利润 80%是来自 80%的客户,20%的客户给企业带来 20%的收益

(2) 在客户服务管理中,可以根据不同的维度去细分客户群,可以根据客户的价值进行划分,也可以根据客户与企业的关系划分,还可以根据客户的状态划分,以下 4 个选项中跟另外三个不是同类的是( )。

  A. 企业客户 B. 内部客户 C. 渠道分销商和代理商 D. VIP 客户

(3) 在客户服务管理中,客户的满意度是由以下哪两个因素决定的?( )。

  A. 客户的期望和感知 B. 客户的抱怨和忠诚

  C. 产品的质量和价格 D. 产品的性能和价格

(4) 在客户服务管理中,以下选项中不是客户忠诚的表现的是( )。

  A. 对企业的品牌产生情感和依赖

  B. 重复购买

  C. 即便遇到对企业产品的不满意,也不会向企业投诉

  D. 有向身边的朋友推荐企业的产品的意愿

(5) 在客户服务管理中,可以根据不同的维度去细分客户群,可以根据客户的价值进行划分,可以根据客户与企业的关系划分,可以根据客户的状态划分,以下选项中不属于根据客户的状态进行客户类型分类的是( )。

  A. 新客户 B. 忠诚客户 C. 流失客户 D. 中小商户

二、多项选择题

(1) 客户关系管理产品目前努力的方向是( )。

  A. 成本领先 B. 技术领先 C. 锁定客户

  D. 产品差异化 E. 客户沟通

(2) 业绩考核模块主要包括的指标类型为( )。

  A. 先导性指标 B. 利润贡献 C. 风险控制

  D. 专项指标 E. 限定性指标

(3) 客户关系系统一般模型的营销模块包括( )。

  A. 产品质量与价格 B. 客户细分 C. 宣传管理

D. 企业形象　　　　　E. 营销能力

(4) 商业智能的运用范围包括(　　)

A. 客户　　B. 产品　　C. 竞争者　　D. 服务　　E. 空间

(5) 数据仓库的功能包括(　　)

A. 保留客户　　　　　B. 降低管理成本　　　　　C. 增强竞争优势

D. 分析利润的增长　　E. 性能评估

三、简答题

(1) 简述客户服务人员的职责。

(2) 如何做好客户服务管理。

(3) 简述客户满意度。

(4) 简述客户满意度影响因素。

(5) 简述呼叫中心。

四、案例分析题

1981 年，可口可乐公司进行了一次顾客沟通的调查。调查是在对公司抱怨的顾客中进行的。下面是那次调查的主要发现：超过 12%的人向 20 个或更多的人可口可乐公司对他们抱怨的反应。对公司的反馈完全满意的人们向 4~5 名其他人转述他们的经历。10%对公司的反馈完全满意的人会增加购买可口可乐公司的产品。

那些认为他们的抱怨没有被完全解决好的人向 9~10 名其他人转述他们的经历。

在那些觉得抱怨没有被完全被解决好的人中，有 1~3 的人完全抵制公司产品，其他 45%的人会减少购买。

案例思考题：

(1) 如何看待可口可乐公司顾客所反映的客户关系状况？

(2) 可口可乐公司针对顾客抱怨所做的客户满意度调查和调查结果，对其 CRM 有何意义？

(3) 本案例体现的是何种营销观念，其值得总结的经验有哪些？

项 目 实 训

实训项目：电商企业的客户服务管理

美团网的客户服务管理——企业简介

美团网是 2010 年成立的团购网站，打着"吃喝玩乐全都有"的宣传口号。为消费者发现最值得信赖的商家，让消费者享受超低折扣的优质服务；为商家找到最合适的消费者，给商家提供最大收益的互联网推广。其主要的价值观是"消费者第一，商家第二"。最大程度上保证消费者的合法权利，并且通过自身积攒的庞大顾客群体，吸引商家的入驻，之后就在商家和顾客之间赚取费用获得双向的利益。随着发展，各种服务措施不断完善最终以本地服务为特色，基本上能够满足人们日常的吃喝玩乐的消费需求。

2015年，美团网和大众点评网实现合并，进一步扩大了市场占有率，加强了双方的优势互补的能力，强势促进的升级企图突破对手的阻碍，面对团购网站的不断兴起，来自饿了么和百度外卖等实力强劲的企业的竞争，美团的压力越来越大，不得不开启新一轮的融资，在继续维持现有的市场地位的前提下，开启新的方式来开拓市场。

问题：美团网如何做好电子商务企业的客户服务管理？

【实训目的】

熟悉电商企业的客户服务管理

【实训内容】

选择京东、天猫、当当、唯品会、乐峰、携程、去哪儿等任意一电商企业作为研究对象，完成以下任务：

概述该企业应如何做好客户服务管理。

【实训要求】

训练项目	训练要求	备注
电商企业的客户服务管理认知	了解客户服务管理概念，掌握客户服务管理理论知识	
电商企业如何做好客户服务管理	完成1500字的分析报告，并用A4纸打印出来上交。随机抽取进行课堂交流，参与课堂交流的要制作PPT	熟悉客户服务管理理论知识

参 考 文 献

[1] 程艳红. 电子商务案例分析[M]. 北京：人民邮电出版社，2015.
[2] 郭冬芬，陈军须. 现代物流概论[M]. 北京：人民邮电出版社，2014.
[3] 刘磊. 电子商务物流[M]. 北京：电子工业出版社，2011.
[4] 天猫商城案例分析. 坐坐网. http://zuozuo365.com/case/index.php?doc-view-1317.
[5] 王子建，冀贵雪. 电子商务物流应用[M]. 北京：机械工业出版社，2006.
[6] 周婕，张成功. 电子商务实训教程[M]. 北京：清华大学出版社，2011.